U0510702

辽宁

方言词语例释

王虎◎著

中国社会科学出版社

图书在版编目(CIP)数据

辽宁方言词语例释/王虎著.—北京：中国社会科学出版社，2019.9
ISBN 978-7-5203-5508-7

Ⅰ.①辽… Ⅱ.①王… Ⅲ.①北方方言—词语—方言研究—辽宁
Ⅳ.①H172.1

中国版本图书馆 CIP 数据核字(2019)第 227063 号

出 版 人　赵剑英
责任编辑　任　明
责任校对　王佳玉
责任印制　郝美娜

出　　　版　中国社会科学出版社
社　　　址　北京鼓楼西大街甲 158 号
邮　　　编　100720
网　　　址　http://www.csspw.cn
发 行 部　010-84083685
门 市 部　010-84029450
经　　　销　新华书店及其他书店

印刷装订　北京君升印刷有限公司
版　　　次　2019 年 9 月第 1 版
印　　　次　2019 年 9 月第 1 次印刷

开　　　本　710×1000　1/16
印　　　张　13.75
插　　　页　2
字　　　数　229 千字
定　　　价　85.00 元

凡购买中国社会科学出版社图书，如有质量问题请与本社营销中心联系调换
电话：010-84083683
版权所有　侵权必究

本书由大连市人民政府资助出版

The published book is sponsored

by the Dalian Municipal Government

目　录

绪　　论

第一节　内容和研究方法

一　内容简介

本书主要对辽宁方言中近百个有价值的古语词进行了考释。此处所说的古语词主要指那些从古代流传下来，有着浓厚的方言特色，却鲜见于普通话中的词语。在考释过程中着重对词语进行探源，并对其引申过程进行说解，以求清晰展现其发展脉络。所考释的词条按音序排列，每个词条先对其在辽宁方言中的读音及意义进行说明，后举例证。大多数古语词除在辽宁地区使用外，还存在于其他地区的方言中，为了能更有力地进行说解，多数词条又对有着同样用法的方言区进行适当列举，最后进行具体说解。所考词条主要分为三类，一类是方言中的意义是对古义的沿用；一类是古义在使用过程中有所引申和发展，最终出现了方言中的用法；还有一类是在考释其意义的来源及发展过程的同时，兼有对其本字的考察。但在所考词条中除了能明确其发展过程的词语外，还有一些古语词仅凭现有可搜集到的资料很难厘清其意义的来源，对于这些词语，本书在考释时尽量给出合理解释，但仍需存疑待考。此外，在词语选择上，谓词性词语占多数，兼有少量名物词。在意义上沿用古义的方言词语有很多，如"帮衬""笨""差已""趁""蹀躞""薅""燎""伤""骟""皴"等，对于这些古语词，主要对其意义来源及发展过程进行梳理，并加以不同时代的例证进行辅助说明。如"差已"一词，在行文过程中，首先介绍了在方言中的读音及用法，并列举了口语中常用的例子帮助理解。进而提出需要解决的问题，即方言中"差"和"已"的意义是如何来的，以及二者是何时组合为一个词。在解决这两个问题时，文章分别对"差"和"已"的意义进行了探源，在这一过程中，先给出结论，后对其来源进行证明和说解，例证主要来源于古文献，如"差"，首先说明"差"为"瘥"的假借字，进而引用《说文解字》及《说文解字注》中对"瘥"的说解加以证明，其中《说文解字注》中给出了明确的说法，即"瘥，瘉也。通作'差'"。由此，"差"在方言中意义的来源就明确了，在此之后，文中又选取了上至汉代下至清代文献中的用例对此加以证明。"已"的探源过程与"差"相似，最终得出"已"的"病愈"义是在"停止"义基础上的引申。至此，"差"与"已"在方言中用法的来源基本厘清，最后，本文又引例证明"差已"连用最早出现于东汉时期，二者连用也是同义词连用的结果。再如"趁"，在行文过程中，首先介绍其在方言中的读音及意义，之后对有着同样用法的方言区进行列举，最后对辽宁方言中"趁"的用法的来源进行考释，即方言中表示动词"拥有"以及形容词"很富有"的"趁"是在"追逐，追赶"义基础上的引申，并且，文中在对其发展脉络进行说解的过程中还引证了现今学术界相关的观点，这也为提高结论的准确性提供了保障。

在所选词条中，有很多古语词的用法是在其古义基础上的引申和发展，其中，有的古语词在方言中的所有用法都是在古义基础上的引申，即今天的用法在古文献中难以找到用例，如"菜""骟""中""二"等；也有一些方言词的某一用法是对其古义的沿用，而其他用法则是在古义基础上的引申，如"嘬""成""溜""细作"等。对于这些词语，重点也在考察意义来源及发展过程。如"菜"，考释之初，文章就对不同方言中有着同样用法的"菜"以及与其他词的组合进行了列举，从而明确有着"劣等，不中用"等贬义用法的"菜"确实存在，进而对其用法的来源进行考察。文中首先举了"菜人"的例子，即在清代甚至更早的时期，曾有过为了充饥而出现人吃人的情况，那些被吃的人就被称作"菜人"，又列举今天方言中"菜鸭""菜鸽""菜蟒"等，证明所"菜"之物地位之低，之软弱，而方言中"劣等，不中用"的"菜"就来源于此。为了使结论更准确，文中又列举表"粗劣"义的"草"的发展过程。最后，又对"菜"在如今方言中的使用情况作了归纳和总结，从而使发展脉络更清晰。再如"细作"一词，文中首先对"细"与"作"的发展进行了探源，即"细"有"细致，小巧"义，"细作"的"形容手工精细，不粗糙"义是对此用法的沿用，而"细作"的另一意义："节俭"则是对其古义的引申。而"作"的意义都与"制作""建造"等义有关，因而我们可以推测，在"细作"一词中，"细"为词义的主要承担者，而"作"只是一个构词语素，没有实际意义，为增强说服力，文中又列举了以"作"为词缀的方言词。

本书在对词语的源流进行探索的同时还对某些词语的本字进行了考察，如"歹饭、逮饭""赗""攘嗓""徐儿""血"等，其中造成误用的原因多数是受到了方言读音的影响，如"歹饭（逮饭）"一词，在辽宁大连方言中读为（dǎi fàn），并且"歹"用于吃饭并非只出现在今天的方言中，早在清代文献《聊斋俚曲集》中就有用例，今天的人们常将其写作"逮"。只是"歹"或"逮"与"吃"相去甚远，为了便于理解和使用，对其本字进行考察就显得尤为必要。在考释过程中，首先分析出"歹（逮）"可能是"啖"的同音替代字，进而在古文献和如今方言中引证对其进行分析、说解，同时又对其语音的演变过程进行了说明，最终证明"歹（逮）"的本字为"啖"。再如"徐儿"，在大连方言中指"属相灯"，但从字面上来看，"徐儿"与"属相灯"有着很大差距，因而需要对"徐儿"的本字进行考察。文中从文化及读音两方面入手进行分析，证明"徐儿"的本字实为"属儿"。

本书所选词条除以上三部分外，还有一些词条需要存疑待考，如"胞胎儿""宾"，在辽宁方言中分别表示"疾病"和"劝酒"，由于文献以及其他方面原因的限制，难以理出完整、确定的发展脉络，因此，文中只是对其进行合理推测。此外，本章还对一些名物词的来源进行了考释，如"棒""孤拐""靰鞡""鱼亮子"等，在方言中分别表示"玻璃瓶；玉米""脚踝""棉鞋""捕鱼用具"，对于这些词条，文中分别对其意义的来源及在历代中的使用进行了探索，从而将其使用和发展脉络清晰地展现出来。

二　研究方法

本书运用多种考释方法，如因声求义法，这是中国传统训诂学考释词义的方法，在考释方言词汇同样适用。如："鱼亮子"在山东称"亮子"，考虑到"闯关东"的多为山东人，可以确认东北方言的"亮子"就是山东的"梁子"，只不过在东北方言中声调发生了变化，由二声变成了四声。"亮子"在唐宋时期还称为"鱼沪""鱼箔""鱼籪"，都是指插在水里捕鱼用的栅栏，用竹或苇编成。唐代戴叔伦《留别道州李使君圻》诗："渔沪拥寒溜，畲田落远烧。"宋代陆游《小舟晚归》诗之二："潮生鱼箔短，木落雉媒间。"《太平广记》卷323"富阳人"（出《述异记》）："宋元嘉初，富阳人姓王，于穷渎中作蟹籪。"闻名中外的西湖"断桥"，按理也是放置鱼籪的桥，我们在解释"断桥"时不能拘泥于字形，当因声求义，这和"亮子"的探源方式是一致的。

再如追根探源法，如赖塞，在大连方言中娇气，撒娇义，"赖塞"的"塞"，它的本字应该是"色"。在东北方言里，"色"读作"sǎi"，常作构词语素，组成双音节词，表示"……的样子"。如"熊色""损色"相当于熊样、损样。再如"隔色"，指人做事古怪，处事和常人不同。大连话中的"赖塞（色）"就是娇气的模样，"赖塞"是"赖色"的音变，"色"从三声变成了轻声。

再如类同引申法，如"油子"在朝阳方言中读为（yóu zi），指那些阅历丰富，熟悉情况而狡猾的人，"油"的本义为水名，后又用来指代脂肪等一类的脂质物，《说文·水部》："油，水。出武陵孱陵西，东南入江。"段玉裁注："油，油水。出武陵孱陵西，东南入江。按经史曰油然作云。曰云之油油。曰禾黍油油。曰油油以退。《玉藻》注曰油油，悦敬皃。用为油膏字。"作为脂肪等脂质物的"油"使用广泛，后来"油"用于物体可以表示物体光滑，有光泽，而人做事"光滑"在某一角度就可理解为"狡猾""浮滑"，因此，"油"用于人时就指人狡猾、浮滑等，这样的意义与"滑"相似，并且，"油"引申出狡猾，浮滑等义也与"滑"有很大关系，即"油"有"滑"的特性，而"滑"在很早就被用来形容人狡猾，意义上密切相关的两个词语往往会有着相似的引申路径，因此，二者在意义上的相关性也促使"油"引申出了狡猾、浮滑等义。

第二节　辽宁方言与普通话比较研究

辽宁方言隶属于官话方言（北方方言）。在现代汉语方言的分区研究中，有学者将汉语方言的一个区称为"官话"。王力的《汉语音韵学》（1956）将现代方言语音大致分为"五大系"，其中的"官话音系"与

"吴音系""闽音系""粤音系""客家话"对称。丁声树、李荣的《汉语方言调查》（1956）一文将汉语方言分为八区，也将"官话"区跟吴语区、湘语区、赣语区、客家话、闽北话、闽南话、粤语区并称。跟"官话"区方言并行的名称是"北方话""北方方言"，如罗常培、吕叔湘《现代汉语规范问题》（1956）。袁家骅等《汉语方言概要》分汉语方言为八：北方方言、吴方言、湘方言、赣方言、客家方言、粤方言、闽南方言、闽北方言。以上四大家的：官话音系、官话区、北方话、北方方言都是指汉民族共同语的基础方言区，我们统称为"官话方言"，自《中国语言地图集》（1987）出版后，"官话方言"已经得到学界的普遍认可。"官话方言"可分为七大片区：北京官话、胶辽官话、冀鲁官话、中原官话、西南官话、江淮官话、晋语等。①

辽宁省大部分地区属于北京官话，辽南地区（大连、庄河、普兰店、长海、丹东市、凤城）属于胶辽官话。本书选取方言词汇整理保留比较完整的朝阳、大连两个城市分别作为北京官话和胶辽官话的代表，从共时和历时角度对辽宁方言词汇进行研究。

一　词义的不同

词义的不同分为同形异义和同义异形两类。

（一）同形异义

在辽宁方言和普通话中都存在的词形，但是在意义上却存在很大差异，并且，相比较而言，方言词的意义所涵盖的范围大多数要广于普通话。

例如，潮：普通话中多为"潮湿""新潮""时髦"义，而在辽宁方言（朝阳）中还有"（说话、办事）差劲；不正常；带傻气；缺心眼"的意思，如："那话咱可不能说，让人家听见不说你虎也说你～。"（李桂仲《两朵小红花》）由它组成的方言词有很多，如：潮巴楞、潮巴楞登、潮嗒乎、潮干儿、潮样儿等。

撅：普通话中有"翘起""当面使人难堪""折"的意思，但在辽宁方言（朝阳）中还有"翻动、倒腾，使改变原来位置""赶、轰"的意思，如：吃饭不好好吃，看～这一桌子！谁来我～谁！

---

① 钱曾怡：《汉语官话方言研究》，齐鲁书社 2010 年版，第 10 页。

铲：普通话中有两个意思，分别是"撮取或清除东西的用具"和"用锹或铲撮取或清除"，而在辽宁方言（朝阳）中还有"因骑马等而使臀部擦伤或硌痛"的意思，如：骑马把屁股~了。

磁：普通话中为"某些物质能吸引铁、镍等金属的性能"之意，而在辽宁方言（朝阳）中却有这样的意思，"用碾子碾湿面或湿米时，最后用干的粮食将粘在碾子上的湿米或湿面碾掉"，如："刚才我一块儿端来的还有那瓢糠，我想轧完面再把那瓢糠倒上，~~碾子拿回去喂猪……"（侠子《远去的马车》）

表：普通话中多为外面，外表，钟表之意，但在辽宁方言（朝阳）中还有"迷信的人祭神用的一种黄纸"的意思，也叫"黄表"，如："王灵仙拈起了法香，用着任何人也不能了解的字句祷告了半天，于是才拿起了~。"（端木蕻良《科尔沁旗草原》）

杠：普通话中多指较粗的杠子，但在辽宁方言（朝阳）中还指"好""漂亮"，如："这次进城……最大的收获就是在县文化馆曲艺厅连着看了两场'滚地包'的二人转……那'口'说的，真~！"（马金萍《瑞雪纷飞》）

唵：这个词在普通话和方言中所表示的意义并不是被包含与包含的关系，而是有所差别。在普通话中是"把手里握着的颗粒状或粉末状的东西塞进嘴里"，有时候也表示疑问，但在辽宁方言（朝阳）中却是"大口咬"的意思，既可以用于人，也可以用于动物，并且不限咬到的东西。如：可真是饿了，抓起个馒头就~。真是不小心，咋还让狗给~上了？

经营：也写作"经佑"。普通话中多用来表示"组织""管理"等，多用于商业、服务业等，但是，在辽宁方言（朝阳）中还表示"照料"。如：他专心致志地把大黑马~（马达《阿萨》，载《辽宁文艺》1973年第3期）。

凉快：在普通话中多表示"清凉、清爽"，但在方言中还用来比喻"希望破灭"，如：本来这事盘算挺好的，可听他这么一说，我这心又~了。

造：普通话中多为"制作""捏造"义，而在辽宁方言（大连）中还有"吃或大吃"，如："张奎狼吞虎咽地~（吃）了一碗，连说好吃，寻思，这面条赶上自个儿前妻做得好吃啦。"（《东北民间故事·灶王爷》）后来其对象扩大，不仅是可吃的食物，而是任何东西。即"挥霍"

义，多用于贬义，如："前几年，我们奖金可多了，工厂效益非常好，那是我们厂最好的时光。这几年让我们厂这些败家子给~的，挥霍得空了。"（王群《金房子》）在大连方言中"造"常和"一地""一炕""一院子"等构成"造+一+方位词"表示弄得满地/炕/院子都是，"造"还能和"一气"搭配具有褒义色彩，表示很厉害，如："她丈夫早逝，35岁就守寡；她为人热情，而且艺术细胞多，什么大秧歌、二人转、现代京剧、现代舞，她都能~一气，在小镇上也属于有头有脸的人物。"（赵清超《鸭绿江放歌》）

熊：普通话中多指动物或人姓。但在辽宁方言（大连）中多指"软弱无能，老实"，在方言中运用频率极高，可组成"熊样儿、熊蛋包、熊到家了"等词语，皆表示"人无能，不争气"，如：你看你这熊样儿，一说你你就哭，除此之外，在方言中"熊"也可以用作动词，即"欺骗"义，如："五呀么一出戏呀啊，绣的老辽河，日本人下乡又来~吃喝。"（《白清桂民间歌谣集·六出戏》[①]）

抖擞：普通话中多做动词，"振作"义，如：精神抖擞，但在方言中表示"举止轻浮不稳重，比较张扬、活跃"，也作"得擞""得瑟"。如：你一天轻点~，小心被你爸揍身上。也有"发抖"义，如："掩上一个大高领接上个半截袖，虽说是天冷冻得直~。"（《白清桂民间歌谣集·摩登女》）

乖：普通话中多作形容词，多为"乖巧、听话"之义，而在辽宁方言（大连）中有"碰触"义，如：你白（别）~我，烦人。"连年在作践非常，孩儿入阁又穿房，跳圈儿~破了红纱帐。"（《聊斋俚曲集·禳妒咒》）

嚼骨：也写作"嚼裹儿"，指的是美味佳肴，好吃东西。最初，专指过年时做的好吃的。如："按照他们家里的光景，这个接风的席面，赶上过年吃~。"（周立波《狂风暴雨》）因经济发展，人们生活水平不断提高，老百姓平时也能吃到过年吃的东西，所以，后来"嚼裹儿"就泛指美味佳肴。如：你家今天晚饭有什么~吃的？

泛：普通话中多指"广泛、肤浅"，而在辽宁方言（大连）中特指不黏的大米，与黏相对。如："黄米黏，白米~，不黏不~半对半。"（《白清

---

①　《白清桂民间谣集》，庄河市文化体育广播影视局2001年版。

桂民间歌谣集·米面店》)

伺候（［xuən0］）：普通话中多指"服侍、侍养"，在辽宁方言（大连）中也有服侍、侍养的意思。且其又发展出新的意思即"庆祝喜事而摆宴席"。胶东乳山等地有在邻居家"伺候客"的习俗，一般是借邻居家的地方摆酒席，在自家做菜，用圆盘传菜，专门找几个年轻力壮的年轻人端盘子传菜。如：喃家儿结婚不~啊。

辽宁方言中这类词语还有很多（括号内为方言义），如：勾（折合，换算），笨（刀刃等不锋利或米、面不黏），风情儿（风气），捡孩子（接生），面（形容人软弱），嘈（形容胃里火烧火燎般难受的感觉）等，不再一一列举。

（二）同义异形

意义相同或相近，但词形不同。辽宁方言与普通话的一致性较高，因而在词汇方面，同义异形词占据方言词的绝大部分。

例如：（"—"左边为普通话，右边为方言）

朝阳：化脓—熬发，操办—支应，吵人—惺应，折腾—治登，值得—值过儿，因为—值为，振作—扬棒，嫉妒—眼气，吝啬—小垫儿，麻利—霎脱，灰心—醋兴，溃烂—殠囊，故意—近意儿，立刻—就手儿，芥菜—辣菜，总是—绑丁，死胡同—憋死牛儿，不讲理—不上道儿，发脾气—炝蹶子，斥责—攘搡，严重—蝎虎，蹊跷—尿性，议论—讲咕，俭省—仔细。

大连：挥霍—败坏，诋毁—臭白，土豆—地蛋，挑拨离间—撮豁，抠门—苟苟气气，碍事—挡害，打嗝—打勾逗，舍得—兰实，可惜—干赖儿，估计—更么，健忘—荒料，突然—忽喽吧儿，使劲—欢气，舅妈—妗们，鸣笛—拉鼻儿，撒娇—赖赛，之前—先分，昨天—夜来，指甲—手盖，摸黑—摸瞎乎儿，瓜子—毛嗑，蜘蛛—了了蛛儿，排队—挨帮，蛇—长头，耍赖—放癫，不懂事—四六不懂，脏—拉撒，抚养—拉挈，贷款—抬钱，流行—时兴，举办—张罗，怂恿—撺掇，等等。

二 构词上的不同

构词上的不同分为音节方面和词序方面。

（一）音节方面

辽宁方言词汇中，单音词较少，而双音节、三音节词占多数，也有一部分四音节词。辽宁方言中多数词语与普通话比较虽然音节较多，似乎违背了说话的"经济"原则，但就表达上来说，方言词的表达则显得更加生动形象，更具方言特色。例如：（列举格式同上）

朝阳：病—包胎儿，死—鼻儿咕，脚—脚片子，突然—乍不愣儿，蝙蝠—檐蝙虎儿，阎王—阎老五，女孩—丫头片子，务农—修理地球，生病—嫌乎不好，年夜—年午后晌，空的—空不拉，脚掌—脚底板子，每天、每回—见顶见，蒺藜—蒺藜狗子，邪念—花花肠子，蝴蝶—蝴蝶络络儿，瞎扯—胡扯溜拉拉，监狱—黑屋子，蝌蚪—蛤蟆蝌子，丑陋、机灵—鬼目圼眼，苍鹭—长脖子老等，吹牛—吹气冒泡儿，蛋糕—槽制糕，横着—横巴椰子。

大连：困—瞌〔khA²¹⁴〕睡，蝉—街里鸣、咪咪嘎，找—撒么，麻木—木兹兹的，木头—疙瘩头，拎—提搂，缺心眼—潮乎，突然—乍不愣儿，拍—扑搂，后背—颈杆的，变化—破模样，可能—更么似，旁边—旁不拉儿，总是—管多儿，膝盖—玻了盖儿，顶嘴—哔了叭啦，脖子—脖〔pə²⁴〕梗儿，碰—拨（〔pu⁴¹〕）搂，溜冰—打吡溜滑，扭捏—扭扭扎扎，合身—紧不可身，自己—自个儿，摔倒—仰歪扎撒，张望—东往西撒，一串串—滴喽嘟噜，骗—糊弄，等等。

当然，也有相反的情况，即方言词中的音节要少于普通话中的音节，这些词语有的是在普通话基础上的省略，也有的是当地的语言使用习惯。这样的词也有很多。例如：（列举格式同上）

故事—磕儿，疾走—蹿、蹽，第二—第儿，枪毙—瘪，逼迫—摽，喷射—泚，使用心计—鬼，未婚女子—闺妞，做示范—打样儿，得意忘形—扬兴，拦路抢劫—短道，玻璃瓶、玉米穗—棒儿，等等。

通过以上例子可以看出，辽宁方言词汇中词缀较多，某种程度上增加了词汇的音节数量，如"子""乎"等，这两个词缀在整个辽宁方言中也占据了很重要的地位。除此之外，儿化也是辽宁方言中存在的非常常见的一种现象，这一特点与北京等很多地区的方言相似。词缀和儿化更好地体现了辽宁人民说话时的习惯，并且与普通话比较，这些方言词汇无疑更具表现力，如："长脖子老儿""蝴蝶络络儿"等，非常形象地将苍鹭和蝴蝶的样子体现出来。很多词语更是带有了说话人的感情色彩，如："鬼""花花肠子"等，在使用时都带有贬义，这也在一定程度上体现了当地的风土人情。

（二）词序方面

在辽宁方言中，有一些词语语素与普通话相同，但是语素的先后顺序不同，意义大多相同或相似。这样的词有：（列举格式同上）和蔼—蔼和，贵贱—贱贵，喜好—好喜，富余—余富，便利—利便，希图—图希，等，这些都是意义相同的词语，但也有在意义上有所出入的词语，如：和谐—谐和，"和谐"在普通话中有"配合得适当""和睦协调"的意思，如：音调~，~社会，而"谐和"在方言中还有"容易接近"的意思，多用于指人物性格好，如：别看他地位高，倒挺~人儿的。总的来说，类似以上这些语序有差异的词语不多。

通过以上例子可以发现，普通话和方言中语序可以调换的词语在结构上多为联合型，那么就可以知道，这类词在形式上原本可能相同，但是由于人们的使用习惯等原因造成了现在这样的差异。

三 词语来源上的差异

根据词语来源不同分为沿用古语和内部创新两类。

（一）沿用古语

任何一种语言都是在历史的长河中逐渐发展流传下来的，汉语也不例外，虽然在流传的过程中有些词语已经失去原来的面貌或者被弃之不用，但是仍会有一些词语沿用至今。辽宁方言中就存在一些古语词，这些词在普通话中的使用频率已经很少，但在方言中仍在使用，甚至使用频率很高，并且在流传发展过程中有的词用法、意义发生变化，有的词在色彩上发生了变化，也有的词一直保留了原始的意义至今。

这样的词有：扢：摩；揩擦。《淮南子·修务训》："扢以玄锡，摩以白旃，须眉微豪可得而察。"高诱注："扢，摩也。"《文选·左思〈吴都赋〉》："皆体著而应卒，所以挂扢而为创痏。"吕向注："扢，磨也。"

"扢"这个词在普通话中的使用频率很低，但在辽宁方言（朝阳）中却相反。《朝阳方言词典》收录了"扢（gù）"，"擦拭"。使用时常与"拉"组成"扢拉"。如：看窗户让你给~的，灰儿花儿的！表示窗户擦得不干净，不彻底。在此基础上，"扢"又引申为"涂抹"义，例如：土墙上~一层白灰，看着就干净多了。除此之外还有"写或画"的意思，如：你好赖~~就比我写得好看，但在方言中，"扢"所表示的意义多有"胡乱地"的意思。

掊：掘，发掘。《国语·吴语》："夫谚曰：'狐埋之而狐掊之'，是以无成功。"韦昭注："掊，发也。"又有"扰乱"的意思。宗懔《荆楚岁时记》："〔荼、郁〕简百鬼，鬼妄~人，援以苇索，执以食虎。"《汉语大词典》对"掊"的解释也同此。

在辽宁方言（朝阳）中，"掊"的意义有所变化，多与"拉"组合成"掊拉"，《朝阳方言词典》将其解释为"用拂拭的动作把东西除去或归拢到一起"，多有"胡乱地"的意思。如：把桌子上的饭~~，扔出去喂鸡。古语今语是相似的，但不完全相同，这也体现了词汇的发展变化。

箸：亦作"櫡"，筷子。《荀子·解蔽》："从山下望木者，十仞之木若箸。"《汉书·周勃传》："上居禁中，召亚夫赐食。独置大胾，无切肉，又不置箸。"清·赵翼《陔馀丛考·呼箸为快》："俗呼箸为快子。陆容《菽园杂记》谓起于吴中。凡舟行讳住讳翻，故呼箸为快子。"

"箸"作为"筷子"在普通话和辽宁方言中仍在使用，只是频率不高，但是，"箸"在方言中又引申发展为量词，常与"子"组成"箸子"，表示"用筷子一次夹起的量"，如：你看他多能吃，一大碗面条儿~就没了。这一用法在辽宁方言中的使用频率非常高。

款：章法；款式。《西游记》第四五回："大圣吩咐，谁敢不从！但只是得一个令，方敢依令而行；不然雷雨乱了，显得大圣无款也。"《儒林外史》第五三回："这成个甚么款！那有这个道理！"引申为规矩，架子。《红楼梦》第四四回："今儿当着这些人，倒做起主子的款来了。""款"无论古今，义项都有多个，这里只根据需要列出其中几个义项。

"款"这个词在普通话和辽宁方言（朝阳）中都在使用，并且意义都很多，不同的是，在辽宁方言中，这个词又有所变化，并且这种用法在普通话中没有。在辽宁方言中，"款"还有"风俗习惯；礼节上的某些讲究""引人注意的动作表情"等意义，并且，作为这一用法使用时多儿化为"款儿"。如：当支应客的，当地有啥~得弄清楚了。这孩子~就是多，说话跟说相声似的。在方言中的这两种意思，前者可以看作是在"章法；款式"基础上的引申，后者则可以看作是在"规矩，架子"基础上的引申。

驲：古代驿站专用的车，后亦指驿马。《左传·文公十六年》："楚子乘驲，会师于临品。"杜预注："驲，传车也。"《资治通鉴·陈宣帝太建十一年》："周天元如洛阳，亲驭驿马，日行三百里，四皇后及文武侍卫数百人并乘驲以从。"胡三省注:"驲,亦驿马也。"也指"驿站"。明·谢谠《四喜记·帝阙辞荣》:"永昌,快去驲中催赶船夫,就此起程。"

"驲"这个词在辽宁方言(朝阳)中使用的频率非常高,但相较于古代,其意义在原来的基础上又有所引申,多用来形容速度飞快常叠用为"驲驲"或"驲驲地"。如:那小子~~跑,谁能撵上!由此也可以看出,"驲"在方言中不仅在词义上有所引申和发展,而且在词性上发生了变化。

嚃:一口吃下去,吞食。《礼记·曲礼上》:"濡肉齿决,乾肉不齿决,毋嚃炙。"郑玄注:"嚃,谓一举尽脔。"孔颖达疏:"并食之曰嚃,是贪食也。"又引申为"贪,贪求"。宋·罗泌《路史·前纪四·蜀山氏》:"昔者汉之武帝好大而喜功,使者张骞及反夸以西域之富,于是嚃兵以争之。"

"嚃"这个词在辽宁方言(朝阳)中有"吃"的意思,并且为贬义。如:快点儿吧,瞧你~起来没完。纵向来看,这个词在意义上和感情色彩上都发生了变化。如今方言中的"嚃"没有了"吞食"这样的意义,同时在感情色彩上由中性变为由于"贪"而遭人取笑或鄙视,带有贬义。

唚:猫狗呕吐。《广韵·去沁》:"唚,犬吐。"清·蒲松龄《日用俗字·饮食章》:"吐酒犹如猫狗唚,好土空把堑坑填。"又用来比喻"胡说"。《白雪遗音·银纽丝·两亲家顶嘴》:"休胡唚,少嚼牙,乡里人实可夸,不似奸懒油滑爱挂画。"

"唚"在辽宁方言(朝阳)中也有"呕吐"和"胡说"的意思,在表示"呕吐"时不但可以指猫狗,也可指人,并且多为贬义,有强烈的厌恶感。如:说让你少喝点你不听,~了一地,咋收拾!"唚"表示"胡说"时常与"胡"组成"胡唚"。如:我说你别净~,那有的说,没的也说?

老娘婆:收生婆。《醒世姻缘传》第二一回:"一定说咱产门里头有藏着的东西,叫老娘婆伸进手去掏哩!"

《简明东北方言词典》《汉语方言大词典》《朝阳方言词典》都收录了这个词,并同样解释为"接生婆",再无其他不同意义,这说明"老娘婆"这个词一直保留着原义且流传到现在。这样的词在方言中存在的数量并不多。

五脊六兽:是个贬义词,常用来形容人没有礼貌,整天无所事事的样子。"五脊六兽"原指中国传统大型建筑（如宫殿、庙宇、府邸）的一种装饰物。在这些高大建筑的五根房脊的边缘上，安放着六种陶瓷的兽类小动物——这就是"五脊六兽"。所谓"五脊"，就是屋顶的一根大脊加上四条垂脊。所谓"六兽"，是神话传说中的兽类—大脊的两端安放的是"螭吻"；另外四条垂脊分别排列着五种兽类，故而总称"六兽"。这些位于屋顶的陶瓷怪兽，皆神头鬼脸、面貌狰狞。清·东山云中道人《唐钟馗平鬼传·冒失鬼酒里逃生》："再说钟馗那日离了五里村，行了半日，见·前面一带瓦房，俱是五脊六兽，扁砖到顶。"清·储仁逊《罗锅轶事·母子分离白绫为记 进京告状认庙为銮》："迎门大影壁当中一口大缸，又有三孔玉石桥，桥上有玉石栏杆走马，大门房上安五脊六兽，金砖琉璃瓦，门用菊花钉钉着铁叶，有十三道汉白玉的台阶。"

后来，"五脊六兽"就被民间俗语采用，突出"六兽"凶神恶煞、龇牙咧嘴的形象特征，引申为像那些一动不动的屋脊和兽头形饰物那样整天无所事事的闲散样子。如：孙惠芬《后上塘书》："你想想我不可能骗到骗哥们儿那个人。我就是不爱干活，～，突然发现新大陆。"《山东作家作品年选2014 小说卷 上》："人们前呼后拥，很快就像麻雀一样站满了院子，多是村子里闲得～的女人，有的还抱着孩子，孩子的小脸很脏，嘴里啃着老玉米，鼻涕兮兮的。"后由散漫、闲散引申出庄河方言中所独有的不礼貌义，即长辈对晚辈的批评，如：怎么跟喃姥说话，～的。

除了以上几个还有㦬，揣，差已，嗔心，蹀躞，夜来等，这些词语都是从古语中沿用下来并广泛应用于辽宁方言。通过以上例子可以看出，有些词在意义上已经发展变化，在保留原来意思的基础上又引申出了一些只在方言中存在的意思，如"㧓""揗""款"；有的词在词性上也发生了变化，如"箸""驲"；有的词在色彩义上发生了变化，如"噘""吣"；也有的词没有发生任何变化，保持原貌流传至今，如"老娘婆"。总之，无论变与不变，都更好地反映了辽宁方言词汇的特色，同时又体现了词汇的历史延续和发展。[①]

（二）内部创新

语言的发展要适合人类使用的需要，综观语音、词汇、语法三个方面，词汇的灵活性最大，也因此，在不同方言区会出现很多其他人很难理

---

① 王虎：《大连方言词语考释》，《辽东学院学报》2013 年第 6 期。

解的词语。辽宁方言也是如此，在辽宁方言中存在着很多普通话中很难找到与之对应的，其他方言区的人们也不容易理解的词语。

例如：下夽：指衣服下摆肥大张开。如：我这衣服有点～，穿着不好看。

色货：对不怎么样的人的一种蔑称。如："昌林哥，你是咱们团支书，你说说，刘玉翠那～，是不是资产阶级思想？"（林樾《青春》）

臊皮儿：食物等表皮微冻。如：豆腐都～了，赶紧拿屋来，看冻了。

黄不秧儿的：也作"黄秧儿的"，形容略微发黄的颜色。如："你这桶里，水汪地，～，逛荡地，还稀啦晃啷地，装的啥呀？"（张震《胖大嫂赶集》）

酒鳖子：比喻好酒贪杯的人。如：一个个全是大～。

糠巴哕：形容糠萝卜的味道，或者指食物粗糙干涩而难以下咽。如：这萝卜到时候了，都～的了。那干面子好吃吗，～的？

乐颠馅儿：形容非常高兴的样子。如："我脸上虽然火辣辣的，心里却～了。"（《老船坞》，《辽宁群众文艺》1978年第3期）

黄白净子：指面色发黄，也指这种面色而不好对付的人。如："吴太有三十多岁，中等身材，～脸。"（李凤德《大丈夫吴太有》）

巴巴秋秋：（1）形容凝神张望或细看的样子。例如：看你那～的样，有啥好看的？（2）形容视力不佳而眯缝着眼看的样子。例如：人老了，～的啥也看不清。

疤癞咕唧：也作"疤癞流星"，形容人体或东西上布满疤痕而不光滑、不平展的样子。例如："这果子树上都有虫子，把果子吃的～的，掉了好些了。"（曹雪芹《红楼梦》）

鼻涕拉瞎：形容鼻涕多而不干净的样子。例如："奶牛真要吃了药，二嫂就得～，眼泪巴叉，呜呜嗨嗨咧嘴了。"（白云，常运《生死药》）

长腿拉胯：（1）形容下肢较长而与整个身材不协调的样子。例如：还仙鹤呢，看那～的样儿。（2）形容两腿伸直叉开的样子。例如：你往那儿一躺，别人还往哪坐？

滴喽搭挂儿：形容成串的东西挂得多而凌乱的样子。如：看这家子，挂了一房檐辣椒，～的。

闲磨牙：讲闲话。例如："二大妈一听哈哈大笑，查找出也不过赚个～。"（《白清桂民间歌谣集·跳墙头》）

格搂：搅动。如："沿岸百个庄，庄庄都屋漏。庄多忧啊人多愁，穷把海～。"（《白清桂民间歌谣集·庄河水》）"镶金牙，咧歪嘴；穿皮鞋，高抬腿；戴金镏，～水。"《白清桂民间歌谣集·看你今后再咋美》

打勾逗：打嗝。如："爱它的却是老烟油，小耍而试着抽一口，呛的直劲儿～。"《白清桂民间歌谣集·黄烟店》

脖扣：即猪脖子上的肉，肥瘦相间。如："好肉好肉好猪肉，白的肥，红的瘦，不白不红是～。"（《白清桂民间歌谣集·猪肉床》）

歹（吃）油蛋儿：赶礼。如：今天喃哥结婚，你不回来～油蛋儿啊。

辽宁方言中存在大量像上述一样的特色词语，有些甚至是辽宁方言所独有，这些词语具有非常强的表现力，鲜明地体现了辽宁方言词汇的特点，它们产生于人们的日常生活中，并不断地为人们的生产生活服务。

以上从三个方面将辽宁方言词汇与普通话词汇进行了简单比较，从而突出了辽宁方言词汇的特点，但是，不难发现，一些词语并不是辽宁方言所独有的，这可以说是文化融合的结果。在与普通话比较的过程中，有些方言词语完全可以与普通话相对应，但却没有用普通话词语来表示，那是因为同一事物，人们观察它的角度不同，在表达上就会有差异，这在一定程度上与当地人们的思维、说话习惯有关系，也正是这些习惯形成了富有特色的辽宁方言词汇。[1]

对于方言和普通话，很多人认为二者不应该是相互排斥关系，而应该相互补充[2]，钱乃荣先生也曾经说过"方言词汇是普通话词汇丰富、发展的不竭源泉之一"[3]，但是，近年来，随着国家推广普通话政策的大力实施，辽宁方言也正面临着消失的危险。一些方言词汇已经随着老年人的去世而消失了，新一代的年轻人有些已经脱离了辽宁方言，取而代之的是普通话。这在推广普通话的角度来看，成果是可喜的，但从方言角度看，这样的结果是人们所不愿意看到的。矛盾是真实存在的，当务之急就是广泛、大力收集研究辽宁方言，使其变成可保存资料，以可查阅的资料的形式留住辽宁方言逝去的脚步。

---

[1]　叶蜚声、徐通锵：《语言学纲要》，北京大学出版社 2012 年版，第 20—30 页。

[2]　侯精一：《推行普通话（国语）的回顾与前瞻》，《语言文字应用》1994 年第 4 期。

[3]　钱乃荣：《论语言的多样性和"规范化"》，《语言教学与研究》2005 年第 2 期。

辽宁方言词语例释

辽宁凭借其优越的地理位置，历史上曾吸纳大批移民定居于此，这就为辽宁方言的形成提供了条件①。在辽宁方言中，存在大量非常有特色的古语词，对它们进行研究一方面能更好地推广普通话，另一方面也有利于汉语史的研究，正如王力先生所说："现代汉语的方言是复杂的，正是由于方言的复杂，更有足够的语言事实来证明汉语发展的过程。"本书按照音序排列各个词条，释义方面，首先解释方言词义，其次从汉语史的角度探求词义演变的过程，探求词义演变的理据，分析词义演变的动因和机制。

A

熬糟 [ŋau⁴⁴tsau⁰] [ŋau³¹tsau⁰]②

在辽宁方言中"熬糟"的意思为焦虑、痛苦、受折磨。《白清桂民间歌谣集·贫寒五更》："小儿好比闹心一根草，丈夫好比杀人的刀，倒叫小奴受熬糟。小奴这般命，不如死了好。"

据《广韵》：熬，五劳切，平声豪韵疑母。糟，作曹切，平声豪韵精母。"熬糟"为叠韵联绵词，变体有"燠糟""恼躁""懊糟""腌臜"等。

---

① 钱曾怡：《汉语官话方言研究》，齐鲁书社 2010 年版，第 62—68 页。

② 据《中国语言地图集（第 2 版）》（2012），辽宁境内有两种主要官话方言，分别为东北官话和胶辽官话，本文分别注出两种读音，若读音基本相同，则只标注一种。

熬糟一词最早写作"鏖糟",本义为拼命厮杀,常用于战争。《汉书·霍去病传》:"转战六日,过焉支山千有余里,合短兵,鏖皋兰下。"晋灼曰:"世俗谓尽死杀人为鏖糟。"

到宋代以后,"鏖糟"引申为战场拼命厮杀后一片狼藉脏乱的景象。

(1) 他见这一物便思量做一物事,用他计较精密,更有非君子所能知者,缘是他气禀中自元有许多鏖糟恶浊底物。(宋·黎靖德《朱子语类》卷第二十七)

(2) 这利字是个尴尬鏖糟底物事,若说全不要利,又不成特地去利而就害。(宋·朱鉴《朱文公易说》)

(3) 兄弟也,我怎生顶着屎头巾走?你哥哥更是鏖糟头。(元·《全元杂剧·同乐院燕青博鱼》)

(4) 今日这浴,就如脱皮退壳,身上鏖糟,足足洗了半缸。(明·冯梦龙《醒世恒言·张孝基陈留认舅》)

到了明清时期,"鏖糟"由"脏乱"义引申出"烦躁、苦闷"义,即因为这种不清洁引起来情绪上的苦恼烦闷。

(5) 见他揎拳袖来录闹,諕的我低首躬身且告饶,使他那举止村沙,声音莽撞,眼脑张狂,心地鏖糟,你子待欺暧天地,抢夺钱财,乱下风雹不是你望空祷告。(明·朱有炖《朱有炖集·雍熙乐府》)

到清代,"鏖糟"又写作"熬糟",同指心里烦躁、苦闷。

(6) 若一肚子熬糟,读书亦不相干,但只空空的无一点物事在内,终日江汉濯、秋阳暴濯暴些甚么?(清·李光地《榕村语录·诸子》)

(7) 见上面不是冤家不聚头,布了瞒天网,不觉魂飞魄散,弄得上不得上,下不得下。跎子心里打熬糟,只管在网里东张西窜瞎碰头。(清·邹必显《飞跎全传·拉破网情急撞金钟 划双翅计穷行屁遁》)

由上可知，"熬糟"一词初写作"鏖糟"，其本义为脏乱，后引申为由这种不清洁引起来情绪上的苦恼烦闷，即现在方言中"焦虑、痛苦"之义。

值得注意的是，在庄河方言中，"熬糟"多和"受"连用，组成动宾结构。《白清桂民间歌谣集·寡妇哭五更》："甩开手一走只管你自己么，我的哥哥呀，撇下小奴受啊受熬糟呀。撇下小奴受啊受熬糟呀。"《白清桂民间故事集·挖棒棰》："你这个小子发育不好，这是近亲结婚恶根苗，我劝你生一个就拉倒，免得你一辈子受熬糟。"

B

巴棍 ［pa⁴⁴kun⁵¹］［pa³¹kun⁵¹］

"巴棍"指"木棍"，在辽宁方言中有两种说法，分别是"巴棍儿"与"巴棍子"，由于儿化的关系，二者在感情色彩上存在差异。儿化是汉语中存在的一种非常普遍的现象，很多名词性的词语在儿化后所指的东西都会带有一种细小、可爱的色彩，如"洞儿""球儿""车儿""脚丫儿"等，这里的"巴棍儿"也是如此，而"巴棍子"则没有这样的色彩，众所周知，这里的"子"是汉语中非常典型的一个名词后缀。并且，也正是由于色彩上的原因，"巴棍儿"常用来指代较短、较细的木棍，而较粗、较长的木棍则常被称作"巴棍子"，但这并不是绝对。除辽宁地区外，"巴棍"更常见于山东方言。

"巴棍"一词在清代文献中已经出现，如：

（1）我就狠一狠，交给那杀人贼，也省的我路上着他抓住，使那巴棍打我腿。（清·蒲松龄《聊斋俚曲集·翻魇殃》第四回）

（2）大姐说："必然打你一百巴棍。若不得捱打，就请走。"（清·蒲松龄《聊斋俚曲集·翻魇殃》第九回）

（3）那妇人道："亲香点儿倒不好？我今儿怎么碰见你们姐儿们，都是这么撅巴棍子似的呢！"（清·文康《儿女英雄传》第七回）

（4）还不曾到那街口，早望见一个人扛着个被套，腰里掖着根巴棍子劈面走来。（清·文康《儿女英雄传》第十四回）

《聊斋俚曲集》和《儿女英雄传》都是使用山东方言比较多的白话著作，而"巴棍"的较早用例出现于此，这就说明"巴棍"最早出现于山东方言中，而后由于人口流动等原因，"巴棍"又在辽宁等东北地区广泛使用。至于辽宁方言中"巴棍儿"和"巴棍子"在色彩和使用上的差别则与人们的语言使用习惯有关。"巴棍儿"和"巴棍子"在今天的方言中使用非常广泛，如：

（5）婴儿落地后，要把他捆绑得紧紧地，像个直巴棍儿。（牛耕《天梯：给儿女的 129 份爱·爹妈不教育 儿女难成器》）

（6）来到树林里，在一棵大树洞里找着了，身子硬得像巴棍儿，连拉都拉不出来。（白庚胜《中国民间故事全书·山东·台儿庄卷·故事·宝驴和火龙单》）

（7）二十个对付他一个，别说还有土炮，就是一人一根巴棍子，也能揍他个半拉死。（翁牛特旗旗志编纂办公室《紫城风云·第一个回合》）

（8）你们都找个巴棍子拿着，把在这想吃饭的，一人揍二十棍。（白庚胜《中国民间故事全书·山东·峄城卷·传说·石崇和范丹》）

拔（冹）[pɑ²⁴]

"拔"在辽宁方言中有三个意思，分别是：（一）把食物放在冷水中使其变凉，或除去杂质、异味等。如：这天真热，把啤酒放凉水里拔拔再喝。（二）把冷冻的食物放在凉水中，使其化冻。如：你把那冻梨放到凉水里拔拔，一会儿吃。（三）使寒冷，相当于"冰"，如：冬天洗衣服得用热水，凉水忒拔手。这三种用法在整个东北地区使用都比较广泛，除此之外，北京、山东等地的方言中也在使用。

"拔"最早表示"抽拔，拉拽"等义，《说文·手部》："拔，擢也。"《增韵·末韵》："拔，抽也。"《小尔雅·广物》："拔根曰擢。"如：

（1）公孙阏与颍考叔争车，颍考叔挟辀以走，子都拔棘以逐之。（《左传·隐公十一年》）

（2）乾垂涕奉诏，弟昂拔剑起舞，请以死自效。（唐·李百药
《北齐书·高乾传》）

（3）山摧江溢路不通，连根拔出千尺松。　　（南宋·陆游
《龙挂》）

（4）他抵死不肯，一时性起，拔出戒刀来杀了，提了头就走。
（明·凌蒙初《二刻拍案惊奇》卷二十八）

这样用法的"拔"是我们最常见和常用的。因"拔"有"抽拔，拉
拽"等义，所以在这一意义的基础上，"拔"又引申出了"吸出"义，二
者都指在外力的作用下将某些东西抽拉出来，而方言中"拔"的前两种
用法就是"吸出"义在特定语用环境下的引申。"把食物放在冷水中使其
变凉，或除去杂质、异味等"是将食物中的热度、杂质、异味等"吸"
出来，"把冷冻的食物放在凉水中，使其化冻"也是将食物中的冰"吸"
出来。方一新先生在《〈老乞大〉及〈老乞大集览〉词语杂记》一文中
也对有着"吸出"义的"拔"进行了解释，见于：《原本老乞大》07 右
10："伴当，你将料捞出来，冷水里拔着，等马大控一会，慢慢的喂着。"
这里的"拔"就指"将草料放在冷水里使其变凉"①，这与方言中的第一
种用法一致，可见方言中这一用法的"拔"是承袭古代。其实，表示
"吸出"义的"拔"出现时间比较早，"拔毒"一词早在东晋时期就已出
现，指将体内的毒"吸"出来，见于：

（5）又方，治痈，一切肿未成脓，拔毒。（东晋·葛洪《肘后备
急方·集验方治肿》）

因此，"拔"的"吸出"义出现时间不会晚于东晋。另外，《汉语大
词典》和《汉语大字典》在"拔"的"吸出"义之后都举了"拔毒"的
例子，而没有书证，可增补。

通过以上分析得知，"拔"在方言中的两种用法即"把食物放在冷水
中使其变凉，或除去杂质、异味等"和"把冷冻的食物放在凉水中，使

---

① 方一新：《〈老乞大〉及〈老乞大集览〉词语杂记》，《合肥师范学院学报》2014 年第
1 期。

其化冻"是其"吸出"义在特定语用环境下的引申，前者出现的时间更早。两种意思在今天使用都比较普遍，如：

（6）林英她妈正给林英拔火罐，林英不常回家，但每一次回家，她妈都要给她拔火罐。（杨争光《杨争光文集·越活越明白》第十二章）

（7）夏天做驴肉包子时，馅调好了要先放到深井里用凉水"拔一拔"，让馅里的油凝住。（呆树《大连古镇·金州》）

（8）海棠有八个棱子，冻上以后，吃的时候弄点水，用凉水拔一拔就可以吃了。（何晓松、陈勇强《司机自我养生·冬季气候与自我养生·冬季养生适合吃的"5 种冻食"》）

（9）等我醒过来的时候，已经是晚上了，我的两只手被浸在冷水盆里，像拔冻梨那样，把我的两只手保住了，身上也一点没冻坏。[中国人民政治协商会议满洲里市委员会文史资料研究委员会《满洲里文史资料选辑（第 2 辑）·塌达赛》]

而方言中"拔"的第三种用法，即"使寒冷"则是在"把食物放在冷水中使其变凉，或除去杂质、异味等"义基础上的引申，这种用法相当于"冰"，"拔手"可以说成"冰手"。这一意义在今天方言中使用也比较普遍，如：

（10）尽管我是吃着这片土地上长出的玉米、高粱长大的……，这里的高粱穗子上的寒霜太拔手呵，爸爸，我还很小，我的肩膀还很嫩……（李景林《永世情简·啼血天歌·坟远坟近》）

（11）这火炕我是扔不下，老寒腿最怕那凉床"拔"。（杨维宇、于廷仕《买嫁妆·好媳妇》）

（12）刚下水，脚拔得慌，我便自下而上，往身上撩水，给身体发去信息，让它适应。[苗欣《厚重与天真——一个诗人的日记（1950—2012）·2003 年 10 月 16 日》]

以上，我们对辽宁方言中"拔"的三种用法的来源进行了探索，其中前两种用法来源于其"吸出"义，这一意义的"拔"出现时间不会晚于东晋。其中"把食物放在冷水中使其变凉，或除去杂质、异味等"义出现较早，在元代时期就已出现，表示"使寒冷"，意义相当于"冰"的"拔"则是在此义基础上的引申。

"拔"的本字或是"泼"，《说文·仌部》："泼，一之日滭泼。"《玉篇·仌部》："泼，寒冰貌。""泼"由冷义引申出动词义，使……冷。

帮衬 ［paŋ⁴⁴tʂhən⁵¹］［paŋ³¹tʂhən⁵¹］

"帮衬"在辽宁方言中表示"帮助，帮忙"，如："谁家遇到难事儿了，大伙都得互相帮衬帮衬。"其实，"帮衬"是个使用非常广泛的方言词语，它不仅存在于东北地区的一些方言中，在河南、安徽、四川、福建等地的方言中也在使用。对于"帮衬"一词，陈永正先生在《市井风情——三言二拍的世界》中曾对"帮衬"的使用及发展作了简单研究，从中我们发现，"帮衬"曾有多种用法，只是到了清代时期更多地用于"帮助"，而如今方言中的"帮衬"就指"帮助"[①]。那么，"帮衬"是怎么来的呢？

"帮"有"指鞋的侧面部分"的意思，北宋·陈彭年，丘雍《广韵·唐韵》："帮，衣治鞋履。"如：

（1）柳雨花风，翠松裙褶，红腻鞋帮。（南宋·蒋捷《柳梢青·游女》）

（2）底儿钻钉紫丁香，帮侧微黏蜜腊黄，宜行云行雨阳台上。（元·胡存善《类聚名贤乐府群玉·水仙子·钉鞋儿》）

（3）就走到那边喝了一杯子参汤，把新年里用的鞋帮花活计在灯下做。（清·司香旧尉《海上尘天影》第十九回）

在使用过程中其意义范围扩大，引申为"某些物体两旁或周围的部分"，如：

（4）减刮的休显刀痕迹，剜裁的脸戏儿微分间短，拢揎得腮帮

---

① 陈永正：《市井风情——三言二拍的世界》，中华书局香港分局 1988 年版，第 120—121 页。

儿省可里肥。(元·高安道《皮匠说谎》)

（5）梦玉正要答话，只见一阵乌风涌着波浪，在船帮上一击，来得猛勇。(清·陈少海《红楼复梦》第六十四回)

以及我们常说的"白菜帮""桶帮"等，这里的"帮"相对于"鞋帮"的"帮"其使用范围扩大了。以上的"帮"在意义上都有着"整体中的一部分"以及"对整体中其他部分作用的发挥起着辅助、帮助等作用"的意思。如："鞋帮"一方面是鞋的一部分，另一方面对于脚来说则起到了保暖作用；"腮帮"的存在能使人的脸有轮廓，是脸的一部分，此外还有着保护牙齿，甚至是帮助进食等作用；"船帮"也是如此，它既是船的一部分，又起着辅助船本身发挥其载物、保护船内物体的作用，"菜帮"与"桶帮"也是如此。而对于表"帮助"的"帮"来说，一方面其对象多与自己属于同一群体，或者对对方有心理上的认同，因此，帮助者与受帮助者在某种意义上组成了一个整体；另一方面帮助者总是帮助受帮助者解决困难或者问题，这与"鞋帮""船帮"中的"帮"用法大致相同，可见，表"帮助"的"帮"就是在"鞋的侧面部分"基础上的引申，这种用法在古代使用非常广泛，如：

（6）若说不过时，你可努嘴儿，我帮你说。(元·李行甫《包待制智赚灰栏记》第四折)

（7）周师父，你若肯帮我做事，我当奉酬白金五两。(明·西湖渔隐主人《欢喜冤家》第一回)

（8）这一点点事情，做哥哥的还可以帮你一把力。(清·李宝嘉《官场现形记》第三回)

"衬"有"内衣"的意思，南朝·顾野王《玉篇·衣部》："衬，近身衣。"清·张玉书、陈廷敬等《康熙字典·衣部》："衬，《唐韵》《集韵》初觐切，音榇。近身衣也。"如我们今天常说的"衬衣""衬衫""衬裤"等，这里的"衬"就指内衣。后又引申为"垫；衬垫"等意思，如：唐·李匡乂《资暇集·茶托子》："建始中蜀相崔宁之女，以茶杯无衬，病其熨指，取楪子承之。"以及我们常说的"领衬""袖衬"等，此时的"衬"在词性上多为名词。以上的"衬"在使用时都表示通过对衬的使用，进而达到了某种目的，而表示"陪衬；衬托"义的"衬"就来源于此，只是这时的"衬"在词性上为动词，但在意义上仍旧为通过"陪衬"或"衬托"这种活动达到某种目的，多为使某物的某些特点更加凸显，如：

　　（9）无限黄花衬黄叶，可须春月始伤心。（唐·吴融《阌乡寓居十首·木塔偶题》）

　　（10）腻红匀脸衬檀唇。（北宋·苏轼《江城子·腻红匀脸衬檀唇》）

　　（11）那脸上的雀斑，黄的黑的堆了一脸，厚厚的抹上一层粉，衬得斑斑点点，与那芥末拌的片粉无二。（清·曹去晶《姑妄言》第十卷）

　　综观以上分析，有以上三种意义的"衬"在使用时都表示通过使用"衬"这种物或者活动进而达到某种效果，而"衬"在这里则对某种效果的达成起到了一种帮助、辅助的作用。如内衣的主要作用就是通过增加所穿衣服的厚度，达到保暖的效果，从而使衣服能更好地发挥作用；表示茶杯垫的"衬"是通过对其的使用，达到了隔热的效果，不再烫手了；衣领与衣袖使用衬，多数是为了使衣服看起来更美观，或者穿起来更舒适；而"衬托"多数是指在某物的衬托下，使某物的某些特点变得更加明显。不难发现，这三种用法的"衬"都起到了"帮助、辅助"的作用，这与"帮"意义相近，因而，"帮"与"衬"连用可以看作是同义词连用，这是汉语词汇发展过程中非常普遍的词汇现象。①

　　"帮"与"衬"连用表示"帮助"之类的意义最早见于元代文献中，并随着时代的发展，用于"帮助"的"帮衬"得到更广泛的使用，如：

　　（12）今日一天大事，都在这殿里，你岂可不帮衬着我？（元·无名氏《王月英元夜留鞋记》第二折）

　　（13）凤生作个揖道："好姐姐，如此帮衬，万代恩德。"（明·凌蒙初《二刻拍案惊奇》卷九）

————————

① 江蓝生：《近代汉语探源》，商务印书馆2000年版，第300页。

（14）还有人帮衬做事，掌大大的家门，得大大的爵位。（清·不题撰人《痴人福》第四回）

（15）小小的杨麦太太年纪不大，却很懂得杨麦此刻的用心，帮衬杨麦把玩笑开得更好……（严歌苓《穗子物语》第七章）

以上，我们对"帮衬"的发展脉络作了大致梳理，"帮衬"为同义词连用在成词之初曾有多种意思，如"体贴""凑趣"等，只是随着词语的发展变化，这样的意义在今天已经很少用到，这是词汇发展所要面临的必然结果，当某个义项不再为人们所常用或者有了新的更合适的词语时，那么这个义项就会逐渐消亡或是新的更合适的词语代替原来旧词。

棒〔pɑŋ^{51}〕

"棒"在辽宁方言中除了具有"棍子""好"等意思外，还有三种意思：（一）指名词"瓶子"，常说成"棒子"或"玻璃棒子"，例如：周立波《暴风骤雨》："撞针和枪子装在一个灌满桐油的玻璃棒子里，埋在北门外的黄土岗子上。"（二）指量词"瓶"，常说成"棒儿"或"棒子"，例如：周立波《暴风骤雨》："两棒子酒完了，郭全海又去舀一棒子来。"（三）指"玉米"，常说成"棒子"，例如：孔庆东博客："老师'小铁梅'也跟我们抢着吃，一边吃一边唱'学大寨，赶大寨，苞米棒子掰下来，咔嚓咔嚓吃起来呀，咔嚓咔嚓吃起来……'""棒"无论古今都是个使用非常广泛的词语，并且多表示与"棍""杖"等有关的意义，那么为什么在方言中还表示"瓶子""玉米"等意思呢？

我们认为"瓶子"和"玉米"被称为"玻璃棒子"和"玉米棒子"与"棒"的形状有关。"瓶子"和"玉米"在形状上与"棒"相似，近似于圆柱状，并且在其他方言中也有很多因为形状与"棒"相似而借助"棒"来指称的例子，如：我们都熟悉的"棒冰"；北京方言中的一种较矮的芹菜被称作"棒儿芹"；用很细的木棍儿或竹棍儿做芯子的香被称为"棒香"；手电筒被称为"电棒"等，因而形状与"棒"相近的"瓶子"和"玉米"就很有可能借"棒"来指称，但是，"木棒""棒冰""芹菜""香"与"瓶子""玉米"在形状上仍存在区别，后者都是两端粗细不同，因此，用"棒"指称"瓶子""玉米"还存在疑问。

经考证,在古代有"棒棰"的说法,也作"棒槌",并且使用很普遍,例如:

(1)余谓双陆之制,初不用棋,俱以黑白小棒槌,每边各十二枚,主客各一色,以骰子两只掷之,依点数行,因有客主相击之法。(南宋·葛立方《韵语阳秋》)

(2)……到台湾,又保了一个林爽文,遭了擒,问了个谋反叛逆,二百棒棰一夹棍,招出了三起人命,两起路案,羁了监,越了狱,一夜还偷刨了五座坟。(明·冯梦龙《明清民歌时调集》)

(3)到次日饭时已后,月娘埋伏下丫鬟媳妇七八个人,各拏短棍棒槌,使小厮来安儿诓进陈经济来后边,只推说话,把仪门关了,教他当面跪着,问他:"你知罪么?"(明·笑笑生《绣像金瓶梅词话》)

从例3我们可以看出,"棒棰"不同于"棒",但区别在哪里呢?查阅后发现,二者区别在于"棒"的两端粗细是相同的,而"棒棰"则相反,例如:

(4)磬锤峰在承德府治东北十六里,翘然秀拔,下锐上丰,即古石挺峰,俗名棒棰峰。(清·《大清一统志》)

这里是说"磬锤峰"因为峰底较细而峰顶较粗所以被称为"棒棰峰",由此可见,棒棰的形状是一端细,一端粗的。并且,现今很多地区,例如山东、江苏等地的一些妇女洗衣服时会用名为"棒棰"的木棍来捶打,为了便于握住棒子,因此用手握的那一端会比较细,而捶打衣服的那一端会比较粗,这样会使衣服洗得更干净。综合以上分析,"瓶子"和"玉米"在方言中被称为"玻璃棒子"和"玉米棒子"就可以接受了,并且,现在山东等地区仍旧会称"玉米"为"棒棰"。

对于"棒"表示量词"瓶",这是"棒"在名词"瓶子"基础上的引申,这与"瓶"的引申路径相同。"瓶"原指陶制的盛水容器,后又引申为量词,"棒"也是如此,由名词"瓶"引申为量词"瓶"。在汉语发展过程中,名词是名量词的主要发展对象,不仅"瓶""棒"如此,还有

"一碗水"的"碗""一桶水"的"桶""一卷纸"的"卷",等等①。

包 [pau⁴⁴] [pau³¹]

"包"在辽宁方言中除具有"包裹""包容"等意思外,还表示"赔,赔偿",如:"快把这个杯子放回去吧,打碎了还得包人家。""包"的这一用法分布比较广泛,不仅存在于东北地区,而且在河北东部以及河南地区也有着较高的使用频率。那么,"包"的这一意义是如何来的呢?

"包"的本义为"裹",《说文·包部》:"包,象人裹妊,巳在中,象子未成形也。"又北宋·陈彭年,丘雍《广韵·肴韵》:"包,包裹。亦姓,楚大夫申包胥之后后汉有大鸿胪包咸。"并且"包"的古字为"勹",《说文·勹部》:"勹,裹也。象人曲形,有所包裹。凡勹之属皆从勹。"段玉裁注:"勹,裹也。今字包行而勹废矣。象人曲形有所包裹。凡勹之属皆从勹。"因此,"包"的本义是"裹",并且表"裹"的"包"在先秦时期就出现了,如:"《诗·召南·野有死麕》:'野有死麕,白茅包之。'毛传:'包,裹也。'"这一用法的"包"在古代比较常见,如:

(1) 老子曰:道至高无上……方乎矩,包裹天地而无表里,洞同覆盖而无所硋……(东周·文子《通玄真经·符言》)

(2) 在人腹中,肥而包裹心者脂也,心区霜则冥晦,故有脂夜之妖。(东汉·班固《汉书·五行志》)

(3) 阉竖以纸包裹鱼肉还家,并是五省黄案。(唐·李延寿《南史·废帝东昏侯本纪》)

后又在此基础上引申为"包取",即包而取之,如:

(4) 秦孝公据崤函之固,……有席卷天下,包举宇内,囊括四海之意,并吞八荒之心。(西汉·贾谊《过秦论》)

(5) 猗与元勋,包汉举信,镇守关中,足食成军,营都立宫,定制修文。(东汉·班固《汉书·叙传》)

(6) 辽国尽有大漠,浸包长城之境。(元·脱脱等《辽史·营卫

---

① 王绍新:《汉语史上名量词语法化问题》,《陕西师范大学学报》2010 年第 3 期。

志中国》）

"包取"所得到的东西归自己所有，在这一意义的基础上，"包"又引申为"承担"，如：

（7）进忠对黄氏说知，……连邱先生、进忠、七官共是七桌，内里一桌，叫厨子包了去办。（明·不题撰人《梼杌闲评》第十四回）

（8）济公道："不打紧，只将钱粮算与我，我包了工罢。"（明·七乐生《三教偶拈·济颠罗汉净慈寺显圣记》）

（9）我认识个瓦木作头，手艺很好，包工也很便宜，你老若是这么办法，我明日就荐他到府上来，叫他收拾收拾。（清·颐琐《黄绣球》第一回）

我们认为方言中表示"赔，赔偿"的"包"就是在"承担"基础上的引申。"赔偿"在使用时，其对象多是那些由于赔偿方的原因而造成损失的任务或东西，任务没有完成或东西被破坏了，特别是那些被自己"包"下来的任务或东西，破坏者就有义务承担起赔偿的责任，而"赔偿"也就是承担责任，因此，那些对自己包下来的事或东西进行赔偿也可以称为"包"，只是前者"包"的对象是工作或任务，而表"赔偿"的"包"则是承担责任，这一用法的"包"在近代文献中被多次使用，并且在现今中也有着非常高的使用频率，如：

（10）我要说出一个价来，您到各行去问去，你管保不敢应。中途丢一个草刺，我们包赔。（清·佚名《大八义》第三十四回）

（11）躺在床上，往前想又羞又悔，往后想一怕再怕，一怕者怯明日当堂匍匐，再怕者怯包赔戏衣。（清·李绿园《歧路灯》第三十回）

（12）行政股的同志告诉大家，这是跛裁缝为包赔损失，用艺校的旧幕布加工制做的。（韩刚《白山风云回忆录·校园速写》）

（13）又回头向老秦道："不怕！丢了你小福我包赔！"（赵树理《小二黑结婚》）

胞胎儿［pau⁴⁴ther⁴⁴］［pau²⁴ther³¹］

"胞胎儿"在辽宁方言中表示"生病",病情可轻可重,在使用对象上不分年龄、性别。例如:"咋啦? 又闹~啦?"

在最初,"胞"与"胎"是作为两个词来使用的,并且"胞"多用来表示"子宫"或"母体子宫内包裹胎儿的膜质囊"等意义,如:

(1) 月事不来者,胞脉闭也,胞脉者属心,而络于胞中,今气上迫肺,心气不得下通,故月事不来也。(春秋战国《黄帝内经》)

(2) 胞,儿生里也。从肉从包,匹交切。(东汉·许慎《说文解字》)

(3) 宫曰:"善臧我儿胞,丞知是何等儿也!"师古曰:"胞,谓胎之衣也,音苞。"(东汉·班固《汉书》·孝成赵皇后传)

而"胎"多用来指"孕育于母体内而未生的幼体",如:

(4) 俞氏曰:"女始则胎气不足,乳渖有余。病非一朝一夕之故,其所由来渐矣,弗可已也。"(《列子·力命》)

(5) 火干木,蛰虫蚤出,蚿雷蚤行;土干木,胎夭卵毈,鸟虫多伤;金干木,有兵;水干木,春下霜。(西汉·董仲舒《春秋繁露卷十四》)

由此可见,"胞""胎"二字在意义上各有所指但又联系密切,也正因为如此,人们常将"胞""胎"连起来使用,表示"胞衣、娘胎"或者"孕育"等意义,如:

(6) 得胎息者,能不以鼻口嘘吸,如在胞胎之中,则道成矣。(东晋·葛洪《抱朴子·内篇》)

(7) 道也者,所以陶冶百氏,范铸二仪,胞胎万类,酝酿彝伦者也。(东晋·葛洪《抱朴子·内篇》)

(8) 凡产难,及子死腹中,并逆生与胞胎不出诸篇方可通检。(唐·孙思邈《备急千金要方》)

但是，有着"胞衣""孕育"意义的"胞胎"为什么会被用来表示"生病"呢？

我们认为，人们用"胞胎"来表示"疾病"是出于避讳。[①] 我们知道，一些人患的疾病是天生就有的，也就是说胎带来的，而女人在怀孕及生产结束后容易患某类疾病，这样的事无论古今都会发生，这就将"胞胎"与"疾病"联系起来，如：

（9）妇人之病，皆由于月病生产所致，又从胞胎所起，其病不同，针灸食药，不得其方也。（唐·王焘《外台秘要方》）

（10）夫妇人八瘕者，皆由胞胎生产，月水往来，血脉精气不调之所生也。（北宋·王怀隐《太平圣惠方》）

（11）夫小儿头皮光而急，发枯作穗，脑热如火，头上生疮，腮脸虚肿，身体多汗者，名曰脑疳。此由在胞胎禀受不足，脑体虚弱，其母挟于风热。既生之后，腑脏挟热，乳食不周，上攻脑络，则头大项细，损儿眼目，渐渐羸瘦，肌体常热，发落不生，故谓之脑疳。（明·朱橚等《普济方》）

（12）初出胞胎而不吮乳者，或由产母过度，胎中受寒则令儿腹痛，故不吮乳。（明·孙一奎《赤水玄珠全集》）

除此之外，浙江吴语地区用"胎里疾"来表示"先天残疾"，也有的官话区用"胎里毒"来指"从母体中就感染到的病毒"。

但是新生儿出世无论在古代还是现代看来都是大喜事，人人都盼望着母子平安，孩子能健康成长，因此，由于天生或生产而使孩子或者母亲患上疾病是人们非常不愿看到的，又因为古代医疗卫生条件的落后，人们对于这样的疾病大多无能为力，这样就会产生一种恐惧心理，于是人们就是用与在这种情况下患上的疾病相关的词语来代替"疾病"，以达到避讳的目的[②]，所以有着"疾病"意义的"胞胎"就随之产生了，而东北官话中用来形容"人体虚弱；体质差"的"胎"很可能就是对"胞胎"一词的演变和引申。

---

① 周振鹤、游汝杰：《方言与中国文化》，人民出版社1997年版，第191—198页。

② 董绍克、赵春阳：《避讳语初探》，《山东师范大学学报》2007年第1期。

现今辽宁方言中的"胞胎"与最初的"胞胎"相比又有些许变化。意义上，后者应专指"天生的疾病"或"妇女在孕期或生产时所患的疾病"，而现在方言中的"胞胎"泛指"疾病"，在使用范围上扩大了，这是词义演变的结果。读音上，由"胞胎"变为"胞胎儿"，这样的语音形式符合东北官话区儿化韵多的特点。①

笨 ［pən⁵¹］

"笨"在辽宁方言中除了有"不聪明，不灵巧"等意思外，还表示"不锋利，钝"等，多用来形容刀，如："这刀也忒笨啦，该磨啦！""笨"的这两种用法多见于哈尔滨、辽宁、山东等地区，并且使用频率较高。那么，"笨"的这个意思是怎么来的呢？以下对其发展脉络进行简要梳理。

笨，东汉·许慎《说文解字·竹部》："笨，竹里也。"曹魏·张揖《广雅·释草》："筡，竹也。其里曰笨。"清·段玉裁《说文解字注·竹部》："笨，竹里也。谓其内质白也。又有白如纸者，《吴都赋》注谓之竹孚俞。"由此，"笨"的本义基本可以确定为"竹里，竹白"，只是后来"笨"又有了"不精，粗大笨重"等意思，北宋·宋祁，郑戳《集韵·混韵》："笨，竹里，一曰不精也。"北宋·陈彭年，丘雍《广韵·混韵》："笨，竹里。又晋书有兖州四伯豫章太守史畴以大肥为笨伯。"那么，表示"竹里、竹白"的"笨"怎么又会有了"不精"义呢？我们认为"不精"是"笨"的假借义②。通过上文可以知道，"笨"的本义为"竹子的内层"，即"竹白"，竹白的质地应是比较细密的，因为竹子中空却非常坚韧，这主要是由于竹筒部分质地细密，因而，竹白不是"不精"。并且"竹白"在古代可用来写字："一说古人著书，初稿书于青竹皮上。取其易于改抹，改定后再削去青皮，书于竹白，谓之'杀青'。"③ 书是便于移动或携带的东西，而竹白能用来写书，由此可见，竹白并不笨重。通过以上分析可以知道，"竹白"与"不精，粗笨"等义相去甚远，因而我们认为今天常用的"笨"的意义实际上是其假借义。并且"笨"最初的假借

---

① 钱曾怡：《汉语官话方言研究》，齐鲁书社 2010 年版，第 74 页。
② 胡培俊：《常用字字源字典——常用字源流探析》，崇文书局 2012 年版，第 28 页。
③ 辞海编辑委员会编：《辞海》，上海辞书出版社 1989 年版，第 326 页。

义为"粗大笨重",也即"不精",这一意义的"笨"其出现时间不会晚于西晋,如:

　　(1)……大鸿胪陈留江泉以能食为"谷伯",豫章太守史畴以大肥为"笨伯"……(唐·房玄龄《晋书·羊聃传》)

这里是说史畴是因为身体肥胖而被称为"笨伯",身体粗大笨重相对于身材正常或瘦小的人来说就会显得不精巧,不灵活,身体各个部位就"不精"。后又由身体上的笨重、不灵活引申为头脑的不灵活,这时,"笨"有了"不聪明,愚笨"等意思,如:

　　(2)杖浅短而多谬,闇趋舍之臧否者,笨人也。(东晋·葛洪《抱朴子外篇·行品》)
　　(3)小儿时尤粗笨无好,常从博士读小小章句,竟无可得,口吃不能剧读,遂绝意于寻求。(南朝梁·沈约《宋书·王微传》)
　　(4)此火候不均之故,惟最拙最笨者有之,稍能炊爨者,必无是事。(清·李渔《闲情偶寄·饮馔部·饭粥》)

之后又出现了"笨车",指那些由于制作粗简导致行驶不快的车子,取其"不灵活"之义,从而,"笨"有了"粗陋""拙劣"等意思,如:

　　(5)司马承身居藩屏,躬处俭约,乘苇笨车,家无别室。(南朝梁·萧绎《金缕子·说蕃》)
　　(6)妻亦能不慕荣华,与凝之共居俭苦。夫妻共乘蒲笨车,出市买易,周用之外,辄以施人。(唐·李延寿《南史·刘凝之传》)

后来又有了与"笨车"的"笨"用法相近的"笨胶",是指那些相对来说比较粗糙、质量比较差的胶,如:

　　(7)近盆末下,名为"笨胶",可以建车。近盆末上,即是"胶清",可以杂用。最上胶皮如粥膜者,胶中之上,第一黏好。(北朝北魏·贾思勰《齐民要术·煮胶》第九十)

自此之后，"粗大笨重""愚笨""粗陋"等意义就成为"笨"的新的意义，并一直沿用至今。

我们认为辽宁方言中"笨"的两个意思就是在"粗陋""拙劣"基础上的引申。刀本应是锋利的，因而不锋利的刀相对来说就是拙劣的，因此"笨"就有了"不锋利，钝"这样的意思，这一用法在今天的方言中使用也比较普遍，如：

（8）将板凳放平后，坐在另一头，手执笨刀笨剪在磨石上磨锐、起刮，得心应手，几分钟工夫使主人眉开眼笑。（刘永新《河南民俗·商业贸易民俗》）

（9）到清雍正皇帝时，他生了头疮，当时理发多使用笨刀，刀刃不快，割头皮特别疼，雍正皇帝因此杀死了不少理发师。[张柏华《本溪市补遗资料本（中国民间文学集成辽宁卷）·理发的祖师——罗祖》]

宾［pin⁴⁴］［pin³¹］

"宾"无论是在古代还是现代常表示"宾客"或"尊敬"等义，但是，在辽宁方言中，"宾"还有"劝酒"义，也说"宾酒"。例如："咱们谁能喝多少喝多少，谁也别宾谁。"这个用法也见于哈尔滨方言，尹世超《哈尔滨方言词典》："濒，劝；激：他喝得不少了，就别再濒他了。"王博、王长元《关东方言词汇》："宾酒，劝说强迫他人喝酒：可别宾酒，他没有酒量，弄不好非醉了不可。"马思周、姜光辉《东北方言词典》："拼，跟某人比着做（某事）：你有心脏病，喝酒我不拼你。"

"濒"是同音字，"拼"读音不同，有送气和不送气区别。那么，"宾"为什么会被用来表示"劝酒"呢？

宾，最初指"宾客"，东汉·许慎《说文解字》："宾，所敬也。"例如：

（1）我有嘉宾，鼓瑟吹笙。（西周·《诗经》）

（2）光年小于莽子宇，莽使同日内妇，宾客满堂。（东汉·班固《汉书》）

许慎解释为"所敬也",说明宾客是尊敬的对象。在此基础上引申出"尊敬"义,例如:

（3）止而见之,弗宾。（《左传·庄公十年》）晋·杜预注:"不礼敬也"。

（4）年进志立,习通性明,服所知于家而宗族慕焉,信所行于里而乡党宾焉。（宋·叶适《陈君墓志铭》）

（5）上异赞举止应对不凡,问其所师。先生以是得召见赐食。陆公后见先生弗宾。（明·刘球《遁斋杨先生行状》）

通过上文我们可以看到,"宾"具有"敬"的意义,而方言中"宾酒"有"敬酒,使对方喝"的意义,目的就是使对方妥协,最终把酒喝下去。东北人热情好客,且好酒,凡有客人到自家来,唯恐招待不周,而最能体现主人热情的一环就是在饭桌上要让客人满足,不但饭饱,最重要的是酒要足,为此,主人就会通过语言或者其他方法巧妙地让客人把酒喝下去,而这种过程很多时候是敬酒,这与"宾"的"敬重"义相符。

宾服 ［pin⁴⁴fu⁰］［pin³¹fu⁰］

"宾服"在辽宁方言中有"服气、佩服"义,如:"就看他做的这件事,谁能不宾服?"这是个使用非常广泛的方言词语,表示同样意义的"宾服"还存在于山东、河北等地,通过查阅文献我们还发现,"宾服"在很早就出现了,并在使用中得到发展,以下我们就对其发展脉络进行大致整理。

"宾"有"归顺、服从"义,《尔雅·释诂一》:"宾,服也。"郭璞注:"谓喜而服从。"这一用法的"宾"有很多,如:

（1）蛮夷戎狄,其不宾也久矣。（《国语·楚语上》）

（2）时,永昌郡夷獠恃险不宾,数为寇害,乃以弋领永昌太守,率偏军讨之……（西晋·陈寿《三国志·蜀书·霍峻传》）

（3）吾削平六合,一统天下,孰敢不宾者!（北宋·李昉等《太平广记·王次仲》）

（4）今遗晋虽殄,巴蜀不宾,石勒谋叛,……何以无患?（明·

杨尔增《东西晋演义》第一百〇六回)

"服"也有"服从、降服"义,如:《尚书·舜典》:"(舜)流共工于幽州,放驩兜于崇山,窜三苗于三危,殛鲧于羽山,四罪而天下咸服。"孔颖达疏:"天下皆服从之。"西晋·陈寿《三国志·魏书·夏侯尚传》:"尚自上庸通道,西行七百余里,山民蛮夷多服从者。"唐·姚思廉《陈书·熊昙朗传》:"及侯瑱镇豫章,昙朗外示服从,阴欲图瑱。"因而"宾服"是同义词连用表示"归顺、服从",这一用法早在先秦时期就出现了,并历代沿用,如:

> (5)饰攻战者之言曰:"彼不能收用彼众,是故亡。我能收用我众,以此攻战于天下,谁敢不宾服哉?"(东周战国·墨翟《墨子·非攻中》)

> (6)不屯一卒,不战一士,八夷大国之民莫不宾服,效其贡职。(西汉·司马迁《史记·刘敬传》)

> (7)故能摧曹操于乌林,走曹仁于郢都,扬国威德,华夏是震,蠢尔蛮荆,莫不宾服。(晋·陈寿《三国志·周瑜》)

> (8)臣又闻"至德无不感通,至仁无不宾服"。(明·许仲琳《封神演义》第六十八回)

> (9)叙人伦,正夫妇,天下莫不晓然论孝悌之义、笃之行,故仁义之道满乎天下,卒致之刑措四十余年。远方慕义,莫不宾服,雅颂歌咏,以思其德。(清·姚鼐《古文辞类纂·刘子政战国策序》)

在中国古代,"归顺"多数情况下是由于战争失败,但也有的是看到了对方的过人之处而甘心服从,如例5、例7就是在使用武力情况下的"宾服",而例6、例8、例9就是施行仁政之后所得到的主动甘心"宾服",但无论是哪种情况,只要"归顺",就说明归顺者承认自己在某方面不及对方,在这一意义基础上,"归顺、服从"又引申为"服气、佩服"。发展脉络与此相同的词有"服",上文已经提到"服"有"服从,降服"义,后"服"又在此基础上引申为"信服,佩服",如:西汉·司马迁《史记·孟尝君列传》:"始孟尝君列此二人于宾客,宾客尽羞之。

及孟尝君有秦难，卒此二人拔之。自是之后，客皆服。"北宋·薛居正等《旧五代史·唐书·李存进传》："初，军中以为戏，月余桥成，制度条直，人皆服其勤智。"而"宾服"表示真正意义上的"服气，佩服"出现的时间较晚，大概在近代时期，并在今天仍旧得到广泛使用，如：

（10）岂不闻为官者，打一轮皂盖，列两行朱衣，亲戚称羡，乡党宾服。（元·无名氏《猿听经》第三折）

（11）贾母连忙接着问道："……都像宝丫头那样心胸儿脾气儿，真是百里挑一的。不是我说句冒失话，那给人家做了媳妇儿，怎么叫公婆不疼，家里上上下下的不宾服呢。"（清·曹雪芹《红楼梦》第八十四回）

（12）德保方交五岁，他们家有与此子同年的抱来比比，自然分出真假。本县说你们少读诗书，见识甚少，你们未必宾服。（清·佚名《施公案》第二十七回）

（13）万国宾："你是为我万国宾闹的事儿，我宾服你，有胆子！看见了吧？我也不糠。姓万的，我说回来就回来！"（崔富强《血祭江桥》）

（14）他这辈子做人做事都不让人宾服。（张海清《大关东》）

以上，我们对"宾服"的"服气、佩服"义的来源进行了简单探索，并对其发展脉络进行大致整理。从而我们知道，"服气，佩服"义来源于"归顺，服从"义，"宾服"为同义连用，在汉语词汇发展过程中，双音节化是其重要特点，而同义连用是构成双音节词的一种重要方式，方言中与此类似的词语还有很多，需要人们不断去发掘、探索。

醭［pu²⁴］

"醭"在辽宁方言中有两种用法，分别是：（一）醋、酱油或腌制的东西表面生的白色的霉，常称为"白醭"，如："这咸菜长白醭了，不能吃了。"（二）擀面条、包饺子或做其他面食时为防止粘连用的干面粉，常称作"醭面"，如："擀饺子皮儿就得多放点儿醭面，不然都粘面板子上了。"这两个意思使用都比较广泛，除辽宁外、哈尔滨、山东聊城和烟台也有这样的用法，那么，"醭"到底是什么呢？

"醭"是一种霉菌，常生于发酵的东西表面，南朝·顾野王《玉篇·酉部》："醭，醋生白。"北宋·宋祁，郑戬《集韵·屋韵》："醭，酒上白。"北宋·陈彭年，丘雍《广韵·屋韵》："醭，醋生白醭。"如：

(1) 下酿……三日便发；发时数搅，不搅则生白醭。（北魏·贾思勰《齐民要术·作酢法》）

(2) 酒瓮全生醭，歌筵半委尘。（唐·白居易《卧疾来早晚》）

(3) 药醭时须焙，舟闲任自横。（南宋·陆游《秋雨排闷十韵》）

(4) 簟冷如冰宵藉褥，衣潮生醭昼烘炉。（清·钟大源《苦雨和竺严》）

由此可以知道，"醭"最初时可能指发酵过度的液体表面生出的霉，如醋、酒等，后来使用范围扩大，可泛指物体表面生出的霉，而方言中的"白醭"就来源于此，并且使用广泛，如：

(5) 在菜缸内腌菜，表面容易产生一层白醭，如不及时去掉，会使菜腐烂变质。（秋竹《生活妙计868·去掉腌菜缸里白醭妙法》）

(6) 杨梅不计多少……八砂石器内慢火熬散，至入水不散为度。若熬不到则生白醭。（李灈彦《中华养生百科·居家必用事类全集·渴水》）

(7) 把动物肉切成比较小的块，摆放在用草织的帘子上，底下用烟熏，用这种办法加工后的肉，既不腐烂，也不长白醭，便于储存备用。（贺兆坤《森林骄子鄂伦春·民族风俗·肉食》）

"醭"的第二个意思，即"擀面条、包饺子或做其他面食时为防止粘连用的干面粉"，是在"霉菌"基础上的引申。"醭面"是一个偏正结构，可理解为"像醭一样的面粉"，那么，"醭"与这样的面粉有什么共通之处呢？首先，通过以上分析我们发现，用于"霉"的"醭"多为白色，并且，霉在刚生成时多为细小的颗粒状，因此，二者不但颜色相同，而且形状相同。其次，"醭"是生于物体表面薄薄的一层霉，其特点是薄，而用于防止粘连的面粉也是薄薄的一层粘在面体表面，在这一点上，二者相同。另外，人们认识世界的顺序多是从自然界转移到人类社会，这里对"醭"的使用就是如此，再加上用于防止粘连的面粉与表示霉菌的"霉"在颜色和性状上都有相通之处，人们为了将用于醭面的这一部分面粉与其他面粉区分开来，因而，"醭面"就出现了，并且，"醭面"的使用非常广泛，如：

（8）……一抖一抻，再上案板，对折两根、撒上醭面，条不粘连……（宏道《千古食趣 关于吃的那些事儿·龙须面的典故》）

（9）发酵后对入碱面揉匀，饧一会儿，垫上醭面，揉搓成长条……（孙润田等《风味小吃·天津羊肉包》）

（10）擀面的醭面最为关键，须用小黄米粉，为的是使面叶松散不粘。（李仲凯《天下名吃·陕西三原明德亭——三原疙瘩面》）

（11）将面粉放入盆内，加适量水和成面团，用干淀粉做醭面，擀成薄面片……（刘昭、李希《家庭食谱·鸡丝馄饨》）

通过以上例子也可以看出，"醭面"不专指白面粉，那些用于做食物时防止面粘连的干粉都可以称作"醭面"，例子中的醭面有白面粉、小黄米粉、淀粉，在实际应用中还有很多，这也是词语使用范围扩大的表现。

不好 ［pu⁵¹xau²¹³］

"不好"在辽宁方言中指"身体不舒服，生病"，有时也指病重，如：（1）昨天还挺好的，今天就不好了？（2）最近咋见不着她了？不好了？这是一种隐讳的说法，这种说法使用也比较普遍，除东北地区外，在山西、北京、山东、湖北、湖南、四川等地也在使用。

其实，"不好"用于指"身体不舒服，生病"等义的出现时间不会晚于元代，见于：

（1）净云："你那病人不好几日了"。（元·吴昌龄《张天师》第二折）

（2）他今在房中不好哩，你不去看他看去。（明·兰陵笑笑生《金瓶梅词话》第十二回）

（3）郁大姐道："自从与五娘做了生日，家去就不好起来。"

（明·兰陵笑笑生《金瓶梅词话》第四十六回）

（4）他不用心看孩儿，想必路上轿子里諕了他了，不然怎的就不好起来。（明·兰陵笑笑生《金瓶梅词话》第四十八回）

（5）咱昨日在围场上，你一跳八丈的，如何就这们不好的快？（清·西周生《醒世姻缘传》第二回）

很显然，用"不好"来指代"身体不舒服，生病"是出于避讳。因为生病会造成身体和经济方面的损失，甚至会危及生命，因而是人们所极度排斥的，所以在表达"生病"时，人们会选择一个相对隐讳的说法来指代，这是汉语中普遍存在的一种语言现象，就如在称呼"死"时，为了避免直言"死"，相应地就出现了"逝世""谢世""老了"等词语来代替"死"，这样的词语有很多，不再列举。可见，方言中表示"身体不舒服，生病"的"不好"是沿用了其在古代的用法，并且，"不好"在今天有时会指"病重"，这也是在原义基础上出现的引申。这些用法在今天方言中使用频率非常高，如：

（6）喇嘛可出去走哩。后晌张员外回来哩。一看他的婆娘不好着呢。（李福清《东干民间故事传说集·神奇故事·张天有》）

（7）在我整个养病阶段，每天一早一晚来电话询问是二姐的固定节目，我说姐你就甭问了，你自己也不好着呢！（邹园《我爱我姐》，载《科学24小时》，1995年第4期）

（8）王夫人忙问道："他怎么？他不好了？"（端木蕻良《曹雪芹》第三十五章）

（9）凤大爷他不好了，连琴已经派人回来报信，现在府里乱成一团，都等着老爷从太原回来拿主意呢……（水合《锦囊》第十八章）

C

菜 ［tshai⁵¹］

"菜"在辽宁方言中除了表示"蔬菜"的"菜"之外，还与其他语素组合表示怯懦无能的人，如"菜货""菜包子"等，多用作詈语，形容某人怯懦无能，如："就他这个菜货，打不了腰！"其中"菜货"使用频率更高，贬义色彩也更强烈。如：姚雪垠《长夜》："像王三少那样的大烟鬼，连走路快一些就会发喘，打起仗来一定是个菜包子。"其实，"菜"是个使用非常广泛的方言词语，它不仅常见于东北地区，在其他地区使用也非常普遍。例如，山西有"菜窝窝"，比喻"窝囊无用的人"，河北有"菜虎子"，表示"怯懦，外强中干的人"，河南有"菜包"，表示"没有本领的人"，广西有"菜娘"，指"软弱而不顶用的人"，江苏也用"菜"来形容"差""不顶用"等。但是，我们都知道，"菜"指"蔬菜"或"菜肴"，那么，它为什么会被用来形容人，还具有了"怯懦""不中用"等贬义色彩了呢？

在中国古代有"菜人"一词，指那些被当作食物食用的人：

（1）盖前崇祯末，河南山东大旱蝗，草根木皮皆尽，乃以人为粮，官吏弗能禁。妇女幼孩，反接鬻于市，谓之菜人。屠者买去，如刲羊豕。（清·纪昀《阅微草堂笔记》）

例句中给出了"菜人"的具体意义以及出现的社会背景。无论古代还是现代由于天灾等导致这种人吃人的情况并不罕见，进而，"菜人"的使用会非常普遍，只是，这时的"菜"是个中性词，那么，为什么后来具有了贬义色彩呢？我们认为这与"菜"的使用对象有关。对于供食用的东西，如果其主要功用并不是做食材，那么一旦成为食用对象，最后被选来吃的一定是在同类中处于劣势的、没有价值的一部分，类似于今天所说的弱肉强食。而且，在中国传统观念中，用来吃的东西都是没有太大价值的。例句中被贩卖的是妇女和幼孩，古代妇女地位是低下的，因而菜人的首选是妇女，孩子本来是非常受重视的，但是在食物极度缺乏的情况下，孩子就是负担，所以也会被舍弃，由此可见，用来做菜的人都是处于劣势的没有太大价值的人。在今天的方言中，"菜"的对象也有很多是由于此而最终被选来食用，如广东有"菜鸭"，翁辉东《潮汕方言·释鸟兽》："俗呼较小之鸭，以专供做菜之用为菜鸭。"此外还有"菜鸽""菜蟒"等，都是专门供食用的鸽子或蟒蛇。"鸽"和"蟒"本不是供食用的东西，但这里的"鸽""蟒"是饲养专供食用的，这相比于野外生长的鸽、蟒已经丧失了其本来就有的价值，从某种意义上来讲已经没有价值了。而"菜"的贬义色彩就来源于此，即随着类似于"菜鸭""菜鸽""菜蟒"等词使用频率的增加，久而久之"菜"就沾染上了"劣等、不中用"这样的贬义的色彩。汉语中很多词语在发展变化中都体现了这样的特点，例如"草"本指草本植物，后又用于"草野""荒野"，指杂草丛生的地方，后引申指"民间"，这是相对于皇宫等地而言的，因而是劣等的，后又出现了"草民"，这也多指那些没有地位的平民，因而，慢慢地，"草"就有了"粗劣"这样的意义，出现了"草芥""草具"等。因此，"菜"用来指人会带有"怯懦""不中用"等贬义色彩就不难理解了。但是"菜人"最终没有成为常用詈语，并且在由"菜"组成的詈语中，出现比较早的是"菜货"，如：清·冷佛《春阿氏谋夫案》："范氏道：'你不用管我，若不是你们愿意，断不能取这菜货，张嘴说知根知底，亲上加亲……'"这是为什么呢？原因在于，相对于"菜人"，"菜货"的贬义色彩更加浓厚。"货"多用来指物，用"货"来指人就把"人"比作"非人"的物，这可以看作是对人格的一种侮辱，并且很多具有贬义的词语中都带有"货"，如"夯货""攮糠的货""蠢货"等，而"人"却没有这样的效果，因而"菜货"会成为詈语，并且得到广泛使用，但大多限于口语和方言，例如：

　　（2）女学生握住道静的手小声地说："今天来的多半都是内六区的土警察，都是些笨蛋菜货。老卢机警、有办法，他会跑掉的。嗯！你也认识罗大方吗？"（杨沫《青春之歌》）

　　（3）"这话好像还轮不到你说吧，我刚才就说过了，你是个菜货，现在我还告诉你，你是个没有脑子的菜货，蠢到家的菜货。"声音犀利而讽刺，一句句都是说在了司徒青云的心坎上，这让他更是生气。（杨氏夜猫《天之残道》）

　　通过调查我们发现，具有以上贬义色彩的"菜"在方言中有多种用法，大致分为三种。第一种是直接使用"菜货"，第二种是借助"菜"的贬义色彩加以比喻，如"菜包子""菜窝窝"等，第三种则是直接把"菜"当作表示"怯懦""不中用"这样的形容词来用，如"菜虎子"可以理解为"不中用的虎"，用来比喻"外强中干的人"，"菜娘"可以看作是同义词连用，指"软弱而不中用的人"。其实，从这三种用法可以大致看出"菜"在方言中具有的"怯懦""不中用"义的发展脉络："菜货"的出现时间相对较早，并且这里的"菜"只是单纯使用了贬义色彩，后来"菜"的这种用法逐渐扩大，"菜货"已经不能满足人们使用的需要，因而出现了把人比喻成菜制品的用法，如"菜包子"，因为生活中的菜制食物很多，并且不限地域，因而在使用时会显得灵活多变，并且能满足不同地区人们使用的需要，所以，这样的用法又会得到广泛流传，随着"菜"贬义色彩使用频率的增加，"菜"所具有的"怯懦""不中用"等贬义就会凝固成为"菜"的新的意义，由此，"菜"就成为一个具有贬义色彩的形容词，用来表示"次""差""不中用"等意义。

通过以上分析我们可以看出，同一个词在方言中会有不同的用法，而这些用法有可能体现了这些词的不同发展阶段，这就将词汇的发展变化过程动态地展现出来，因此，无论是对汉语词汇还是对汉语史进行研究，方言都具有非常大的参考价值，充分利用方言资料也会为汉语研究提供新的视角，注入新的活力。

插 [tʂha²¹³]

"插"在辽宁方言中除了具有与普通话中相同的意思外，还指"熬煮"，多用于熬粥。如：丫头不会做别的，就会插粥。用于"熬煮"的"插"在方言中使用比较广泛，除东北地区外，在青海陕西、河北、山东、江苏等地使用频率也非常高。

"插"用于"熬，煮"等意思出现时间不会晚于元代，如：

（1）馒头皮晒作酱，黄叶馅儿插和和。（元·无名氏《粉蝶儿·悭吝》）

（2）早饭白粥才食过，到晚来又插和和。（《雍熙乐府》卷六散套《粉蝶儿·悭吝》）

（3）周奶奶说："你给他，可他媳妇儿见来没？"他说："他怎么没见？老魏炕上坐着，他媳妇在灶火里插豆腐……"（清·西周生《醒世姻缘传》第四十九回）

（4）俺插着麦仁，你成三四碗家攮颏你，你送的是什么布和钱？（清·西周生《醒世姻缘传》第四十九回）

（5）试了试手段，煎豆腐也有滋味；擀薄饼也能圆泛；做水饭，插黏粥，烙火烧，都也通路。（清·西周生《醒世姻缘传》第五十四回）

并且黄肃秋先生在为《醒世姻缘传》第四十九回作注时曾解释道："插，煨、煮、烧。"可见，"插"在方言中表示"熬，煮"等意思是自古流传下来的，并在今天使用也比较广泛，如：

（6）想起我从前，三顿不周全，徐徐菜来插粥没油没盐，小伢子喂哺子买糕没钱。（马春阳等《江苏革命根据地文艺资料汇编·戏剧·曲艺·苏北部分·一九四八年·想从前，比现在》）

（7）菜豆花生、白果莲子、百合苡仁、红枣银耳、山药芋头，都能混合插粥。（高岱明《淮安饮食文化·流风遗箴·淳风陋俗两存史》）

（8）你得替我拿小米子插粥，你给我保养好，不然死了要你们人偿命。（胡宗锷《由奴隶到英雄·坟》）

顾学颉、王学奇《元曲释词》："北语谓以菜、饭同煮为插。"雷汉卿先生认为解释成"制作糊状饭食时一面加水一面不停搅拌的烹调方法"更准确一些。他选取的依据是青海方言中"插麦仁"不会说成"煮麦仁"，河南灵宝有一种叫"酸"的食品，因为在制作时要不停搅拌熬煮，因此其烹调方法叫"插"，此外，他也列举了元代文献中出现的"和和饭"等例子，从而指出，"插"与"煮"的不同之处在于"插"要有搅拌的动作。①

通过考证，我们认为雷汉卿先生的说法是可取的，只是并不一定要一面加水一面搅拌。首先，在辽宁甚至东北地区的方言中，"插"多用于熬粥，不会用于熬药，并且在熬粥时为了均匀受热和避免锅底的食物糊掉就需要不停搅拌，但是是否加水要根据情况而定；其次，"插"的本义为"刺入，穿入"，《说文·手部》："插，刺肉也。"段玉裁注："插，刺内也。内各本作肉。今正。内者，入也。刺内者，刺入也。"而插粥时勺子

---

① 雷汉卿：《近代方俗词汇考》，巴蜀书社 2006 年版，第 102—104 页。

一类的工具搅拌时的动作与"插"类似，因此，我们认为，雷汉卿先生对"插"的解释更准确。

以上，我们对辽宁方言中"插"的用法来源进行了简要探索，并在释义方面对其进行了简单考证，从而知道方言中的"插"解释为"制作糊状饭食时一面加水一面不停搅拌的烹调方法"更准确一些，但是是否需要加水要根据具体情况而定，而这一用法的"插"在近代时期就已经出现了，并在今天仍旧广泛使用。

差已 ［tʂha⁴⁴øiº］［tʂha³¹øiº］

"差已"在辽宁方言中有两个意思：（一）表示"疾病，疼痛等有所减轻"。例如："刚才肚子疼得要命，现在差已了。"（二）矛盾等不好的情况有所缓和。例如："以前这两口子天天打，现在可差已多啦。"

最初，"差"和"已"是作为两个词分别表示"病愈"的，后来同义词连用，合并为"差已"。只是"差"和"已"常被用来表示"差错"和"停止"等义，那么为什么又会有"病愈"义呢？二者又是在什么时候合为一个词的呢？接下来我们就尝试解决这两个问题。

"差"作为"病愈"使用很早就出现了：

（1）差，愈也。南楚病愈者谓之差。（西汉·杨雄《方言》卷三）

（2）既售受钱，乃谓卖主曰："此牛经患漏蹄，治差已久，恐后脱发，无容不相语。"买主遽追取钱。（南朝·姚思廉《梁书·明山宾传》）

（3）服药至辰巳间药消讫，可食粳米乳糜，更不得吃饮食，若渴，惟得饮少许熟汤，每日止一服药一顿食。若直治病差止，若欲延年益寿求聪明益智者，宜须勤久服之。（唐·孙思邈《千金翼方》卷第十二）

（4）《洞林记》曰：义兴叔保得伤寒，垂死，令郭璞占之，不吉，令求白牛厌之，求不得。璞为致之，即日白牛从西来，逢叔保，大惊，遂病差。（北宋·李昉、李穆、徐铉《太平御览》卷八九九）

即使到了现在，"差"在辽宁方言中还可以单用，意义与"差已"相同，那么它的这些意思是怎么来的呢？

　　通过考证发现，表示"病愈"及"情况有所缓和"的"差"是个假借字①，其本字是"瘥"本义为"病愈"，东汉许慎《说文解字·疒部》："瘥，瘉也。从疒，差声。"段玉裁注："瘥，愈也。通作'差'，凡等差字皆引伸于'瘥'。"如：

　　（5）疸之病，当以十八日为期，治之十日以上瘥，反剧为难治。（汉·张机《金匮要略·黄疸病脉证并治》）

　　（6）泉源沸涌，冬夏汤汤，望之则白气浩然，言能瘥百病云。（北朝·郦道元《水经注·沔水》）

后又引申为"事情"好转，有起色。如：

　　（7）柬宋人章奏于高阁，学术治道，庶有瘥焉。（清·王夫之《宋论·仁宗》）

由此可见，"差"是"瘥"的假借字。
表示"病愈"的"已"在很早就已出现：

　　（8）见其色而不得其脉，反得其相胜之脉，则死矣；得其相生之脉，则病已矣。（《黄帝内经·灵枢译解》）

　　（9）王之疾，必可已也。（秦·吕不韦《吕氏春秋·至忠》）

众所周知，"已"多用来表示"停止"等意思，如：

　　（10）君子曰："学不可以已"。（战国·荀子《劝学》）

　　（11）鞠躬尽瘁，死而后已。（蜀·诸葛亮《出师表》）

　　以及我们常说的"羡慕不已"等。那么，"已"又是如何与"病愈"联系在一起的呢？"学不可以已"就表示"学习不能停止"，"羡慕不已"

---

① 王力：《汉语史稿（第二版）》，中华书局 2004 年版，第 25 页。

表示"对别人的羡慕不能停止",而"病愈"可理解为"疾病,疼痛停止了",因此,我们认为,"已"表示"病愈"可能是"停止"这一意义在特定语言环境下的引申。

通过查阅古文献我们了解到,表示"病愈"的"差已"最早见于东汉时期,并一直在方言中沿用至今:

　　（12）伤寒差已后,更发热者,小柴胡汤主之;脉浮者,以汗解之;脉沉实者,以下解之。(东汉·张仲景《伤寒杂病论》)

　　（13）须先以意在疾处攻击之,徐徐用意攻击令散,疾差已后,即不得注令留滞,当遣通遍身,微微如雾露是其常也。(北宋·张君房《云笈七签》卷五十八)

　　（14）尔时大臣即捣此药奉上大王,王即服之,病得除差。病既差已,问诸大臣:"汝等于何得此妙药,除我患苦得全身命?"大臣白王。(《大藏经》第三卷)

以上,我们对"差已"的发展过程进行了大致梳理,从而了解方言中表示"疾病,疼痛等有所减轻"以及"矛盾有所缓解"的"差"是个假借字,其本字是"瘥"。后来"差"之所以慢慢代替了"瘥"并且在方言中的读音又变为"chā",我们推测有两方面原因,一是借用了"病愈"等意义的"差(chài)"在写法上较简便,更经济;二是"差"读"chā"比较常用,并且发音比较方便,久而久之"chā"就代替了"chài"。而"已"具有的"病愈"义是"停止"义在特定环境下的引申,也因此,"差已"是同义词连用的结果,这样的变化合乎汉语词汇演变的规律。①

骟 [tʂhan²¹³]

"骟"在辽宁方言中表示"骑马或驴等牲畜时臀部被硌痛或擦伤",例如:徐大辉《赌王传奇》:"徐大肚子厚颜道:'你说这光腚马(无鞍子),我骑它骟屁股啊!'""骟"这个词在普通话中已经不被使用,但在方言中却比较活跃,它不仅仅存在于辽宁等东北地区,在新疆吐鲁番、乌

　　① 孙雍长:《训诂原理》,语文出版社1997年版,第283—289页。

鲁木齐等地也在被使用，那么，它的发展脉络是什么样的呢？以下我们对其进行简单梳理。

"骣"这个词出现较晚，最初的意思是"马不加鞍辔而骑"，明·张自烈《正字通》："鉏版切，栈上声。马不施鞍辔为骣。"清·翟灏《通俗编》："骣，不鞍而骑也。"例如：

(1) 少小边州惯放狂，骣骑蕃马射黄羊。（唐·令狐楚《少年行》）

后来，"骣"又引申为"泛指牲畜身上不加坐垫物"，这时，骑的对象就不仅仅限于"马"，还包括了"牛"或者"骡子"等牲畜，例如：

(2) 元太宗时，命妇人有妒者，乘以骣牛徇部中，论罪，即聚财为更娶。(明·沈德符《万历野获编补遗》)

(3) 尝失道，脱衣乘骣马渡河，水没马及腰以上，帝顾劳良苦。(《明史·胡广列传》)

(4) 说着，一个认镫跨上骡子，那个把边套掳绳搭在骡子上，骑上那头骣骡子，一直的向北去了。(清·文康《儿女英雄传》)

有些地区的方言又在以上意义的基础上引申为"光着"，例如：

(5) 凡物之不附加他物者，皆谓之骣，即净意。(民国·马涯民《定海县志》)

通过上文我们可以推测，辽宁方言中"骣"的意义是它原来的意义在方言中的引申。"马不加鞍辔而骑"或者"牲畜身上不加坐垫物"的结果就是臀部被硌痛，严重时甚至会被硌伤，而这恰好就是"骣"在辽宁方言中的意思，并且，如今辽宁方言中的"骣"也仅限于引申后的这种用法。例如：

(6) 以后我再骑马的时候就摸索了一些技巧，再也不骣屁股了。(李士彦《传奇老兵和他的女人们》)

（7）你那样不骟屁股才怪呢！到了地方我给你治治。（李大辉《狼烟》）

"骟"这个词无论在古代文献还是在今天的方言中，它的使用频率都不高，并且在普通话中已经消失，我们推测这主要有两方面原因，首先是字形比较复杂，不方便书写；其次是意义范围比较窄，使用者不多，并且在方言中的意义都比较不雅，使用者又会减少。综合两方面原因，最终导致"骟"在现在的使用情况。

扯淡 [tʂʯ²¹³tan⁵¹]

"扯淡"在辽宁方言中有两个意思：（一）胡说，瞎说。如：扯淡，他就是个大夫。（二）闲谈，聊天。如：你也找点活干，别天天没事瞎扯淡。"扯淡"具体表意为何要根据具体说话环境而定。"扯淡"一词除了辽宁地区外，在其他地区使用也非常广泛，如：北京、河南、山西、云南、四川、广西、湖南等地。

"扯淡"一词出现的时间不会晚于明代，有用于"胡说乱道"，如：明田汝成《西湖游览志馀·委巷丛谈》："〔杭人〕又有讳本语而巧为俏语者……言胡说曰'扯淡'。"再如：

（1）八戒道："可是扯淡！我们乃生成的，那个是好要丑哩！"（明·吴承恩《西游记》第八十回）

（2）皮廿九笑道："小不死，又来扯淡！有何利市彩色？"（明·清溪道人《媚史》第三回）

（3）哎呀，这扯淡的话打那里来。你家穷是谁带累你穷的么？（清·曹去晶《姑妄言》第二十三卷）

也有用于"闲扯"的"扯淡"，如：

（4）但不可空过，也要扯淡几句。（明·吴承恩《西游记》第六十四回）

（5）无事消闲扯淡，就中滋味酸甜；古来十万八千年，一霎飞鸿去远。（清·孔尚任《桃花扇》第十出）

可见，方言中"扯淡"的两种用法都是自古流传下来的，并在今天得到广泛应用：

（6）老一辈呢？反映可不一样，有的歪着脑袋琢磨，有的在底下嚷："纯粹是扯淡！"（陈基春《父女俩》）

（7）这个法，那个法，全他妈扯淡！找个好"爷爷"全有咧！（李秀峰《幽灵在黎明前聚会》）

（8）他们根本不想听笑话……而局长的训话恰好是最没意思的笑话与扯淡。（老舍《蜕》）

（9）他们高声大气地扯淡、聊天、拉家常。（李自由《不夜的山村》）

例6、例7中的"扯淡"指"瞎说"，例8、例9中的指"闲扯"。除此之外，一些与方言有关的资料也对"扯淡"进行了解释，如："《说文》：'唐，大言也'……昆明方言称说话夸诞不实为扯淡，即胡说。"①

以上，我们对辽宁方言中"扯淡"的两种用法的来源进行了探索，从而知道，有着"胡说，瞎说"以及"闲谈，聊天"义的"扯淡"是自古流传下来的，并在今天的很多方言中得到了广泛使用。

抻 [tʂhən⁵¹]

"抻"在辽宁方言中有两种意思，分别是：（一）拖延，例如：王决《侯宝林反串京剧喜结良缘》："还是侯宝林脑子快，他对演兰袍的演员说；'咱们为抻长时间，崇公道下场后，辛苦您加个过场，编几句词儿……'"（二）拉伤，如：于圣业《故事老人》："宋二嫂拼了力气擎上去，一下子把身子抻着了。"

事实上，"抻"最初的意义是"拉"，北宋·陈彭年，丘雍《广韵·震韵》："抻，抻物长也。"

（1）延德转过林边，自思："当日在五台山，智聪禅师独遗小匣

---

① 毛玉玲：《〈说文解字〉中所见的云南方言词——兼谈方言词在训诂方面的作用》，《云南师范大学学报》1985年第3期。

与我，吩咐遇难则开。今日何不视之？"即由怀中取出抻开，乃剃刀一把，度牒半纸。（北宋·杨业《杨家将》）

（2）初时渐运橐金，金尽，即将负郭腴田，央人弃卖。又尝侦俟碧秋下楼，抻开笥箧，馨卷绮□环瑱而去。（清·鸳湖烟水散人《闺秀英才传》）

那么，它又为什么会有"拖延"和"拉伤"这样的意义呢？

我们认为辽宁方言中的"拖延"和"拉伤"都是"拉"义的引申。首先，拖延。"拉"有"拖延"义。"拉"有"将某物变长"的意思，如"拉长声音"就是把发音的过程拉长，"拉开距离"就是把两者之间的距离拉长，"拉面"就是把面团拉长等，而"拖延"就是把时间拉长，从语义学上讲，是空间向时间的转换，人类生活中，与时间相关的动词，大多来自空间方面。比如："到"，既可以说到某地，像"到家""到站"等，也可以说到某个时间，即"到明天""到点"等①。因此，"拖延"就是"抻"在方言中的引申。其次，拉伤。"拉伤"是进行"拉"这个动作时用力过度或不当所导致的后果，所以，由"拉"引申为"拉伤"不难理解。"抻"的这两个意义在北京官话区内使用非常广泛，例如：

（3）着什么急，甭捅破，先抻着，省得让他觉着咱上赶着。（魏润身《挠攘》）

（4）小西的孩子最终没能保住，晒被子时腰给抻了一下，就流了。（《新结婚时代》）

其实，"抻"是个使用非常广泛的方言词语，只是在不同的方言中意义会有所不同，但是它在辽宁方言中的这两个意义在哈尔滨、山东等地也有着非常高的使用频率，这样的词语有很多，"抻"只是其中一个。这样体现了方言的发展并不是孤立的，在它的形成发展过程中会或多或少受到其他方言的影响，造成这种影响的原因有很多，对于"抻"来说，影响最大的是人口的流动带动了文化的融合，这与北京、东北地区的发展历史有关。因此，研究方言不仅能推动语言方面的研究，也会为社会学等其他

---

① 陆宗达、王宁：《训诂与训诂学》，山西教育出版社1994年版，第114页。

学科提供更多的研究视角。

趁 [tʂhən⁵¹]

"趁"读为（chèn），在辽宁方言中除表示"利用（时间、机会）"等，还有动词义，表"有"，如：别的不趁，就趁钱！｜一家子都得跟着他吃糠，他这仨儿媳妇儿娘家都趁钱，享受惯啦！（冯不异《中国传统相声大全》）其实，"趁"是个使用非常广泛的方言词语，不仅在辽宁、沈阳、大连等东北地区使用，在天津、新疆，甚至浙江杭州等地也有用例，那么，它在方言中的意义是如何得来的呢？

"趁"在古代有"追逐，追赶"义，例如：

（1）景宗幼善骑射，好畋猎，常与少年数十人泽中逐獐鹿，每众骑趁鹿，鹿马相乱，景宗于众中射之。（南朝·姚思廉《梁书·曹景宗传》）

（2）秦女窥人不解羞，攀花趁蝶出墙头。　（唐·于鹄《题美人》）

（3）麈中麈，君看取。下一箭，走三步。五步若活，成群趁虎。（宋·吴可《藏海诗话》）

后来随着"趁"使用范围的扩大，所趁之物由具体的"鹿""马"等具体的事物延伸到了比较抽象的事物，因而又引申为"追求""寻觅"，例如：

（4）凡秋收了，先耕荞麦地，次耕余地，务遣深细，不得趁多。（北魏·贾思勰《齐民要术》）

（5）道从会解唯求静，诗造玄微不趁新。（唐·周贺《赠姚合郎中》）

（6）好笑，好笑，没烦恼，趁烦恼。（明·汤显祖《南柯记》）

自古至今，钱财一直为多数人所不懈追求的东西，因此，"趁"用于钱财就会引申出"挣""赚"等意思，而这一用法大概出现在元明时期，如：

（7）宝庆丙戌，袁樵、尹京于西湖三贤堂卖酒。有人题壁曰："和靖、东坡、白乐天，三人秋菊荐寒泉。而今满面生尘土，却与袁樵趁酒钱。"（元·李有《古杭杂记》）

（8）顶好就把这办机器的差使委了他，等他好趁两个。（清·李伯元《官场现形记》）

这时的"趁"就与方言中的"趁"关系更近了，并且，现如今的很多方言都保留了"趁"的这种用法，但大多存在于南方方言中，如福建、台湾等地区常称"赚"为"趁"，称"赚钱"为"趁钱"：

（9）幸亏阿金受债，编草笠、洗衣服，赚些来相添，虽然也常趁不着三顿。（赖和《可怜她死了》）

（10）奴爹跳出去，趁大钱船头下大米，船尾下香钱，富贵千万年。（《祭灶祭葫芦》）

辽宁方言中表示"有"等动词用法的"趁"，我们认为是在"挣""赚"基础上的引申。因为"挣""赚"的对象多与钱财等相关，赚得的钱物理所应当归自己所有，因而也就引申出了"有"的意思，"趁钱"就指"有钱"，再如：

（11）桃村那头我可递过话儿去了，我说俺们陈大爷中年丧妻，日子足性，别的甭说，光香油家里也趁个三缸两缸的。（锦云《狗儿也涅槃》）

（12）这要是趁个三万两万的，还不得像过去的小地主啊！（《西瓜今日甜》，载《戏剧创作》1983 年第六期）

其实，以上用例中的"趁"不仅指单纯的领有，而且有表多倾向。在这一点上，"趁"与"有"比较一致，"有"自古以来就有表多倾向，所谓表多倾向是指"主观大量，即说话人认为数量超出水准"[1]，例子中"趁个三缸两缸的""趁个三万两万的"也可以说成"有个三缸两缸的"

---

① 刘丹青：《"有"字领有句的语义倾向和信息结构》，《中国语文》2011 年第 2 期。

和"有个三万两万的",语义不变,都有着数量已经超出正常水平的意思。而最直接表示主观大量的方式就是使用定语"很多""许多""无数"等,因此在这一意义上,"趁钱"还可以说成有很多钱,很有钱等,如:

(13)"爸这辈子,没别的毛病,揍是趁钱。"这是你的口头禅,一个"揍"字,像是四大国有银行都在你口袋里装着似的。(萧音《你趁钱,我知道!》)

(14)当年最吸引人的地方是长安大戏院、西单剧场、西单商场、西单菜市场和首都电影院,如果趁钱,可以进全聚德西号吃烤鸡烤肉烤鸭……(张征《北京往事·西单》)

综上所述,辽宁方言中动词用法的"趁"沿用了古代的用法,又因为表示"有"的"趁"有表多倾向,表示很有钱。从上文的分析中我们也可以看出,同一个方言词在不同的方言中会处于不同的发展阶段,有的快些,有的慢些,而对这些方言词进行整理无疑会为汉语史的研究提供更多的借鉴。

成 [tʂhən²⁴]

"成"在辽宁方言中指果实饱满,如:今年的谷子挺成。这个意思见于黑龙江方言,如尹世超《哈尔滨方言词典》收录此义。又见于冀鲁官话。河北,花生挺成。(《汉语方言大词典》,第1782页)

"成"又叫作"成棒",马思周、姜光辉《东北方言词典》收录:"(植物果实)饱满。葫芦越老越成棒。"

下对其来源及发展作简单探析。

"成"有"完成;实现"等意思,《说文·戊部》:"成,就也。"南朝顾野王《玉篇·戊部》:"成,毕也。"《诗·大雅·灵台》:"庶民攻之,不日成之。"唐·李百药《北齐书·魏收传》:"秋,除梁州刺史。收以志未成,奏请终业,许之。"实现目标即成功,因而,"成"又指成功,唐·李延寿《北史·赵才传》:"孟才、钱杰、沈光等感怀恩旧,临难亡身,虽功无所成,其志有可称矣。"

"成"之"完成;实现"义指按照预定的目标结束,也指事物从无到有的一个过程。"庶民攻之,不日成之"指灵台从无到有。如果所指事物是植物的话，指植物从种子长成成熟的果实。

　　（1）自王莽末，天下旱霜连年，百谷不成。（《东观汉记·光武纪》）

　　（2）土人耕耨晚，种黍何时成？（宋·梅尧臣《送周衍长官知辽州》诗）

　　（3）如种田相似，年年不辍，时时不改，有秋之获如此，无成之岁亦如此，安可以一耕不获而遂弃前事耶？（明·李贽《复杨定见书》）

　　（4）三角坪地势高，庄稼成得晚，收割不得。（赵树理《刘二和与王继圣》）

　　以上用法的"成"都指植物长成熟，是植物从无到有的过程。所以，粮食等作物生长期结束，果实成熟也可以称作"成"，因此，"成"又在"完成"的基础上引申为"成熟"，因为在正常生长条件下成熟的果实的果肉都比较饱满，因而，在这一角度上讲，果实不饱满可以称为"不成"，如：《国语·晋语七》："其禀而不材，是谷不成也。"韦昭注："不成，谓秕也。"南朝范晔，司马彪《后汉书·孝安帝纪》："赞曰：安德不升，秕我王度。"李贤，刘昭注："秕，谷不成也，谕政教之秽。"可见，方言中表"果实饱满"义的"成"就来源于此，这一用法在如今方言中比较常见，如：

　　（5）讲了秋天的苞米穗小、高粱发黄、谷子不成，卖不上等级。（祝成侠《麦屯水土·屯人》）

　　（6）常言说，谷子不成难出好小米儿，没有要秋秸刮不出好箆子儿。（冀立昌《赶集》，《说演弹唱》1980年第7期）

　　由上文可知，"成"有"完成"义，又有"成熟""饱满"义，这些意义都指获得了一个好的结局，从开始到收获一个好的结果，这是一个完整的过程。如："完成""成功"就指想要做的事达成了，从开始做到成功结束，这是一个完整的过程；"成熟""饱满"也指植物通过完整的生长过程最终长出饱满的果实，从生长到结果，这也是一个完整的过程，即

"苗而秀，秀而实"。

处心 [tʂhu⁴⁴ɕin⁴⁴] [tʂhu²⁴ɕin³¹]

"处心"在辽宁方言中表示"故意，存心"，如：你这么干，是处心的吧？"处心"一词除在辽宁地区使用广泛外，在山东、河南等地的方言中也有较高的使用频率。

表示"故意，存心"义的"处心"出现时间不会晚于唐代，见于：

（1）太尉自有难在军中，其处心未尝亏侧，其莅事无一不可纪。（唐·柳宗元《与史官韩愈致段秀实太尉逸事书》）

（2）上同一德，而以宽裕处心；旁烛万情，而以平均待物。（北宋·王安石《谢执政启》）

（3）虽齐政或过乎严，而处心一出于正。（明·文徵明《朱秋厓像赞》）

（4）况又他处心不善，久有迷恋晁大舍的心肠。（清·西周生《醒世姻缘传》第一回）

（5）我处心不与她棉裤棉袄的穿，叫他冻冻，我心里喜欢。（清·西周生《醒世姻缘传》第七十九回）

并且，这一意义一直沿用至今：

（6）刁老财一走，伙计们气愤地说："这不是处心不让咱们看戏吗！"（汝南县民间文学集成编委会《中国民间故事集成·河南汝南县卷·机智人物故事·铡草看戏》）

（7）你根本就没有打算下放，你是处心捉弄我们，叫我们空欢喜一场。（束为《大事业·大事业》）

（8）天年逼得过不去，不是处心不叫你种。 （束为《租佃之间》）

嘬 [tʂhuai⁵¹]

"嘬"在辽宁方言中有两个意思，（一）指"吃"，这一用法会随着语境的不同而带有中性或贬义的感情色彩，作为中性词使用时表示"尽情地吃"，如："馒头有的是，可劲儿噉！"用作贬义词时则含有"贪吃"的意味，如："差不多得啦，别噉起来没完！"但相比之下，"噉"用作贬义词的频率较低；（二）指"喂"，多指没有节制地喂，如："这猪长得真快，纯是噉起来的！""噉"这个词在地域上使用范围较小，只见于北京和冀鲁官话区，使用频率也不高，接下来就对其发展脉络进行简单梳理。

"噉"被用于表示"大口吞食"最早见于西汉戴圣的《礼记》："濡肉齿决，干肉不齿决，毋噉炙。"郑玄注："噉，谓一举尽脔。"孔颖达疏："并食之曰噉，是贪食也。"北宋宋祁、郑戬的《集韵》中对"噉"的解释也同此，即："噉，一举尽脔也。"并且这一用法在其他朝代也有用例，一直沿用至今，如：

（1）酒醇引易醨，肉美举必噉。（北宋·苏舜钦《郡侯访予于沧浪亭因而高会翌日以一章谢之》）

（2）腥秽君所知，胡为强吞噉。（明·陶望龄《生诗十首书王董父慈无量集以凡百畏刀杖无不爱寿命为韵》）

（3）我为哄他开心，特意请他去市区一家颇有名气的大酒家"噉"一顿，花了50多元（在当时算是高消费），但饭菜并无特色……（祁海《专写"汤圆剧本"的毕必成》）

（4）中午饿了我带你去下馆子，咱们好好噉一顿。（王朔《我是你爸爸》）

从以上引例中可以发现，"噉"表示"吃"时与今天方言中的用法无异，即有中性和贬义两种感情色彩，表示贬义时也有"贪吃"义，可见如今方言中的"吃"义就沿用了古代的意思。

对于"噉"在辽宁方言中的第二个意思，即"没有节制地喂"，我们认为这是从"大口吞食"引申而来，原因有两方面。一方面，"大口吞食"与"喂"都是"吃"，只是前者是主动地吃，而"喂"表示使之吃，这是古汉语中常见的一种语法现象，这种用法又被称为"动词的使动用法"。有着这样用法的动词有的只是临时具有了使动义，而有些词的使动义则被保留下来成为词的一个义项，如"饮"既表示"喝"，又表示"使之喝","食"既表示"吃"又有"喂"的意思,而"嚵"表示"喂"就在方言中保留了下来。另一方面,根据上文引例,"大口吞食"有"贪吃"的意味,"贪吃"就表示没有节制地吃,就"没有节制"这一点来讲,二者是一致的。综上,由"大口吞食"引申为"没有节制地喂"是有一定合理性的,这样的引申方式也扩大了"嚵"的使用范围。

雌儿/呲儿 [tshər⁴⁴] [tshər³¹]

"呲儿"也写作"雌儿",在辽宁方言中有"申斥,斥责"义,使用时既可单用也可与词缀"嗒"组成"呲儿嗒"或"雌儿嗒",意义不变,如:这一上午,被呲(雌)儿嗒好几回!其中,儿化与人们的语言使用习惯有关,不影响意义。"嗒"在东北方言中是一个非常常见的词缀,常附着在动词性词语之后,如:敲嗒、甩嗒、踢嗒、蹿嗒等。"嗒"又可以写作"搭"或"答",由于"嗒""搭""答"只是一个构词语素,无实际意义,为行文方便,本文统一用"嗒"。"呲(雌)儿"或"呲(雌)儿嗒"在使用地域上比较有限,多存在于黑龙江、辽宁、山东、北京等东北、华北地区的方言中,鲜见于其他方言。

用于"申斥、斥责"的"雌(呲)"或"雌答(搭、嗒)"在近代时期就已出现①,最早见于明代文献中,如:

(1)素姐说:"没的你也嫁了他罢?不回去!"雌的薛如卞兄弟两个一头灰,往外跑。(清·西周生《醒世姻缘传》第四四回)

(2)谁家一个没折至的新媳妇就开口骂人,雌答女婿。(清·西周生《醒世姻缘传》第四四回)

(3)狄婆子说:"打了一二千鞭子,风了的一般!媳妇子说,骂媳妇子;婆婆说,骂婆婆。薛亲家闷闷渴渴的,是他闺女雌答的;咱怎么的来,他恼咱?"(清·西周生《醒世姻缘传》第四八回)

但是,对于这一方言词的用字,不同的文本存在着差异,有的写作"呲",有的写作"雌",写作"呲"的除《简明东北方言词典》和《哈

---

① 杨会永:《"雌答"正解》,《古汉语研究》2003 年第 3 期。

尔滨方言词典》外，再如：

（4）媳妇过门二年后，……天天摔打眉毛皱，日日呲嗒下眼溜。（王尧《接婆婆》，载《辽宁群众文艺》1982 年 10 月）

写作"雌"的如：

（5）看你贼淫妇，吃了这二年饱饭，就生事儿，雌起汉子来了，你如今不禁下他来，到明日又教他上头上脸的。（明·兰陵笑笑生《金瓶梅词话》第七十二回）

（6）我心里不耐烦，他多要便进我屋里，推着孩子雌着和我睡，谁耐烦，叫我就掮掇着住别人屋里去了。（明·兰陵笑笑生《真本金瓶梅》第五十八回）

（7）狄大爷说："黑了，你家去罢。你当不的人呀！"雌搭了一顿，不偢不睬的来了。（明·西周生《醒世姻缘传》第七十四回）

其中"雌"出现的时间更早。

经过考察，"雌"与"申斥、斥责"义相去甚远，而"呲"也多与"露出牙齿""喷，射"等义有关，很难将其与"申斥、斥责"联系在一起，那么，"雌"或"呲"的这一用法是如何来的呢？其实，意义为"申斥、斥责"义的（cī）另有其字，《近代方俗词丛考》"呰答"词条对其进行了较为详细的考察，作者认为"雌"本字应为"呰"，"呰"通"訾"，对此，作者多方引证进行说明，如：《说文·口部》："呰，苛也。"段玉裁注："苛亦当作诃。玄应引作诃。凡言呰毁当用呰。"又桂馥义证："苛也者，谓诋毁也。经典或借訾字。"等。作者在引用韵书进行证明之余，又引例证明由"訾"构成的复音词都有诋毁、指责义，如：表示诋毁人行为的"訾行"，等等①。作者的这一观点比较合理，论证具有说服力，我们同意他的观点。由此可知，有着类似于"申斥、斥责"义的（cī）其出现时间并不是明代，而是更早，只是到了明代时期在用字上出现了差异。但本文的条目之所以写成"雌（呲）"，那是因为这样的

① 雷汉卿：《近代方俗词丛考》，巴蜀书社 2006 年版，第 99 页。

用法在今天使用比较普遍，因而最终选择了这样的写法。

元明清时期是白话小说、戏曲等繁荣发展的时期，这一时期出现了大量的白话作品，日常口语也开始大批量地出现在文学作品中，而这些日常用语很少被人们所注意，因而在使用时很少会对其本字进行追溯和探索，取而代之的是用常见的同音字进行替代，因而也就出现了"雌（呲）"这样的情况，当然，类似于此的情况在这一时期的文献中不乏其例。如："元关汉卿《单刀会》第四折：'俺哥哥合情汉家基业，则你这东吴国的孙权，和俺刘家却是甚枝叶?'""清蒲松龄《聊斋俚曲集·俊夜叉》：'你从此往前去看，管叫你擎吃擎穿。'"例句中的"情"和"擎"实际上为"赪"，但作者在行文过程中没有使用本字，而是选取了读音相同的字进行代替。

皴［tshuən⁴⁴］［tshuən³¹］

"皴"在辽宁方言中指"皮肤上积存的泥垢或脱落的表皮"，如："多长时间没洗澡啦? 身上净皴。"这一意义的"皴"除存在于包括辽宁在内的东北地区外，还存在于北京、天津等地，使用时有时会儿化，这跟人们的语言习惯有关。

"皴"在古代有"肌肤粗糙或受冻开裂"的意思，如：

（1）以药涂之，令手软滑，冬不皴。（北魏·贾思勰《齐民要术·种红蓝花栀子》）

（2）每冬月四更竟，即敕把烛看事，执笔触寒，手为皴裂。（唐·李延寿《南史·梁本纪》）

（3）斸其得粉不满掬，皮肤皴裂十指秃。（北宋·元好问《刬民饥》）

《河南方言词语考释》也收录了"皴"，解释为"手足冻裂"[1]。后引申为物体表面有皱纹；毛糙，如：

（4）人言百果中，唯枣凡且鄙。皮皴似龟手，叶小如鼠耳。

---

① 刘宏、赵祎缺：《河南方言词语考释》，河南人民出版社 2012 年版，第 65 页。

（唐·白居易《杏园中枣树》）

（5）今为两衰翁，发白面亦皱。（北宋·欧阳修《依韵奉酬圣俞二十五兄见赠之作》）

从以上两种意思中可以看出，"皱"的表意都与"皱""粗糙"有关。方言中的"皱"表示"皮肤上积存的泥垢或脱落的表皮"，而积存的泥垢或脱落的表皮多了皮肤就变得粗糙，有时候还会呈现龟裂状，这样的皮肤状态符合"皱"的以上两种意思，因此，方言中的"皱"可以看作是在以上两种意思基础上的引申，这一用法出现于近代时期，如：

（6）两只毛腿，脚上皱泥大厚，仰面睡得正浓。（清·曹去晶《姑妄言》第八卷）

（7）初近我，熏熏作汗腥，肤垢欲倾塌，足手皱一寸厚，使人终夜恶。（清·蒲松龄《聊斋志异·云翠仙》）

"皱"这一用法的发展过程为由现象最终引申为造成这种现象的原因，即由皮肤表面粗糙引申为致使皮肤变粗糙的泥垢或其他杂物，在今天的方言中也很常用，如：

（8）穿一身破布烂衫，那脸跟鬼脸一样，说有十年没洗也差不多，手上的皱厚得很，脏得不是个样子。（袁学骏、李保祥《中国故事第一村 耿村民间文化大观·吃胰子》）

（9）眯着眼睛冲小姐说："不用找了。剩下的是小费。另外，好好洗洗脖子上的皱。"（吕润波《满地骨头》第一章）

跐［tshʅ²¹³］

"跐"在辽宁方言中表示"踩、蹬"等意思，如："你跐着这个石头往上爬。"被踩着的东西常被称为"跐蹬"，如："这还有法上去？你拿镐头去刨个跐蹬。""跐"的这一意义除在辽宁方言中使用广泛外，在山东寿光、曲阜等地的方言中使用频率也非常高。

"跐"的本义就为"踩，踏"，东汉·刘熙《释名·释姿容》："跐，弭也，足践之使弭服也。"北宋·陈彭年，丘雍《广韵·纸韵》："跐，蹈也。""跐"比较早的记载见于战国时期，如《庄子·秋水》："且彼方跐黄泉而登大皇。"陆德明释文："《广雅》云：'跐，蹋也；蹈也，履也。'"《列子·天瑞》："若蹞步跐蹈，终日在地上行止，奈何忧其坏？"殷敬顺释文："（蹞步跐蹈）四字皆践蹈之貌。"在这之后也有使用，如：

（1）虽有雄虺之九首，将抗足而跐之。（西晋·左思《吴都赋》）

（2）紧跐定葵花镫踅鞭催，走似飞坠的双镝，此腿脡无气力。（元·关汉卿《关张双赴西蜀梦》第一折）

（3）一天，他忽然跐着个板凳子，上柜子去不知拿甚么……（清·文康《儿女英雄传》第三十九回）

在查阅文献中我们发现，用于"踩，踏"的"跐"并不多见，但却一直存在着，并在流传过程中引申出了不同的意思，而辽宁方言中的"跐"则是对其本义的沿用，并且这种用法不仅仅存在于辽宁地区，还广泛应用于其他方言中，如：

（4）人家在双手能按住墙的胡同里，不用跐人梯，就这么一扒一蹬，一扒一蹬……（冯志《敌后武工队》第三章）

（5）大媳妇在吵架中就稍占上风，有时有事没事还跐着门槛骂……（刘震云《故乡天下黄花》第四章）

D

搭拉 [ta⁴⁴la⁰] [ta³¹la⁰]

"搭拉"在辽宁方言中也写作"搭剌"或"搭落"，表示"下垂貌"，如：精神点儿，你看你搭拉着个脑袋。除辽宁地区外，"搭拉"还存在于北京、山东等地。

"搭拉（搭剌，搭落）"产生于元代，是个满语借词①，并一直沿用至今，见于：

（1）便似那披荷叶，搭剌着个褐袖肩。（元·乔吉《两世姻缘》第一折）

（2）这条狗好像我大大爷家的大搭拉耳朵白鼻梁子挠头狮子狗，那条狗好像二大爷家里二搭拉耳朵白鼻梁子挠头狮子狗……（明·冯梦龙《明清民歌时调集·霓裳续谱·初相会可意的人》）

（3）搭拉两个耳，一尾扫帚长。（明·吴承恩《西游记》第三十九回）

（4）脖项之上，有一挂铁练，还锁着啦，在胸前搭拉半截铁练，有核桃粗细。（清·佚名《大八义》第六回）

（5）右手擎着根大长的烟袋，手腕子底下还搭拉着一条桃红绣花儿手巾，却斜尖儿拴在镯子上。（清·文康《儿女英雄传》第三十八回）

（6）家婆七十多岁，高，精瘦，长脸，宽下巴，眼睛搭拉状，似乎永远睁不开……（杨流芳《城市上空的鸡鸣·家婆》）

（7）他哥驾着车辕，他母亲在辕根处的铁环上挂一条绳子，搭拉在肩背上走在前头，郝明在后面使力推。（杜爱民《春天纪事》）

"搭拉"又写作"耷拉"。《雍正剑侠图》第二回《童海川下山初试艺探双亲风雪入京师》："海川一看这位大师傅，四十多岁，是个一篓油的大胖子，脸蛋子上边的肉都快耷拉下来了。"杨沫《青春之歌》第一部第二二章："他的头渐渐耷拉下去，身体一动也不能再动了。"

打幺 [ta²¹ɕiau⁴⁴] [ta²⁴ɕiau³¹]

"打幺"在辽宁方言中表示"吃得开，有出息"等意思，与"懦弱，窝囊"相对，如：（1）这老太太当妇联主任的时候才打幺呢！（2）就看他这个没出息的样儿，打不了幺！"打幺"有时候也写作"打腰"，它主要在东北地区使用，并且多用于口语。但是，"打幺"为什么会有这样的

---

① 晁瑞：《〈醒世姻缘传〉方言词研究》，博士学位论文，南京师范大学，2006 年。

用法呢？

对于"打幺"中的"打"，很多人会认为其为"词缀"，但考证后发现，它与词缀还存在一定差异，因此我们最终将其认定为泛义动词而非词缀。所谓泛义动词，是指"一个动词可以指称或代替许多具体动词，远远超出它自身而使用范围宽泛，因此它的表意就比较浮泛而游移，朦胧而存在。似乎有很多很多的意义，但每一意义或不知与本义是扩大、缩小、引申中何种关系；在每一次代替用法时或难确言究是代替哪一个动词。"① 这一提法是刘瑞明先生在 20 世纪 90 年代首先提出来的，并在论述过程中以"打"为例。此外，对于"打"的泛义动词性质，很多学者也纷纷撰文对其进行研究，其中祝建军先生《"打 V"之"打"的语法化探析》一文在纵向上对"打"的语法化过程进行了探索，其中对"打"意义的泛化过程也做了比较详尽的分析，即随着"打"的组合对象的不断增多，其意义也随之变化，从而"打"逐渐发展成为一个泛义动词。② 而这里"打幺"的"打"在词语组合中有一定的意义，但意义模糊，下文会结合"幺"对此进行进一步的分析。

《说文·幺部》："幺，小也。象子初生之形。"段玉裁注："幺，《通俗文》曰：'不长曰幺，细小曰麼。'象子初生之形。子初生，甚小也。俗谓一为幺，亦谓晚生子为幺，皆谓其小也。"《尔雅·释兽》："幺，幼。"郭璞注："豕子最后者，俗呼为幺豚。"可见，"幺"的本义为"小"，如：

（1）小钱径六分，重一铢，文曰"小钱直一"。次七分，三铢，曰"幺钱一十"。（东汉·班固《汉书·食货志下》）

（2）若桓玄之幺麼，岂足数哉！（唐·房玄龄等《晋书·殷仲文传》）

（3）躬神圣之姿而兼容小善，履富贵之极而深达下情，在于隐恤之心，岂间么微之迹。（北宋·曾巩《福州谢到任表》）

（4）妾丑陋之身，乃兄所有，倘念么麼，不我遐弃，虽死之日，犹生之年。（明·李昌祺《剪灯馀话·贾云华还魂记》）

---

① 刘瑞明：《论"打、作、为"的泛义动词性质及使用特点》，《湖北大学学报》1992 年第 1 期。

② 祝建军：《"打 V"之"打"的语法化探析》，《古汉语研究》2004 年第 3 期。

　　而"一"为数字之中最小的，因而"幺"又指"一"，常用于骰子中的"一"点，清顾炎武《日知录·幺》："一为数之本，故可以大名之……又为数之初，故可以小名之，骰子之谓一为幺是也。"用于此的"幺"也有很多，如：

　　（5）唐僖宗皇帝播迁汉中，蜀先主建为禁军都头，与其侪于僧院掷骰子，六只次第相重，自幺至六，人共骇之。（北宋·孙光宪《北梦琐言·逸文》卷三）

　　（6）小壶天，花花按舞六幺遍。（元·张可久《小桃红·夜宴》）

　　（7）假如你拿了一文钱递与他，他便把骰子拿与你，你掷一个幺二三四五六，若一连掷得出，便输一个泥人与你。（明·古吴金木散人《鼓掌绝尘》第十三回）

　　（8）岂知惠解官，又是个酒客，说得投机，与他们呼幺喝六的，又闹了一回。（清·褚人获《隋唐演义》第三十八回）

　　但是正如顾炎武所说，"一"为数之本，因而，"一"又可以指"大""第一""……之首"等意思，而"幺"指"一"，因此，"幺"相应地就会有与"一"相同的用法，这也符合"相因生义"①的词义发展方式。"幺"表示"大""第一""……之首"等这样的意思出现时间不会晚于元代，并常与"装"连用为"装幺"，表示"装腔作势""摆架子""装模作样，故意作态"等意思，即通过装模作样、故意作态等浮夸的手段将自己伪装成高人一等的样子，也就是我们口语中常说的"装大"，而高人一等就指在某一群体中地位或者其他方面处于首要位置，这符合"幺"的用法，"装"就指"假装""故意做作"。其中，"装"也写作"妆"，二者都有"假装"的意思，"幺"也常写作"夭""腰""跷"等，但"夭""腰""跷"都是因为读音与"幺"相同或相近而产生的同音替代字，其本字仍为"幺"，②如：

---

① 蒋绍愚：《古汉语词汇纲要》，北京大学出版社1989年版，第82页。
② 顾学颉、王学奇：《元曲释词》，中国社会科学出版社1983年版，第501页。

（9）你穿上霞帔金冠，你见人呵，那其间敢装幺做大。（元·贾仲明《吕洞宾桃柳升仙梦》第三折）

（10）你这般借钱取债结交游，做大妆幺不害羞，知你那爷贫也富也活也死也那无共有。（元·无名氏《罗李郎大闹相国寺》第一折）

（11）妆甚腰，眼落处和他契丹交。虽是不风骚，不到得着圈套。（元·关汉卿《新水令》）

（12）朝廷中贵官来时，有多少装幺。（明·施耐庵《水浒传》第七十五回）

（13）唉，公公，你还不知么！两下参商后，装幺作态。为着甚来？（清·洪昇《长生殿》第六出）

例9、例10中"幺"与"大"对文，据此也可以知道"幺"有"大"的意思。顺便一提，对于"装"的写法，有的写作"装"，有的写作"妆"，我们认为其本字应为"装"，而"妆"是假借字。因为"装"做动词时表示将某物放在某处，如"装起来""装车""安装"等意义，做名词时则指放在某物上的东西，如"服装"等，这样的动作或物品对主体的改变会比较大；"妆"在意义上更多地则指对主体进行修饰或用来修饰的东西，如"化妆""妆饰"等，这对主体的改变相对于"装"会显得更小。而"假装"就指本来不是如此，但要通过某种手段使自己变成这个样子，变成另一个虚假的自己，这就如同穿上了虚假的外壳，这样的意义与"装"更符合，因此，我们认为"装"是本字，而"妆"是假借字。

通过以上分析我们可以知道，"幺"有"大""第一""……之首"等意思，而方言中的"打幺"就指"吃得开，有出息"，即在某一个环境或群体中与周围人相处得比较好，并且自己在这个环境或群体中也处于一个比较重要的位置，有较高的威望，这符合"幺"的意思，由此，"打幺"也可以理解为"成为较重要，力量较强的人"，而"幺"有"大""第一""……之首"等意思，因此，"打"在词语中需要承担一定的意义，相当于"成为"，但不等同于"成为"，意义比较模糊，因而我们认为"打"为泛义动词。对于"幺"的写法，在今天仍有一些方言词典将"幺"写成"腰"或"要"，上文也提到，可知这样的现象古已有之，而这些写法都是"幺"的假借字,其本字实为"幺"。

"打幺"在今天的东北地区使用频率较高,如:

（14）那一年,大德堂的王二老爷正在打腰,他在黄花岗子开了
一处酒店。(马加《马加文集·北国风云录》)

（15）风风火火,快意恩仇,这黑社会当的,打腰提气![王清
淮《新史记·黑帮列传·郭解(上)·谁敢比我黑》]

（16）张作霖明知故问道:"嗯,为什么?你不是挺打腰吗?"
(韩仲义《草莽英雄张作霖》第二十一章)

以上,我们对辽宁方言中"打幺"的"吃得开,有出息"义的来源
进行了探索,从而知道,"幺"与"一"同,也正是这个原因使"幺"
也具有了"大""第一""……之首"等意思,而这些意义出现的时间不
会晚于元代,方言中"打幺"的"幺"就沿用了此意义。对于"打",
我们认为它是泛义动词而非词缀,原因在于"打"在词语组合中承担了
一定的意义,相当于"成为",但不完全与之等同,意义比较模糊,由此
我们认为"打"是泛义动词。在对这些问题进行探索的过程中,我们发
现表示"一""第一""……之首"的"幺"在发展过程中出现了多个写
法,并且在近代文献中与"幺"组合表示"装模作样,故意作态"的
"装"也有不同的写法,因此,我们又对二者的本字进行了简单分析和探
索,从而确定其本字实为"幺"和"装"。

歹饭、逮饭（啖饭）[tai²¹fan⁵¹]

辽宁大连人称吃饭为"歹饭",表示吃义的"歹",最早的文献出处
是蒲松龄的《聊斋俚曲集》:

（1）《聊斋俚曲集·慈悲曲》第三段:"到近前低着头儿,挨人
家骂,指东说西又没处回答;气也不喘尽歹那菜瓜。"

（2）《聊斋俚曲集·慈悲曲》第三段:"这无名的菜瓜,只得是
捏着鼻子歹。"

（3）《聊斋俚曲集·磨难曲》第14回:"且歹他五两银子,盘费
不了,给老婆子买点人事。"

由于"歹"字与"吃"义相去甚远，今人多写作"逮饭"，望文生义，似乎理解为"逮着饭就吃了"，很形象。如2011年12月23日，在大连的《半岛晨报》发表了一篇文章，标题为《"逮饭"很地道，说的人咋越来越少》一篇文章，这篇就如何保护大连方言进行了探讨，以响应中国语言资源有声数据库辽宁库建设工作在大连的试点。

一般认为"歹饭"是胶辽官话特有的词汇，流行于山东、辽宁等地区，其实这是一个误解，准确的说法是"歹饭"是胶辽官话的一个特色词，但在其他方言中也有使用。如湘语，《湖南省志》第26卷《民俗志》记载：

> 湘西人豪爽，表现在喝酒上。家里来了客人，以喝醉为最高兴，只有真感情才会喝醉。客人喝酒的多少，是衡量主人款客隆不隆重、客不客气地标志。湘西人喝酒，叫"歹酒"，吃饭叫"歹饭"，吃菜叫"歹菜"，吃什么东西叫歹什么东西。①

在西南官话有使用，如四川古丈话，《古丈县志》记载：

> 由于语言多变，（古丈）方言则更为繁杂。如吃饭一词，就有"吃饭"、"卡饭"、"歹饭"、"由猛"等不同。②

据《汉语方言大词典》，"歹饭"在西南官话，如广西桂林，湖南龙山，甚至赣语，如湖北蒲圻等地方言中广泛使用，只是语音略有差异。③由此可见，"歹饭"是个使用范围广泛的方言词，遍及西南与两湖地区。

如上文所述，"歹饭"的使用范围极广。赵元任说过："原则上大概地理上看得见的差别往往也代表历史演变上的阶段，所以横里头的差别往往就代表竖里头的差别。一大部分的语言的历史往往在地理上的散布看得见。"这句话可以理解为地理上看得见的相同往往也代表着历史的深度。我们有理由认为"歹饭"是个有着历史渊源的词。

但是，从词义发展的角度看，"歹""逮"的基本义分别是坏和抓住，

---

① 湖南省地方志编纂委员会编：《湖南省志》，五洲传播出版社2005年版，第35页。

② 古丈县志编纂委员会编：《古丈县志》，巴蜀书社1989年版，第347页。

③ 许宝华、宫田一郎主编：《汉语方言大词典》，中华书局1999年版，第664页。

都不可能引申出"吃"义。"歹饭"中的"歹"只是一个同音替代字。如朱自清《我所见的叶圣陶》："在杭州歹了两个月，放寒假前，他便匆匆地回去了。"又《初到清华记》："从前在北平读书的时候，老在城圈儿里歹着。"这里的"歹"其实就是"待"的同音替代字。《简明东北方言词典》写作"口歹"①，这是个当代新造字，各种规范词典都未收录。所以，我们需要研究的是探讨出"歹"所替代的字。翻检《汉语大字典》《现代汉语词典》在"dai"这个拼音下没有表示吃义的字。那就是说，随着时间的推移，语音发生了演变。我们认为"歹"或是"啖"的变音。下作简单分析梳理："啖"又写作"啗""噉"。这个字从古到今都有表示"吃"的意思。如《说文》："啗啖，食也。"《广雅·释诂二》："啖，食也。"北齐颜之推《颜氏家训·风操》："江宁姚子笃，母以烧死，终身不忍噉炙。"卢文弨《补注》："噉……与啗、啖并同，食也。"唐·薛用弱《集异记·宫山僧》："久又闻咀嚼啖噬，啜咤甚励。"《水浒传》第102回："王庆将纸包递来道：'先生莫嫌轻亵，将来买凉瓜噉。'"清·文康《儿女英雄传》："张太太先前还是干啖白勃勃。"

张惠英认为，山东海阳、黄县等胶东地区，不说"吃饭"，而说"逮饭"，这可能是避讳，回避"乞饭（讨饭）"。山东胶东地区，古清音生母入声字今一律读上声，这样"吃饭"就音同"乞饭"，吴语有入声，所以"吃、乞"同音。所以，山东胶南地区就根本不说"吃饭"，宁波地区说成"曲饭"，方式不同，目的相同，都是回避"乞饭"这个音②。

我们认为这种解释有一定合理性和启发性。但是回避"乞饭"，可以任意选择相近的读音，如北京话读成"吃饭"，宁波地区读成"曲饭"，为什么选择"逮饭"呢？我们认为这个"逮"原自"啖"。汉语中，懒、赖二字，具有相同的声符，上古读音相同，经常通用，如《孟子·告子上》："富岁子弟多赖，凶岁子弟多暴。"清·焦循《正义》引阮元曰："赖即懒。"晋·陆云《与杨彦明书》："吾既常赢，闲来体中亦恒少赖。"今天，"懒-赖"读音的差异，正和"啖-逮"相似，这些例证可以证明，"an-ai"这两个韵之间有很近的联系。《北京土语词典》"lǎi 松"，懈怠；不再努力或用力。如："学习正在重要阶段，你可别~！"③词典作者找不

① 许皓光、张大鸣：《简明东北方言词典》，辽宁人民出版社1988年版，第83页。

② 张惠英：《音韵史话》，中国大百科全书出版社2000年版，第145页。

③ 徐世荣：《北京土语词典》，北京出版社1990年版，第231页。

到合适的同音字，只好对"lǎi"阙疑待考。其实，联系到"逮饭"，我们不难发现在北方语言中，这两个读音间的转化。我们认为这个"lǎi 松"就是"懒松"。

扽［tən⁵¹］

"扽"在辽宁方言中有三个意思，分别是：（一）拉，拉紧，如："过来，帮我扽扽这个被单。"（二）揪，扯，多用于揪掉，拉断等如："帮我把这根儿白头发扽下来。"（三）斥责，如："怎么啦？又挨扽了吧？让你不老实。"三种用法相比较来说，第一种用法使用范围比较广，不但存在于哈尔滨、辽宁、北京等北方地区，而且在江苏、江西、云南等地广泛使用，而另外两种用法除辽宁地区外，还存在于北京、陕西等一些地区的方言中，可见，"扽"是一个使用比较普遍的方言词语。

"扽"，三国魏·张揖《广雅·释诂》："扽，引也。"王念孙疏证："古通作'顿'。《荀子·劝学篇》云：'若挈裘领，诎五指而顿之，顺者不可胜数也。'……案：顿者，振引也。"又清·张玉书，陈廷敬等《康熙字典·手部》："扽，……又《博雅》：'引也。'"由此可见，"扽"表示"用力猛地一拉"，如："三国魏·曹丕《校猎赋》：'扽冲天之素旌兮，靡格泽之修旃。'"而突然用力拉，所拉之物就会变得紧绷，因此，"扽"在方言中第一种用法就是来源于此，即表示"拉，拉紧"，如：

（1）她钻到另一边，脸从扽平的被面后边移出来——正是肤色黑黑牙齿白白的王金娣。［刘恒《云水谣》（剧本）］

（2）上头拴着绳儿，又扽回来了。（冯不异《中国传统相声大全·大娶亲》）

（3）把这根儿弦哪拴一个套儿——越扽越紧的套儿。（冯不异《中国传统相声大全·点痦子·拔牙》）

表示"揪，扯"的"扽"多用于将某物揪掉，拉断等语境，更强调的是掉或断结果，而用力过度就会导致断或者掉，因此也是在"用力拉猛地一拉"基础上的引申，如：

（4）邵明伦将侄女打得满街嚎哭的时候，……不惟如此，邵明

伦上衣的纽扣也全部被抻掉了。(迟子建《原始风景·香坊》)

　　(5)写完了屁股后边抻出一串钥匙来,其中有个大戳子,当,撕下来……(郭德纲《托妻献子》)

　　而方言中"抻"的第三种用法"斥责",我们认为也是在其原本意义基础上的引申。因为受到斥责,精神就会紧张、绷紧,而用力猛拉后,所拉之物也会变得紧张、紧绷,两个动作所导致的结果是一致的,都是"紧张,紧绷",只是相对而言,方言中的用法指的是精神方面,更抽象了。汉语中很多比较抽象的词语都是在客观世界具体现象、动作基础上的引申,如形容人动脑的"转",客观世界中某些机器产生动力的原理就是不停地转动,由此引申为人类大脑的思考活动,这类词语有很多,不再一一列举。只是有着"斥责"义的"抻"多活跃于方言口语中,鲜见于书面语。

　　以上,我们对方言中"抻"的来源做了简单探析,即"抻"的三种用法都是对其古义的引申,相对来说,第三种用法显得更抽象。在查阅资料过程中我们发现,"抻"在文献中的记录并不多,只有少量的几例,但是它至今仍在方言中使用,因此我们可以推测,"抻"在古代可能更多用于口语或者某些地区的方言中,而在书面语中则鲜少使用。

蹀躞 [tiɛ⁵¹ɕiɛ⁰]

　　"蹀躞"在普通话中指"小步走路",但在辽宁方言中还有三种意思,分别是:(一)形容人走路踉踉跄跄,不平稳,常说成"蹀蹀躞躞"或"蹀里蹀躞"。如:"还以为是谁呢,回头一看,原来是老郭头蹀蹀躞躞地过来了。"(二)频繁往来走动,徘徊,如:"老上后院蹀躞啥去?一会一趟一会一趟地!"(三)指拿或送。如:"这老太太,把家里那点儿东西都蹀躞到她姑娘家去了。""蹀躞"在古代是个使用非常广泛词语,只是如今只仅存在于少数方言中,那么,它在辽宁方言中的意义是如何得来的呢?以下我们就尝试解决这一问题。

　　我们认为"形容人走路踉踉跄跄,不平稳"以及"频繁往来走动,徘徊"这两种意思是从"小步走路"引申而来,只是引申的过程稍有差异。

　　对于"蹀躞"一词的来源,我们采用江蓝生先生的观点,即"蹀躞"

是"蹀"的变音重叠形式，那么"蹀"就是整个词义的主要承担者，而"躞"只是一个音节，没有实际意义①。又"蹀"有"走"义，因而与"走"属于同一意义类别的"小步行走"应是"蹀躞"最早的意思，只是在使用对象上多为人或马，后又引申出了形容词的用法，即"形容人小步行走貌"或"马行貌"②。如：

（1）房栊灭夜火，窗户映朝光。妖女褰帷出，蹀躞初下床。（南朝·何逊《嘲刘孝绰》）

（2）蹀躞趋先驾，笼铜鼓报衙。（唐·柳宗元《同刘二十八院长述旧言怀感时书事奉寄澧州张员外使君五十二韵之作因其韵增至八十通赠二君子》）

（3）莺穿驿树惺忪语，马过溪桥蹀躞行。（南宋·陆游《金牛道中遇寒食》）

而人或马"蹀躞行"时，走的状态多为步子细碎、不停地上下替换，因而"蹀躞"会有"晃动，摆动"义，古代有一种饰物被称为"蹀躞"可以说明这一问题，有着这样意义的"蹀躞"形容某些人走路时身体摇晃，不平稳，引申后的意义与方言中的意思相同，并且这一用法在如今的北京、辽宁等方言中都比较常用，如：

（4）小舟联缀傍江滨转侧行，桨荡水有声，浮桥贼遽惊起，蹀躞错走，呼有妖，将吹角集群贼抵御。（清·赵增禹《书鲍忠壮公轶事》）

（5）生醒视之，则一老大婢，挛耳蓬头，臃肿无度。生知其鬼，捉臂推之，笑曰："尊范不堪承教！"婢惭，敛手蹀躞而去。（清·蒲松龄《聊斋志异》卷五）

（6）他把剧本扔一边去，自己编了段戏《唐明皇哭坟》，然后找了根棍，扮成老年时的李隆基，蹀躞到杨玉环的坟前，哀号不止。（唐大卫《刘威构塑唐明皇》，《作家文摘》，1993）

---

① 江蓝生：《近代汉语研究新论》，商务印书馆2008年版。
② 江蓝生：《说"蹀躞"与"嘚瑟"》，《方言》2011年第1期。

　　从例子中可以看出，表示"走路踉踉跄跄，不平稳"的"蹀躞"多用在由于某些客观原因导致的人走路不平稳的情况下，例4是由于受到惊吓，例5、例6则由于年老。方言中"蹀躞"的用法也是如此，但是也有微小差别，即在方言中的使用对象多用于老人和走路不太稳的孩子，用以形容人年老或年幼。

　　与"形容人走路踉踉跄跄，不平稳"不同，"频繁往来走动，徘徊"这一意义则是从"小步走"直接引申而来，只是这种用法出现较晚，并且从用例中还能体现其发展过程，如：

　　（7）侍红也跟着佩纕去忙，方才送信的人往来蹀躞，扫地、移凳、抹桌还有在那里煎茶，一时间忙得不可收拾。（清·司香旧尉《海上尘天影》）

　　（8）两主仆来往蹀躞，好似寻梁燕子。（清·连梦青《邻女语》第二回）

　　（9）生以老者约非无因，于中秋前数日蹀躞西郊，冀得一见老者颜色。（清·王韬《淞隐漫录》卷十一）

　　（10）自此常蹀躞于女之门外，虽咫尺银河，莫能通一语也。（清·王韬《淞隐漫录》卷一）

　　通过例7、例8可以发现，表示来回走、徘徊义的是"往来蹀躞"或"来往蹀躞"，"蹀躞"在这里更多的是表示"走"，承担"来回"义的是"往来"和"来往"，而例9、例10中的"蹀躞"就有了来回走和徘徊这样的意思了，由此也可以推知，随着"蹀躞"与"往来"等表"来回"的词语搭配使用频率的增加，"蹀躞"便慢慢沾染了"来回"的意思，而本就有"走"义的"蹀躞"也最终有了"频繁来回走动，徘徊"这一新的义项，并沿用至今。

　　通过以上分析可以明白，"蹀躞"在辽宁方言中的前两种意思都沿用了古代的用法。但是对于第三种用法，即"拿"或"送"，我们认为是在"频繁往来走动"基础上的引申，并且带有贬义。因为"蹀躞"无论是表示"走路踉踉跄跄"还是"往来走动"都与"走"有关，"走"就表示空间上会发生位移，由一处移动到另一处，因而"蹀躞"的核心义为"移动"，因此把东西由一处移动到另一处也可以说成是"蹀躞"，而

"拿"或"送"是造成东西移动的动作，所以"蹀躞"会引申为"拿"或"送"。只是这种"拿"或"送"多为偷偷的或者不被他人认可的，因而会带有贬义。这一用法在辽宁方言中使用非常普遍，如上文所举的例子："这老太太，把家里那点儿东西都蹀躞到她姑娘家去了。"就是说老太太因偏爱女儿，不顾儿子或家里其他人的感受，每次去女儿家的时候会带些东西，多是偷偷进行的。再如："她这儿子，把她这点儿东西都蹀躞光了。"这也是说儿子把母亲家里的东西都送人、变卖或拿到了自己家。

白毛蹀躞儿 $[pai^{24}mau^{24}tiɛ^{24}ɕiɛr^{0}]$

"白毛蹀躞儿"在辽宁方言中常常儿化，多用于头发花白的老人，形容人年龄大，如："你别看她现在白毛蹀躞儿的，年轻时可好看了！"

这个词使用范围比较广，多存在于东北、华北等地区，都用来形容人老，虽然用法相同，但在写法上却多有不同，"白毛"说成"白头""白发"，因意义相同，不影响理解，这里我们暂用"白毛"代替，对于"蹀躞"，有的写作"爹些"，也有的写作"跌些""叠雪"等，并且对"蹀躞"是否具有实际意义也存在不同观点，以下我们就尝试解决这些问题。

对于"白毛蹀躞"中的"蹀躞"是否具有实际意义这一问题，马彪先生持否定态度。因为他在列举元代及明清时期的状态词缀时列举了"白头蹀躞"，也就是在马彪先生看来，这里的"蹀躞"是个状态词缀①。对于这一说法，我们认为值得商榷。

首先，"白毛蹀躞"中的"蹀躞"为状态形容词，有实际意义，形容老人走路时身体颤动，不稳当，这里的"白毛"指白头发，也可以用来形容人年老，如我们形容人年老气色好时常用的"鹤发童颜"。因此"白毛蹀躞"是同义词连用。

"蹀躞"与"白毛（白头）"连用最早见于元杂剧，如：

（1）白头蹀趾，似红日西斜。烦恼甚时休，离愁何日彻？（元·杨暹《西游记》第十一出）

这里的"蹀趾"同"蹀躞"。二者连用是应了杂剧语言使用的需要。

① 马彪：《古代汉语状态词缀的变化发展》，《语言科学》2008年第5期。

元代时期杂剧盛行，而杂剧相较于之前的文学，其突出特点是语言使用非常灵活，口语化明显，并且杂剧是要在舞台演出的，因而它的语言还要注重音乐性和韵律感，为了满足这一要求会大量使用四字词语，因为四字词语在发音时可划分为两个音步，这相较于二、三音节的词语显得更稳定，更有节奏感，“白毛”与“蹀躞”连用既能满足节奏上的需要，又不会改变原意的表达，达到了使用要求①。而后随着使用频率的增加，二者逐渐凝固为一个词，并沿用至今，如：

（2）白头蹀躞，似红日西斜。（明·杨景贤《西游记》第十一出）

（3）这一走，不但哪班有些知识的大丫头看了她如成佛升仙，还有安太太当日的两个老陪房，此时早已就白发蹀躞的了，也在那里望着他点头，咂嘴儿，说道：“啧啧！嗳！你瞧人家，这才叫修了来的哪！”（清·文康《儿女英雄传》第四十）

（4）金鼓河山悯乱离，白头蹀躞几沉思。[于右任《晴园消寒之会（之二）》]

其次，“蹀躞”不符合马彪先生所说的状态词缀所具备的特点。“状态词缀的书写形式几乎只是单纯记音，不表示意义……②”这里的“蹀躞”有实际意义，虽然后来又分化出诸如“叠屑”“笃簌”等多种写法，但意义不变。另外“白毛蹀躞”与“言笑晏晏”“泣涕涟涟”“跌躞躞”“滑出律”等不同，后者的“宴宴”“涟涟”“躞躞”与“出律”为状态词缀，它们是附着在词根之上，为词根的表达效果服务，一旦与词根割裂开来，它们就没有实际意义，即使有联系也是单个字的联系，如“宴”与“涟”，并且在意义类别上也是与词根极为相近的，另外，词根有了这两个词缀，其口语性更强，表达也更生动了。而“蹀躞”则是与“白毛”并列的词语，二者相对独立，分开后表达的意义仍旧成立。如果说“白毛蹀躞”比“白毛”的表达效果更好，更生动，那是因为“白毛蹀躞”本是动静结合，前者是从静态对老人的外貌进行描写，后者是从动态对老

① 张永绵：《论元曲的语言和语言艺术》，《浙江师范学院学报》1985年第1期。

② 马彪：《古代汉语状态词缀的变化发展》，《语言科学》2008年第5期。

人行走时的状态进行反映，一动一静，因而表达效果会更生动。

综合以上分析，我们认为"蹀躞"仍旧有着自己的实词意义，为状态形容词，不是词缀。

对于"爹些""叠雪"等，我们认为都是"蹀躞"的借音字。"爹些"没有实际意义，只因与"蹀躞"读音相同，因而会被用来记音。"叠雪"也是如此。"蹀躞"在元代词形上发生了变化，分化出了两种读音，这两种读音存在着圆唇与不圆唇的对立，即"笃簌"类和"叠屑"类，可见"叠雪"属于不圆唇一类，其本字是"蹀躞"①。但是脱离"白毛蹀躞"不谈，"白头叠雪"在今天看来能讲得通，从字面上讲即"白头发特别多，多得犹如层叠的白雪"，可用来形容头发花白。"叠雪"起到加深程度的作用，指头发白得多，也可以用来形容人年老，只是这种说法书面语色彩较浓厚，因而会被用于写作中，如：2007 年 2 月 13 日，《温岭日报》刊登了一篇题为《不必天荒地老，我只爱你至白头叠雪》的文章，作者是李淑敏，这是一篇描写两位老人相知、相守了 58 年的感人故事，文章结尾写道"一起生活了 58 年，他们的感情根本没有褪色。是爱是宽容是理解是体贴，让他们风风雨雨一路同行，让他们白头叠雪依然浓情蜜意。"从中可以看出，这里的"白头叠雪"是个书面语色彩浓厚的词语，而"白毛蹀躞"自从出现始就被用于口语中，或者是元曲或者是小说都被用于人物的口语表达，偏俗语化，从如今方言中多用"白毛"而不用"白头"也可窥见一斑，因而，如今的"白头叠雪"已经不同于"白头蹀躞"，而是由"白头"与"叠雪"组成的新词。

E

恶 [ɤ⁵¹]

"恶"在辽宁方言中除了具有普通话中的意思外，还表示"很，非常"，是一个常用的程度副词，多修饰那些给人们带来不好的感受或体验的词语，如"恶苦"表示"非常苦"，"恶酸""恶腥"表示"非常酸""非常腥"等，这里的"苦""酸""腥"都是人们所不喜欢的感受。有

---

① 江蓝生：《说"蹀躞"与"嘚瑟"》，《方言》2011 年第 1 期。

着程度副词用法的"恶"在方言中分布比较广泛，除辽宁、黑龙江等一些东北地区的方言外，在江苏、湖南、江西等地的方言中也比较常见，只是在不同的方言中，其用法也稍有差异。如：在黑龙江和辽宁地区，"恶"的用法大致相同，即在使用中会有"恶臭"，不会有"恶香"，有"恶坏"，而很少用"恶好"，并且，在使用时"恶"常与其他词组合，不会独自现，没有"好得恶"的用法。但是，在其他方言中，"恶"所修饰的对象既包括人们所不喜好的感受或体验，还包括那些人们所乐于接受的。如：吴语区的江苏常州话和赣语区的江西永修话中有"恶好"，表示"很好"，并在永修话中还有"恶坏"表示"很坏"，"恶好看"表示"很美"，除此之外，在江淮官话区的江苏连云港话有"恶俊"表示"非常漂亮"，西南官话区的云南昭通话中也有"恶疼"表示"非常痛"，等等。另外，上文提到，在辽宁、黑龙江地区的方言中，"恶"不会独自出现，但是在湘语区的湖南长沙话中就有"多得恶""好得恶"的用法。由此可知，"恶"在不同的方言中使用范围是有差异的，即在辽宁等东北地区多用于贬义，并且不会独自使用，而在其他一些方言中则为中性词，并能独自出现，用法相当于程度副词"非常、很"等。以上，我们对有着程度副词用法的"恶"在不同方言中的使用情况进行了粗略的列举和概括，接下来，我们就对其在方言中用法的发展情况进行梳理。

　　"恶"，表示"罪过，罪恶"，与"善"相对，《说文·心部》："恶，过也。"段玉裁注："恶，过也。人有过曰恶。有过而人憎之亦曰恶。本无去入之别，后人强分之。从心，亚声。"北宋陈彭年，丘雍《广韵·铎韵》："恶，不善也。"

　　（1）君子以遏恶扬善，顺天休命。（《易·大有》）

　　（2）进者无功以表劝，退者无恶以成惩。（唐·房玄龄等《晋书·刘毅传》）

　　（3）二十年，省拟，无赃罪及廉察无恶者减作二十九年注下令，经童亦同此。（元·脱脱等《金史·选举志》）

　　引申为具有或带来"罪过，罪恶"的主体："恶人，坏人"，如：

　　（4）元恶大憝。（《书·康诰》）

（5）鉏一害而众苗成，刑一恶而万民说。（西汉·桓宽《盐铁论·后刑》）

也指"疾病，暴病"，如：

（6）郇瑕氏土薄水浅，其恶易觏。（《春秋左氏传·成公六年》）

（7）郗愔信道，甚精勤，常患腹内恶，诸医不可疗。（南朝·刘义庆《世说新语·术解》）

（8）一面写书与王枢密公子，只说中恶身死。（明·冯梦龙《三遂平妖传》第九回）

还泛指"污秽和腐烂之物"，有时也特指"粪便"，如：

（9）土厚水深，居之不疾，有汾浍以流其恶。（《左传·成公六年》）

（10）适遇吴王之便，大宰嚭奉溲恶以出。逢户中，越王因拜请尝大王之溲以决吉凶，即以手取其便与恶而尝之。（东汉·赵晔《吴越春秋·勾践入臣外传》）

（11）遂傲其仆，镯其皂，筐其恶，蜃其溲。（唐·刘禹锡《说骥》）

恶人、坏人会对平民甚至国家造成危害，疾病、暴病会对身体造成极大伤害，甚至死亡，污秽和腐烂的东西或粪便也是人们极度厌恶不愿接触的东西，可见，有罪过、罪恶的东西一般都是具有较大危害性的，由此，"恶"引申出了"凶暴、凶险"和"威猛、猛烈"义，如：

（12）汝不和吉言于百姓，惟汝自生毒，乃败祸奸宄，以自灾于厥身。乃既先恶于民，乃奉其恫，汝悔身何及！（《尚书·盘庚上》）

（13）君子以远小人，不恶而严。（《易·遁》）

（14）临浙江，水波恶，乃西百二十里从狭中渡。（西汉·司马迁《史记·秦始皇本纪》）

（15）君门羽林万猛士，恶若哮虎子所监。（唐·杜甫《魏将军歌》）

并由以上分析我们可以看出，无论"恶"所指代的东西还是其所修饰的对象，都具有"较强的危害性"，并且，在表示"凶暴、凶险"和"威猛、猛烈"等形容词义时，其意义体现出了人们对所修饰对象的评价或感受是超出一般水平的，可以说程度极高，而这种高程度也成为"恶"最终演化为程度副词的重要推动力量，也因此，"恶"有了程度副词"很、非常"等义。其实，在东北方言中，有很多词语最终发展为副词都与其所表达的意义有着密切关系，除了"恶"之外，还有表示"总是、全"的"尽"，有着"很、非常"义的"邪"以及同样为程度副词表示"特别，很"义的"贼"等，其中，"尽"来源于其"极尽"义，"邪"来源于其"异乎寻常"义，而"贼"则来源于其"暴虐、狠毒"等义。用于程度副词的"恶"在很早就出现了，如：

（16）其人大面短颐，美须恶肥。（西汉·刘安《淮南子·墬形训》）

（17）酒恶时拈花蕊嗅。（南唐·李煜《浣溪沙》词）

（18）小靥人怜都恶瘦，曲眉天与长羲。（南宋·辛弃疾《临江仙》）

（19）不如早些儿拆散了鸾和凤，免教的恶相思两下冲冲。（明·孟称舜《娇红记·生离》）

以上用例是《汉语大词典》的例证，"恶"的使用范围比较广泛，在搭配对象上与"很、极"等程度副词相比并没有太大区别，这样的用法与其在辽宁方言中的用法稍有不同，而与前文中列举的除辽宁等东北地区外的其他方言比较一致，尽管如此，辽宁方言中的程度副词"恶"也是来源于古代的用法。

我们认为辽宁方言中"恶"的用法处于"恶"由实词向副词虚化的初级阶段，即处于刚刚虚化为副词还未得到扩大使用的时候，因为方言中的"恶"与实词"恶"在意义上联系更大，更紧密，并且，"恶"在辽宁方言中不能单用，在其他方言中可以单用，这说明"恶"可以发展为与"很"相近，只是在辽宁方言中还未发展到这一程度。接下来我们对这一问题进行具体分析。

由上文的分析我们可以看出，"恶"有"罪过，罪恶""恶人，坏人""疾病，暴病""凶暴、凶险"等义项，而这一系列的意思都与过错、危险等人们所不愿接受的事情有关，在这一角度讲，辽宁方言中副词"恶"的用法是与此相符的，在实词虚化前后，二者在意义上是存在着非常大的联系的，这与人们的认知习惯有关。人的认知过程都是由具体到抽象的，在这一过程中，有着共同认知域的范畴之间有着一定的联系，[①] 如说到"糖"我们首先会想到"甜"，提到"冬天"首先会想到"冷"，除此之外才会联想到其他，这与说到"恶"就会将其与"过错、危险"等给人们带来不悦感受的事情联系起来一样，因此，"恶"在成为程度副词之初，其搭配对象就会是那些人们所不乐于接受的东西。并且，此时"恶"作为程度副词使用并不十分成熟，因而也不会出现单用的情况。但是，沈家煊先生曾指出："实词的使用频率越高，就越容易虚化，虚化的结果又提高了使用频率。"[②] 依此，副词的使用频率越高，其虚化程度也会越高，那么，当"恶"演化为程度副词时，由于其在表达上的生动性等原因，它的使用频率会增加，而这样的频率就会使"恶"的虚化程度越来越高，最终发展为与"很"非常相近的副词，而辽宁方言中的"恶"还没有发展到这一阶段。综上所述，我们可以认为辽宁方言中的副词"恶"是处于实词"恶"虚化为副词的初级阶段。

用于程度副词的"恶"在今天使用比较普遍，只是更常见于方言中，很少用于普通话。如：

（20）根子是焦黄焦黄的，恶苦恶苦的，满身长着密密麻麻的硬刺，一道秋天就结出一串串象红琉璃似的果实……（中国民间文学集成编委会《中国民间文学集成·辽宁分卷·朝阳资料本》）

（21）跟表哥去了一家挺阔气的人家，主人还把我当大人看待，倒了一杯浓茶，恶苦恶苦的……（邓萌柯《有一种罪行叫饥饿·童年少年·舔小酥饼》）

---

① 陈忠：《认知语言学研究》，山东教育出版社 2007 年版，第 112 页。

② 沈家煊：《语法化研究综观》，《外语教学与研究》1994 年第 4 期。

（22）春红一见酸荬便牙根直淌口水，扭转头连连摇手道：拿开拿开，哪个吃这种恶酸恶酸的东西！（杨红昆《树上的风筝·拔根鸡毛给你猜》）

以上，我们对辽宁方言中表示程度副词用法的"恶"的来源及发展过程做了分析，即"恶"作为副词来使用在很早就出现了，方言中的用法则是对其古义的沿用，并且相较于其他方言，辽宁方言中的"恶"还处于由实词虚化为副词的初级阶段，这在文中有详细说明。方言中由实词虚化而来的副词有很多，而这样的虚化过程就是很多人所说的语法化的过程，因而对这些词进行考察不但有利于方言、词汇研究，而且还能为语法的研究提供更多借鉴。

二 ［Øer⁵¹］

"二"读为（èr），在辽宁方言中除指序数词外，还有"傻""鲁莽"等意思，如："这个人有点儿二。"2011 年春晚小品《还钱》里有这样的台词：甲："我可是当今武林界的人才。"乙："那我是当今武林界的天才。"甲："你天才比我人才，你不就多了个二嘛。"乙："我怎么二了？"这里的"二"就是傻的意思。"二"在使用时常与"乎""虎""货"等连用，其中，"二乎"表示傻、糊涂，如："刚才二乎了，怎么把东西都给他了。"这里的"乎"为词缀。"二虎"指有点傻气，做事鲁莽的人，如："你是二虎吧？""二货"指带傻气的，鲁莽的人，如："这个二货！"以上这些用法中，"二"是词语意义的主要承担者，表示"傻""鲁莽"等，而"二"的这种用法除在辽宁地区外，在黑龙江、天津、山东等地的方言中也在使用，由此可见，"二"是个使用非常普遍的方言词语。那么，"二"的这一用法是如何来的呢？

"二"既表示数字"二"，同时又为"贰"的异体字，清·张玉书、陈廷敬《康熙字典·贝部》："贰，又与二同。《易·坎卦》：'樽酒簋贰。'《注》：'一樽之酒，二簋之食。'《礼·曲礼》：'虽贰不辞。'《注》：'贰，谓重殽膳也。'"这里的"贰"指"居次要地位的"，《说文·贝部》："贰，副、益也。从贝式声。"段玉裁注："贰，副益也，当云副也，益也。《周礼》注：'副，贰也。'从贝，式声。"又南朝·顾野王《玉篇·贝部》："贰，副也。"而方言中表示"傻""鲁莽"的"二"

就来源于"贰"。

由上文可知,"贰"最初表示"副""居次要地位的"等意思,并且使用广泛,如:

(1) 季平子曰:"然则意如乎!若我往,晋必患我,谁为之贰?"(《国语·鲁语》)

(2) 立本意,自谓才名宜为诸葛亮之贰,而更游散在李严等下,常怀怏怏。(西晋·陈寿《三国志·蜀书·廖立传》)

(3) 是以前年太宰与臣,永惟社稷之贰,不可久空,所以共启成都王颖以为国副。(唐·房玄龄《晋书·范阳康王绥列传》)

(4) 夫太子者,天子之贰,所以承宗庙、立国本,故其职,居则监国,出则護军。 (明·湛若水《泉翁大全集·隽不疑断狱》)

"副""居次要地位的"就指那些相对于正的、好的东西来说质量较差的,而方言中所说的带傻气,鲁莽的人就指在动作行为等方面不如正常人,因而这样的人与正常人相比较在某种角度上也可以称为"副",也因此,方言中就出现了表示"傻""鲁莽"的"贰",因"贰"与"二"同,后者在写法上和记忆上都相对比较容易、方便,所以,在使用中"二"就代替了"贰"得到广泛使用,如:

(5) 我不愿再看到那些漆着蓝颜色的军舰,我会像个二傻子,穿着老百姓衣服瞪着眼睛瞧起来没完……(王朔《空中小姐》第三章)

(6) 他一听吓得像个二傻子,再也站不住脚了,忙问我怎么办。(雪克《战斗的青春》第四章)

杨琳(2012:98)认为,"二"本指男根,引申出傻义。他说:头部、男阴虽可同名,但指称时为了区别,头部往往被称为老大,男阴则被称为老二。如四川话中,"老大"可指头,"老二""二娃"可指男阴(张廷兴,1999:108)。陕西户县话也称男阴为"老二"。广西南宁平话称男阴为"二老弟",广西柳州话称为"二老爷",哈尔滨话、徐州话中称为"二哥"（李荣 2002：75、81）。贵州土城话中有"脑盖赢加卵样"
的说法，温立三（2010-11-15）解释说："脑盖赢加卵样，译为：脑袋就
像鸡巴。……把一个人的脑袋比作鸡巴，老大竟与老二换位置，这肯定是
一种极端的羞辱。"……很多方言中有"二乎"一词，形容人傻里傻气。
不少方言中还有"二气"的说法，有粗野、莽撞、说话做事不正派、傻
气等含义（许宝华、宫田一郎，1999：80）。这都是男阴义之"二"的
引申。①

　　上文提到的"乎""虎""货"都是"二"在使用中常与之连用的语
素，其中，"乎"为词缀，众所周知，"乎"在汉语中是个使用频率较高
的词缀，如"晕乎""面乎""温乎""忙乎""贴乎"等。"虎"在东北
方言中就有"傻""莽撞"的意思，如：

　　（7）你咋晚上一宿没睡呀？你可太虎了。（林和平《搞对象》）

　　"二虎"可以看作是同义词连用，表示"带傻气""鲁莽"的人。
"二货"与"二虎"表义相同，在汉语中，有很多用"货"来指代人的
贬义词，如"攮糠的货""菜货""蠢货"等，"二货"也是如此。

　　以上，我们对辽宁方言中表示"傻""鲁莽"的"二"的来源进行
了梳理，从而发现有着这样用法的"二"其本字为"贰"，表示"副"
"居次要地位的"，相比于人头，龟头就是居次要地位的，"二"引申出男
根义，后来在此基础上引申为方言中的"傻""鲁莽"等意思。

二尾子 $[\text{ɣer}^{51}\text{ɣi}^{213}\text{tsə}^0]$ $[\text{ɣer}^{51}\text{ɣi}^{213}\text{ɣə}^0]$

　　"二尾子"在辽宁方言中指"两性人"，如：人们都说他是个二尾子，
真的假的？由于这个词语用来指两性人，因而还常常被用作詈语。两性人
的这一称呼不仅存在于辽宁地区，而且在河北、天津、江苏甚至新疆等地
也在使用。

　　《中原音韵》卷下"羊尾子为羊椅子，吴头楚椅可乎？"说明元代北
方读音"尾"读为"椅"。明代陈第《毛诗古音考》卷一："尾，音倚，

北方皆倚音，南方皆委音。"用"二尾子"来称呼两性人的情况在明清时期就已经出现了，见于：

(1) 一人说："倒相个二尾子！"（明·兰陵笑笑生《绣像金瓶梅词话》第九十六回）

(2) 我常见书内说，妇人中有此一种可男可女之人，名为二形子，又叫做二尾子。（清·曹去晶《姑妄言》第十四卷）

(3) 既要吃佛家的饭食，便该守佛家的戒律，何可干这二尾子营生？（清·西周生《醒世姻缘传》第九十三回）

(4) 老严嵩惯着他儿子作老了孽，使坏了贤德聪明的好老婆。天启朝又兴了个不男不女二尾子货，和他奶母子客氏滚成窝。（清·贾凫西《木皮词》）

并一直沿用至今，如：

(5) 听自己亲闺女被人家称为不男不女的"二尾子"，邹肇泉的脸红一阵白一阵……（赵丽娟《女瓢把子》第十五章）

(6) 小玉这边儿呢，早就不想跟着丁宝儿再这么厮混下去，整天价充当一个不男不女二尾子的角色……（赵树德《老北京人儿·小玉》）

(7) 谁能治好我这"二尾子"的病，我愿意倾家荡产……（丛维熙《酒魂西行·"武大郎"换妻》）

(8) 我不管大奖还是小奖，男女的事是隐私，男人就是男人，劈成两半，岂不是二尾子吗？（肖波《大饭碗·偶像》）

"二尾子"又叫作"二仪子"。明万全《万氏家传广嗣经要》卷二："二窍俱有，俗谓二仪子也。"按《易·繁辞上》"是故易有太极，是生两仪。""两仪"谓天地，引申指阴阳、男女等。《汉语大词典》"两仪""指阴阳、男女"，引鲁迅《彷徨·高老夫子》："蕊珠仙子也不很赞成女学，以为淆乱两仪，非天曹所喜。"

"二尾子"又叫作"二性子""二根""半男女""半阴阳""阴阳人"：

（9）黄门，谓天阉不能行人道者；二根，谓兼男女二体两用人道者。（清·阮葵生《茶馀客话》卷十四）

（10）晋惠帝时，京洛有人兼男女体，亦能两用人道者，今人谓之半男女也。（明·谢肇淛《五杂组·人部一》）

（11）所可惜的是自从西滢先生看出底细之后，除了哑巴或半阴阳，就都坠入弗罗特先生所掘的陷坑里去了。（鲁迅《华盖集·"碰壁"之余》）

（12）《癸辛杂识》：赵忠惠镇守维扬时，他的幕僚赵参议有个婢女十分聪慧狡黠，深得同辈们喜欢，赵参议想亲近她，却遭到她坚决的拒绝。参议怀疑她有什么毛病，就强迫她顺从，一看，竟是个男人。于是，参议上奏有关部门，将他处以极刑。其实，这位婢女是个阴阳人，一身具有男女二性，前后形状不一。（刘玉瑛主编《古今情海·异形》）

F

饭食 [fan⁵¹ ʂʅ⁰]

"饭食"在辽宁方言中指"伙食，食物"等意思，如：成天嫌乎家里饭食不好，谁不想吃好的？"饭食"的这一意义除在辽宁方言中使用外，还存在于内蒙古、山东、安徽等地的方言中。

"饭食"用于名词，指"煮熟的谷类食物"早在西汉时期就已出现，并得到广泛使用，见于：

（1）为治斋宫河上，张缇绛帷，女居其中。为具牛酒饭食，行十余日。（西汉·司马迁《史记·滑稽传》）

（2）每一关，屠沽者，卖饭食者，羹臛炙膹者，每物各一二百人。（西汉·贾谊《新书·匈奴》）

（3）为设饭食杂果，念强饮多食，向敌数人，微自夸矜。（南朝·魏收《魏书·鹿悆传》）

（4）凡诸饭食，皆杂毒药，若免火坑，当遭毒食。（唐·玄奘《大唐西域记·摩揭陁国》）

（5）岩曰："有几般饭食，但一时下来。"（南宋·释普济《五灯会元·神山僧密禅师》）

在使用过程中，"饭食"的意义范围逐步扩大，又指"饭和菜"等吃饭时所食用的食物，如：

（6）你如今在那里居住？每日饭食谁人整理？（明·兰陵笑笑生《金瓶梅词话》第十回）

（7）摆下几般菜蔬，又是一大旋酒，一大盘煎肉，一碗鱼羹，一大碗饭。武松见了，暗暗自忖道："吃了这顿饭食，必然来结果我……"（明·施耐庵《水浒传》第二十八回）

（8）到了次日五鼓，家人们便先起来张罗饭食，服侍公子盥漱饮食。（清·文康《儿女英雄传》第三十四回）

方言中的"饭食"就泛指饭、菜等吃饭时食用的东西，可见，方言中"饭食"的用法是对其古义的沿用，并且使用广泛，如：

（9）队长说了几句炕不热、饭食不好的客套，而后又把那份总结还给他……（李锐《古老峪》）

（10）杂物长和监厨每天一定来问："饭食怎么样？吃的好吗？梅先生您爱吃什么，临时告诉厨房好了！"［梁燕主编，齐如山著《齐如山文集·梅兰芳游美记·各界的提倡欢迎（上）》］

（11）谁家的饭食不好，不用手艺人自己褒贬，邻居自有议论：抠门，舍不得给手艺人吃！（徐福元《半夏·月牙村纪事·师徒》）

妨 ［faŋ⁴⁴］［faŋ³¹］

"妨"在辽宁方言中表示"命里犯克"，这是一种迷信的说法，多指那些命不好的人给别人带来不幸，如："自打那儿媳妇一来，他家就没好过，准是那儿媳妇妨的。""妨"的这一用法多存在于包括哈尔滨、北京、山东以及山西等地区在内的北方方言区，并且在人们的口语中使用频率较高。

"妨"最初表示"伤害，损害"，东汉·许慎《说文解字》："妨，害也。"清·段玉裁《说文解字注》："妨，害也。害者，伤也。"并且这一用法使用广泛，如：

（1）难得之货，令人行妨。（东周·李耳《老子·道经》）

（2）况今寇难未除，州郡沦败，人物凋零，军国用少，别铸小钱，可以富益，何损于政，何妨于人也？（唐·李延寿《北史》卷五十）

（3）青苗免役两妨农，天下嗷嗷怨相公。（南宋·岳珂《桯史》卷第九）

（4）这也是三蝶儿命里，合该如此，男家合婚，说是两无妨害，德氏合了婚……（清·冷佛《春阿氏谋夫案》第十三回）

我们认为方言中表示"命里犯克"的"妨"是"伤害、损害"义在特定环境下的引申。首先，对别人造成伤害就是为他带来了不幸；其次，方言中"妨"带来的伤害多为突然出现或者在巧合的情况下发生，而我们所说的特定环境即为此。我们知道，在更早的时候，人们多有迷信思想，并对那些设想中的神秘力量深信不疑，因而，对于突然或巧合出现的伤害或不幸人们往往认为是神秘力量所为，由此，方言中带有迷信色彩的"妨"就出现了，并且这一用法的出现时间不会晚于唐代，如：

（5）是月行嫁，卯酉女吉，丑未女妨夫，寅申女自妨，辰戌女妨父母，巳亥女妨舅姑，子午女妨首子。（唐·韩鄂《四时纂要·春令》卷之一）

（6）《不葬父妨子》："或谓停父母之丧久而不葬者，则其子孙每岁缩小。"（南宋·周密《癸辛杂识·续集》下）

（7）经曰：赤黄马独卧，黑鼠守空房，男妨妻，女妨夫，指此三日也。（明·万名英《三命通会》卷六）

（8）我闻儿女出胎之时，不要父母相见，恐有妨克。（清·杜纲《北史演义》第十三卷）

（9）它的降生不但引来了一场百年不遇的暴风雪，还克死了母马，妨死了为它接生的女主人！（冯苓植《雪驹》）

如今陕北说书的传统曲目中也有《小姐妨女婿》，说的就是有个小姐，先后妨死了四个女婿。①

通过以上分析，我们认为辽宁方言中表示"命里犯克"的"妨"是"伤害，损害"义在特定环境下的引申，并随着这一用法使用频率的增加，表示"命里犯克"这一迷信色彩的意义就凝固成了"妨"的一个义项。

G

艮〔kən²¹³〕

"艮"在辽宁方言中有两种用法，分别是：（一）形容（食物）坚韧而不脆。如：今年的萝卜不知道怎么了，发艮。也常说成"艮巴揪儿""艮揪揪儿"等，如：我就愿意吃牛板筋，艮揪揪儿（艮巴揪儿）的。这里的"巴揪儿""揪揪儿"为词缀。（二）形容人（性子）直，（脾气）执拗，（说话）生硬，也用于形容人性格死板，不知变通。如：这人说话忒艮。表示说话生硬，不委婉。再如：这人忒艮。指某人性子耿直，也可以指脾气执拗，死板，不易被劝服。这两种用法的"艮"在地域上分布比较广泛，除辽宁地区外，在河北、北京、山东、江苏等地的方言中也比较常见。

其实，"艮"作为方言词在很早就出现了，西汉杨雄《方言》卷十二："艮，硍，坚也。"郭璞注："艮、硍皆名石物也。"《广雅·释诂一》："艮，坚也。"王念孙疏证："《说卦》传云：'艮为山，为小石。'皆坚之义也。今俗语犹谓物坚不可拔曰艮。"由此可见，"艮"在古代方言中有"坚"的意思，"坚"就指坚硬，坚硬的东西在状态或形状上是不容易被改变的，有些食物比较有韧性，并且不易咀嚼，这也可以看作是一种"坚硬"，因此，当"艮"用于形容此类食物时就会表示"坚韧而不脆"了，这种用法的"艮"在方言中比较常见，如：

（1）这也是一道集饭菜为一体的饭食，既有肉香，又有菜香和面香，疙瘩艮艮揪揪，吃起来有滋有味。（曾武、杨丰陌《满足特色

---

① 曹伯植：《陕北说书传统曲目选编 短篇集》，陕西人民出版社2010年版，第99页。

食品·疙瘩汤》)

（2）就说那山葡萄吧，……就做成不软不硬黑紫色的葡萄糕，咬一口，艮揪揪儿的，酸甜酸甜可好吃呢。（崔贵新《女人不相信眼泪》第十三章）

（3）有芳香四溢的布哈拉抓饭……有艮揪揪的龙须面，还有一串串最新鲜的带露水的马奶子葡萄和软得跟丝绒般的杏子。（［俄］B. C. 克拉斯科娃著，徐昌汉译《克里姆林宫的儿女们·钻石，男人，还有一点酒精饮料·丘尔巴诺夫》)

"艮"用于"坚硬"的食物时会引申出"坚韧而不脆"义，而当其用于"坚硬"的人时也会随之引申出不同的意思，这里"坚硬"的人指那些说话比较直、性格执拗、死板的人，因此，当"艮"用于有这些特点的人时就会引申出"形容人（性子）直，（脾气）执拗，（说话）生硬，也用于形容人性格死板，不知变通"等意思，只是这一用法的"艮"更多地存在于口语中，书面语中则相对少见。

以上，我们对辽宁方言中"艮"两个比较常见用法的来源进行了探索，从而知道，"艮"有"坚"义，并且在很早的时候就已经在方言中使用，而如今"艮"在方言中的两种用法是其"坚"义由于使用对象的不同而引申出来的意思。

孤拐 ［ku⁴⁴kuai⁰］［ku³¹kuai⁰］

"孤拐"辽宁方言中指"踝骨"，如："刚盘腿坐了一会儿，硌得我这孤拐生疼"。踝骨的这一说法在整个东北地区使用都非常普遍，其次，还活跃在北京、山东、山西，甚至江苏、四川等地，那么，踝骨为什么会被称为"孤拐"呢？

"孤"最早指幼年丧父，《说文·子部》："孤，无父也。从子瓜声。"如："战国·孟子《孟子·梁惠王下》：'幼而无父曰孤。'"后又指幼儿父母双亡，如："春秋·管子《管子·轻重》：'民生而无父母谓之孤子。'"在此基础上，"孤"又引申指没有子女的人，如："秦·吕不韦《吕氏春秋·怀宠》：'求其孤寡而振恤之。'高诱注：'无子曰孤。'"通过这三个意思可以看出"孤"所指的事物都有"孤独""单个的"这样的特点，并且今天常用的"孤"也有这样的用法，如"孤单"指单身没有依靠，"孤岛"指远离大陆或其他岛屿的岛，"孤立"形容与其他事物不相联系，但是，与其他事物相离的或只单独一个的东西在人们眼中往往是比较特别的，与周围其他事物相比其特点是比较突出的。而我们认为方言中"孤拐"的"孤"就是取其"特别，突出"义。马思周先生在其《从"孤拐"说"拐"》一文中也提到，"孤"在近代已有"特出，独出"的意思，而"孤拐"之"孤"就是在此基础上引申有"高出，突出"义①。踝骨指小腿和脚之间左右两侧凸起的部分，是高出其他部位的地方，因而，在指称踝骨时会用"孤"。那么，踝骨为什么最终被称为"孤拐"呢？这一称呼在何时开始出现的呢？

马思周先生在《从"孤拐"说"拐"》一文中对"拐"的意义及在方言中的多种用法进行了详细的分析。"拐"的本义为腋下、足下的支撑工具，北宋·陈彭年，丘雍《广韵·蟹韵》："拐，手脚之物枝也。"这种工具要起到支撑身体的作用，因而其端部要歧出，因此，马思周先生认为踝骨之所以用"拐"来指称，就是因为踝骨有"端部歧（突）出的特点"，拐杖之"拐"，用的就是"拐"的本义。并且，在很多方言中，"孤拐"除指踝骨外，还指颧骨和脚掌内侧突出的部分，这些部位都有突出的特点，因而也会用"孤拐"指称。"孤拐"指代"踝骨"并且使用频率比较高的时期是在清代，这时候的文学作品口语化明显，而且能确定"孤拐"有时候就指的"踝骨"，如：

（1）我才在角门口下台坡一滑，几乎跌倒，脚孤拐还酸呢。（清·云江女史《宦海钟》第一回）

（2）刑名老夫子接着，……是教魏剥皮拿铁钉锤打犯人的脚孤拐，任你英雄好汉，只要把这块骨头打碎，自然一步不能行走。（清·李宝嘉《活地狱》第十二回）

（3）宋相公，你招了吧！你看我们，孤拐都夹扁了。（清·天花藏主人《赛红丝》第三回）

在清代，有一种刑罚是"夹踝骨"，如例3。这一用法的"孤拐"在今天的很多方言口语中都有使用，并且频率非常高，同时也散见于书面

①　马思周：《俗言俗谈》，商务印书馆2011年版，第336页。

语，如：

（4）棒子够不着，先从孤拐打起，打到膝盖骨……（严歌苓《一个女人的史诗·灯光里的三代女人》）

（5）孤拐里的筋绷得过紧而时有细微作响，也一同陷在里面。（严歌苓《扶桑》第三十二章）

但在清代的文献中，"孤拐"还指"颧骨"，这是指脸部的凸起的部分，从上文分析可知，这是由于颧骨与踝骨一样，都是凸出的，有突出的特点。这一用法在今天东北地区的其他方言以及北京方言中都在使用，可见，人们用"孤拐"来指代"颧骨"或"踝骨"，是从其外观特点入手来进行命名的。

以上，我们解决了方言中为什么用"孤拐"来指代"踝骨"这一问题，在这过程中我们发现"孤拐"不仅指"踝骨"，还指"颧骨"，二者有着共同的外观特点，由此我们可以知道，"孤拐"是指那些凸起的东西，这也证明，人们用"孤拐"来指踝骨和颧骨是从其外观特点入手的，这也是人们认识并命名客观事物的一个重要角度，如山东有的地区称整穗的玉米为"棒槌"，这是因为二者形似，再如"瀑布"就指突然从高处降落的水，因其特点与白布相似，因而在命名这样落下的水时会用"布"，这样的词在汉语中大量存在，这里不再列举。

果子　[kuɣ²¹³tsə⁰]　[kuɣ²¹³ʘə⁰]

"果子"在辽宁方言中有两种意思，一是指旧时糖食糕点的统称。《白清桂民间歌谣集·小拜年》："过了初三四，新媳妇回娘家，带上小女婿，果子带两匣，丈母娘她扭扭扎扎。"二是指花生之类的坚果。如：果子熟了，该拔了。

"果子"表花生义，除辽宁大连外，还在冀鲁官话的山东寿光、淄博，晋语的河北邯郸，中原官话的山东郯城、平邑等方言中使用。

《说文·木部》："果，木实也。象果实在木之上。"后加后缀"子"构成果子，最初指水果。唐·张鷟《野朝金载·云溪友议》："大帝盛夏须雪及枇杷、龙眼，俨坐项间，往阴山取雪，岭南取果子并到，食之无别。"

到了宋代以后，果子除了指水果外，还指各种糖果、糕点、蜜饯零食等。

（1）皂儿膏、宜利少、瓜蒌、煎、鲍螺、裹蜜、糖丝钱、泽州饧、蜜麻酥、炒团、澄沙、团子、十般糖、甘露饼、玉屑糕、煿木瓜、糖脆梅、破核儿、查条、……诸色糖蜜煎。（宋·周密《武林旧事·果子》）

（2）是日，内司意思局进呈精巧消夜果子合，合内簇诸般细果、时果、蜜煎、糖煎及市食，如十般糖、澄沙团、韵果、蜜姜豉、皂儿糕、蜜酥、小炮螺酥、市糕、五色萁豆、炒槌栗、银杏等品，及排小巧玩具头儿、牌儿、帖儿。（宋吴自牧《梦粱录·除夜》）

由于宫府和富贵人家经常举办大型的筵席，于是宋代出现了提供相应服务的机构——四司六局，其中果子局，专掌装簇、盘钉、看果、时果、准备劝酒。到了明代，果子仍有点心义。

（3）朱仝抱了小衙内，出府衙前来，买些细糖果子与他吃。（明施耐庵《水浒传》第五一回）

（4）这火炉街排门挨户都是卖油炸果子的人家。大凡香客经过，各店里的过卖，都乱烘烘跑到街心，把那香头的驴子狠命的拉住，往里让吃果子，希图卖钱。（醒世姻缘传·招商店素姐投师　蒿里山希陈哭母）

到了清朝，"果子"可指水果。

（5）麟儿滚入秦氏怀里，一手在腰里掏出些酸梅查糕，还有些零碎梨果，笑道："今晚姨娘家席上许多果子，我舍不得吃，被我拿得回来，想给母亲同姐姐吃。母亲，姐姐呢？"（清·李涵秋《广陵潮·锦袜留痕居丧权折齿絮袍肇祸遇事便生波》）

这里的"果子"指水果，因为下文言"麟儿笑得合合说：姐姐是我带回来果子，这是一片雪梨。"

（6）这都是今年咱们这里园里新结的果子，宝二爷送来与姑娘尝尝。再前日姑娘说这玛瑙碟子好，姑娘就留下顽罢。

"园里新结的果子"清楚说明"果子"指水果。

（7）走堂的见了，忙送了两碗茶来，面前又放了四碟果子，无非瓜子、松瓤、花生、杏仁之类。（清·嬠疣山樵《补红楼梦·好友朋同志更同行 胞弟兄相逢不相识》）

这里的"果子"指瓜子、松瓤、花生、杏仁等坚果。

可见，辽宁方言中"花生"这一语义是由清代"坚果"词义缩小而来的。在山东地区多有使用，《卫城吹尘——古城灵山之九日风情·卫城货声》："二月二炒豆子，老婆孩子一溜子；二月二炒果子（花生），老婆孩子一桌子。"① 马国庆②《神鞠》："一会儿，又听见娘在噶蹦噶蹦地吃东西，就问：'娘，娘，你吃的啥呀？''你姥姥给我一把二杏果子（花生）。'"③

H

害［xai⁵¹］

"害"在朝阳方言中有"得病、患病"等意思，"害"作为一个构词语素在使用时常与其他词连用表示患了某种疾病或身体的某一部位不舒服，如"害眼"指得了红眼病，"害不好"指身体不舒服，得病了，并且，相对来说，"害眼"在朝阳方言中比较常用，如：怎么还害眼啦？赶紧吃点消炎药。"害"表示"得病，患病"在很多地区的方言中都存在，除辽宁地区外，还有新疆、山西、山东、四川、江苏等地，只是在不同地

---

① 焦增志：《卫城吹尘：古城灵山卫之旧日风情》，中国石油大学出版社 2013 年版，第45 页。

② 马国庆是齐文化博物院院长，山东淄博人。可证，山东淄博地区称花生为"果子"。

③ 马国庆：《神鞠》，山东人民出版社 2015 年版，第51 页。

区"害"的常用组合对象也不同，如由"害"组成的表示疾病的词语有"害眼（患红眼病）""害奶（得乳腺炎）""害冷瘟（患伤寒等传染病）""害寒病（患伤寒）"等，但是在这些词中，"害眼"在朝阳地区比较常用，"害奶"多出现于新疆等地的方言中，"害冷瘟"在四川等地的方言中使用频率比较高，而"害寒病"则在江苏等地的方言中更常用，可见，"害"在很多方言中都有"得（病）、患（病）"的意思，只是由于不同地区人们的使用习惯不同，由它组成的词语在不同地区的使用频率也不一样。那么，这一用法的"害"是如何来的呢？

"害"最初指"伤害，损害"，《说文·宀部》："害，伤也。从宀，从口。宀、口，言从家起也。"段玉裁注："害，伤也。人部曰：'伤，创也。'"北宋陈彭年，丘雍《广韵·泰韵》："害，伤也。"如：

（1）子实不睿圣，于倚相何害。（《国语·楚语上》）

（2）军国要密，无不经手，与高阿那肱、穆提婆共处衡轴，号曰三贵，损国害政，日月滋甚。（唐·李百药《北齐书·韩凤传》）

（3）益肾气，神和体安，则群妖莫害，可致长生之道矣。（北宋·张君房《云笈七签·三洞经教部·肾脏图》）

损害生物的性命就是"杀害"，因而，"害"又引申为"杀害"，如：

（4）惟公多拥选士精兵，众郡骏马仓谷帑藏皆得自调，忽于诏策，离其威节，骑马呵噪，为狂刃所害，乌呼哀哉！（东汉·班固《汉书·王莽传》）

（5）弼父在乡，为贼所害，弼行丧六年。（唐·李百药《北齐书·杜弼传》）

（6）父涣，领夷州刺史，唐季之乱，为邠帅杨崇本所害。时谷尚幼，随母柳氏育崇本家。（元·脱脱等《宋史·陶谷传》）

这一意义的"害"在今天使用也非常普遍，如我们常用的"杀害""谋财害命"等。

"害"除了具有以上两个意思外，还表示"妨碍"，而"妨碍"指对某件事的正常进程造成了伤害，因此，"害"可以由"伤害，损害"引申出"妨碍"义，如：

(7) 不作无益害有益，功乃成。(《书·旅獒》)

(8) 玉不琢，不成器；人不学，不知道。然玉之为物，有不变之常德，虽不琢以为器，而犹不害为玉也。(北宋·欧阳修《笔说·诲学说》)

(9) 刘力诘问之，崔枝梧良久，始吐实曰："君长者，言亦无害。"(清·和邦额《夜谭随录·崔秀才》)

并且，今天方言中也有"害事"一词，表示"妨事，碍事"。

由以上可知，"害"有"伤害，损害""杀害""妨碍"等意思，并且，这三种意思都指对某事或物造成伤害。如例 2 中的"损国害政"中的"害"就指对政治造成伤害，这会不利于国家的治理；"杀害"则是对生命造成了最高级的伤害，使其失去了生命；例 8 中的"犹不害为玉"意为不妨碍玉成器，这里的"不害"就指"不琢"不会对玉成器这一结果造成伤害。此外，"害"还有"妒忌""畏惧"等意思，前者如：西汉司马迁《世纪·屈原传》："上官大夫与之同列，争宠而心害其能。"后者如我们常用的"害怕"等，这些意思也都与"伤害"义有关，"妒忌"是因为对方在某一方面强于自己，这会对自己的名声、名誉或者心理上造成伤害，而"畏惧"也是因为害怕自己被伤害所以才会呈现出"畏惧"这样的状态或心理。因此，通过以上分析，我们可以看出"害"的核心义为"伤害"。而"得病"就是某些东西或活动使生命体的某些部位受到了伤害，使其发生了病变，这与"害"的核心义有相通之处，因此，"害"可以由"伤害，损害"义引申出"得病"义。并且，黄征先生在他的《语辞辑释》一文中也曾对"害"的"得病，患病"义作了解释，对于这一意义的来源，作者在文中如此说："'害'字义在'患'与'伤'之间，由此可知'害'之得病义盖伤害义引申而来。"[①] 而这一意义的"害"其出现时间不会晚于宋代，如：

(10) 叔祖奉使在北方十五年已上，生冷无所不食，全不害。归

---

① 黄征：《语辞辑释》，《古汉语研究》1992 年第 1 期。

来才半年，一切发来遂死。（南宋·朱熹《朱子语类》卷一三八）

（11）如今那老婆子害病，我讨服毒药与他吃了，药死那老婆子，这小妮子好歹做我的老婆。（元·关汉卿《感天动地窦娥冤》第二折）

（12）今害病深沉，看他芳容尽改，幽艳都消，梦里如啼，醒时成醉，好可怜人也。（明·孟称舜《娇红记·泣舟》）

并且，这一用法的"害"在今天使用也非常普遍，如：

（13）害病的日子终于有暇来善待我自己。（王民《要风得风·害病的日子》）

（14）有个害眼病的人听说了，认为这棵李树可能是一颗神树，就拄着拐杖摸索着来到李树下……（吕宁《我不怕，我敏而好学》第三章）

（15）日军飞机扔下的硫磺弹带有细菌，十有八九的群众染上后都害大疮害死了。（张生、吴凤照、费仲兴《南京大屠杀史料集·幸存者调查口述续编·六合区调查》）

以上，我们对辽宁方言中"害"的"得病，患病"义的来源进行了探索，从而知道，"害"的这一意义是在其"伤害"义基础上的引申。对于这一结论，黄征先生曾做过简单阐述，我们认同先生的观点并在这里对其引申的情况进行了更加具体和细致的分析，在分析过程中，我们对"害"的多个义项进行了列举和分析，从而发现"伤害"为"害"的核心义，"害"的多数义项都与此义有关，也由此我们可以确定"害"可以表示"得病，患病"，而这一意义就来源于"伤害"义。

夯［xaŋ⁴⁴］［xaŋ³¹］

"夯"在辽宁方言中表示"用力打"，如：这孩子这么不听话，在那夯他一下子！有此意义的"夯"不仅在辽宁等东北地区使用，而且北京、山东、新疆，甚至江苏、上海等地也都在使用，那么，这一用法的"夯"是如何来的呢？

"夯"有"用力扛，举"等意思，《篇海类编·通用类·大部》：

"夯，捷夯，大用力。又以肩举物。"文献中对"夯"的记载最早见于宋代，如：

（1）诚之恐难说话，盖本是气质有病，又被杜撰扛夯作坏了。（南宋·朱熹《答吕子约书》）

（2）胜神鳌，夯风涛，脊梁上轻负着蓬莱岛。（元·王和卿《拨不断·大鱼》）

（3）自家闺阁中物，不肯放下，反累及他人担夯，无乃大劳乎！（明·净善集《禅林宝训》一）

后又引申指"砸实地基"，清佚名辑《六部成语·工部·夯硪》注："以木筑地曰夯，以石碌压地曰硪。"并且，这一用法在今天也在使用，如：

（4）平基惟土作是任，土作有大小夯硪、灰土、黄土、素土之分。（清·李斗《扬州画舫录·工段营造录》）

（5）岩门石堡，城东北五十里，周围五百六十一丈，堡身出土高一丈。……中心填土夯筑，底海漫石。（清·岩如煜《苗防备览》卷十二）

（6）泥匠刘二哥发言了，他说建房子时那土墙是他带人夯的，他出力最多，那房子应当有他一份。（陈以彬《你在何方》第三章）

"砸实地基"需要非常用力地打，但当打的对象不是地基而是其他东西的时候，"夯"就可以表示"打，用力打"，这时"夯"的使用范围扩大了，并且，这样用法的"夯"在今天的使用也非常广泛，如：

（7）元帅，量他一夯铁之夫，何足道哉！（元·郑光祖《虎牢关三战吕布》第一折）

（8）量这个夯铁之夫小可人，怎做这社稷臣！（古本戏曲丛刊编辑委员会《元刊杂剧三十种·萧何月夜追韩信》第三折）

（9）他敢当面给我信口开河，我非夯他几拐棍不可。（行者《对话别廷芳》第十二章）

（10）不好在光天化日之下的训练场上联手夯他了，就改在宿舍里。（何亮《兵词·1970·玩笑与规矩》）

薅［xau⁴⁴］［xau³¹］

"薅"在辽宁方言中是个使用非常普遍的词语，相当于普通话中的"拔"，但在辽宁方言中，"薅"还表示"揪""抓"等意思，如："他听到这话就火儿了，薅起他的脖领子就打了一拳！""薅"的这些用法不仅活跃于包括辽宁在内的东北地区，在河南、河北甚至四川、江苏等地使用也比较广泛。

"薅"的本义为"除去杂草"，《说文·蓐部》："拔去田草也。从蓐，好省声。"段玉裁注："披田草也。大徐作拔去田草，众经音义作除田草。"又北宋·陈彭年，丘雍《广韵·豪韵》："薅，除田草也。""薅"在很早就已经出现了，并使用广泛，如东汉·班固《汉书·王莽传》："予之南巡，必躬载耨，每县则薅，以劝南伪。"颜师古注曰："耨，锄也。薅，耘去草也。"再如：

（1）稻苗渐长，复须薅。（北魏·贾思勰《齐民要术·水稻》）

（2）粮莠不薅，相臣将臣，文恬武嬉，习熟见闻，以为当然。（唐·韩愈《平淮西碑》）

（3）有劳大哥送我师父，又承大哥替我脸上薅草。（明·吴承恩《西游记》第十四回）

辽宁方言中表示"拔"的"薅"就是对其古义的沿用，并且在今天使用广泛，如：

（4）她用手薅了几把青草，放到嘴里咀嚼着，使嗓子清凉些。（冯德英《苦菜花》第七章）

（5）这秋老虎就是厉害，薅根甜杆吃吃吧。（李佩甫《羊的门》第五章）

（6）今年铲地时，全屯男女都下到地里，铲地薅草。（周立波《暴风骤雨》第二部）

而"揪""抓"则是在"拔"的基础上的引申，三者动作方向是一致的，都是通过用力，尽量使之离开物体表面，这也是"薅"的核心义，而这两种用法在方言中使用的频率也比较高，如：

（7）正在这鸡十分纳闷的时候，上去一把薅住。 （汪曾祺《受戒》）

（8）苏巨光果然又被降服了，用手抓着后脑勺的头发，像要一把全薅下来……（尤凤伟《月亮知道我的心》）

以上，我们对辽宁方言中"薅"的来源作了简单探索，即方言中表示"拔"的"薅"是对其古义的沿用，而另外两种用法在动作上与"拔"相似，因而是在"拔"基础上的引申。

厚 [xəu⁵¹]

"厚"在辽宁（朝阳）方言中除了具有与普通话中相同的意思外，还有"密，稠密"的意思，如：你看，今年枣儿结得多厚啊！"厚"的这一用法不仅在辽宁地区使用，而且在山东、江苏、湖北、福建等地的方言中也有用例，可见，这是个使用非常广泛的方言词语。

"厚"最早指"扁平物体上下两面之间的距离大"，与"薄"相对，《说文·厚部》："厚，山陵之厚也。"如：

（1）谓天盖高，不敢不局；谓地盖厚，不敢不蹐。（《诗·小雅·正月》）

（2）厚唇弇口，出目短耳。（《周礼·考工记·梓人》）

（3）磐石方且厚，可以卒千年。（南朝·徐陵《玉台新咏·古诗为焦仲卿妻作》）

上下两面之间的距离大，意味着量大，而量大就是多、重，因此，"厚"又在此基础上引申出了"多、重"的意思，如：

（4）公厚敛焉，陈氏厚施焉，民归之矣。（《左传·昭公二十六年》）

（5）台城失守，隋晋王以客卿重赋厚敛，以悦于上，与文庆、暨惠景、阳惠朗等，俱斩于石阙前。（唐·李延寿《南史·沈客卿传》）

（6）君子之力不厚，则小人之胆毕张。（明·李应升《乞广收名贤之用以培正气疏》）

（7）是犹牵车者但求厚载，而不顾毂之利转也。（清·唐甄《潜书·权实》）

朝阳方言中"厚"的"密，稠密"义就是在"多"基础上的引申。在有限的范围内，内部所容纳的东西越多，彼此之间的空隙就会越小，而这也就是密，因此，"密，稠密"是"多"义基础上的引申，这种用法的"厚"在今天使用非常普遍，如：

（8）队长富子招呼全体社员都到地里间棉花苗，说当初种得太厚了，现在一窝一窝都招了蚜虫……（魏然森《浮沉》）

（9）大哥家的梨结得太厚了，今年准是个丰收年。（中国民间文学集成全国编辑委员会，中国民间文学集成吉林卷编辑委员会《中国民间故事集成·吉林卷·阴天不下梨 无客不宰鸡》）

（10）留苗太厚，生长拥挤，再不掐底叶，畦里不见日光，不得通风……（华东农业科学研究所编译委员会《华东区农业技术会议资料汇编 第二辑·四年来芋草黑胫病防治工作总结》）

以上，我们对朝阳方言中"厚"的"密，稠密"义的发展过程进行了简单探索，从而知道"厚"的"密，稠密"义来源于其"多"义，有限空间内容纳的东西越多，彼此之间就会越紧密，因而，"厚"也就引申出了"稠密"的意思。

后晌 [xəu⁵¹ ʂaŋ⁰]

"后晌"在辽宁方言中多用来指"晚上"，如：夜来后晌你干啥去了？指"晚上"的"后晌"在其他方言中也比较常用，如天津、北京、山东等地。

众所周知，"晌"有"正午或午时前后"等意思，如：

（1）徽宗敕下，差甄守中做监斩官。是那晌午时分，押往市曹。（宋·佚名《大宋宣和遗事·亨集》）

（2）早辰间放开仓库，晌午里绰扫了花园，末傍晚我又索执料厨房。（元·武汉臣《包待制智赚生金阁》第二折）

（3）几日不到女孩儿房中，午晌去瞧他，只见情思无聊，独眠香阁。（明·汤显祖《牡丹亭》第十一出）

（4）一时，贾母歇晌，大家散去。（清·曹雪芹《红楼梦》第七十三回）

那么"后晌"就指午后，下午，并且，有此意义的"后晌"出现时间不会晚于元代，如：

（5）喂鹰食，海青兔鹘，早晨二两，后晌叁两；鹰并鸦鹘，早晨一两，后晌二两。（元·完颜纳丹等《通制条格》卷第十五）

（6）且说潘金莲从打发西门庆出来，直睡到晌午才扒起来。甫能起来，又懒待梳头，恐怕道后边人说他。月娘请他吃饭，也不吃，只推不好。大后晌才出房门，来到后边。（明·兰陵笑笑生《绣像金瓶梅词话》第五十一回）

"后晌"指午后的时间，所指的时间相对于"晌"不确定性更大，这不利于人们的交流和理解，由于表达的需要，"后晌"会趋向于指代某一个比较固定的时间，而晚上也属于"后晌"时间范围内，并且与"晌"一样，晚上的时间也相对比较确定，因此，慢慢地，"后晌"也会用来特指"晚上"，比较明确地特指晚上的"后晌"见于：

（7）直到后晌，挨了城门进来，支调了几句，也没吃饭，睡了。（清·西周生《醒世姻缘传》第四十回）

（8）昨日后晌姐姐把姐夫撵出去了，关着门。自家睡哩！（清·西周生《醒世姻缘传》第四十五回）

（9）到了后晌，狄希陈也没敢往屋里去睡，在他娘的外间里睡了。（清·西周生《醒世姻缘传》第四十八回）

（10）清晨后晌孝顺你，三般脸上有笑容，怎么心眼全不动。

（清·蒲松龄《聊斋俚曲集·墙头记》）

其实，"后晌"的两个意思在今天方言中使用都比较普遍，如：

（11）在一个风和日暖的后晌，他悄悄地喊上包括支书长命在内的五个人，做地下工作一般地来到了村东的大玉秆垛旁。（郑彦英《村池》）

（12）我陪你在这附近转转，把竹货的事打听一下，你后晌走，晚上住到赤土店，后天中午前就到家了。（周建秋《家父·迎接新生命》）

（13）"怕个啥？"三姨说，"夜来后晌不是见过面了！"（刘章、燕迅《虞美人·青草滩》）

（14）夜来后晌，睡得那么晚，今儿个又起这么早，累坏了身子怎么办？（郭澄清《麦苗返青·嘟嘟奶奶》）

所举例子中，"后晌"在前两例中指"午后"，在后两例中特指"晚上"。

以上，我们对"后晌"的使用情况进行了大致梳理，从而知道，"后晌"用于指"午后，下午"的出现时间不会晚于元代，并且，特指"晚上"的"后晌"在清代就已经被广泛使用，但是"后晌"的"下午"义并没有因为特指"晚上"用法的出现而消失，而是并存使用。不仅在古代，"后晌"的两种用法"午后，下午"或"晚上"在今天很多方言中也有使用，只是由于人们使用习惯的不同，"后晌"在不同方言中的常用义也会不同，如在辽宁地区，"后晌"更常用于指"晚上"，而很少指"下午"，但在陕西、河北等地指"下午"的"后晌"则比较常见。

幠 [xu⁴⁴] [xu³¹]

"幠"在辽宁方言中有四种意思，分别是：（一）覆盖，如："傅之凡《青纱帐里》：'六队真种了十垧旱直播，可倒好，稻苗晚出十来天，刚一松土就让草给幠住了，把队长和社员急得直跳脚……'"① （二）敷，多

---

① 许皓光、张大鸣：《简明东北方言词典》，辽宁人民出版社 1988 年版，第 171 页。

指将捣碎的东西或膏状药敷于伤处，如："看你那脸又肿了，捣点芦荟幠幠吧。"（三）裹，裹紧，多用于东西湿了贴在某物上，如："快把湿衣服脱了，在身上幠着不难受啊？"（四）大量贴近、聚集，多用来形容数量之多，如："他家不出啥事了，幠一屋子人。""幠"的使用范围比较广，但大多限于东北、华北等一些北方地区，并且在每个地区的用法多为以上四种中的一种或几种，相比较之下，这个词在辽宁方言中的用法是比较多的。

"幠"的本义是"覆盖"，并在很早就出现了，东汉·许慎《说文解字·巾部》："幠，覆也。"东汉·刘熙《释名·释宫室》："大屋曰庑，庑，幠也，幠，覆也。"

（1）商祝拂柩，用功布，幠用夷衾。（《仪礼·既夕礼》）

（2）始死，迁尸于床，幠用敛衾。（《礼记·丧大记》）

（3）迁于南牖。正尸也。幠用敛衾。（清·贺长龄《皇朝经世文编·善化贺长龄耦庚辑古人丧服之学·吴卓信》）

（4）耆龄传妇差拭敛，命其共张黄绸襌衿紧贴椁盖，徐徐移置玉体于其上，以黄龙缎褥承之，再以黄龙缎被幠之，然启视犹偃卧如故也。（清·刘禺生《世载堂杂忆·清陵被劫记》）

由此可见，方言中表示"覆盖"的"幠"是沿用了"幠"的本义。而方言中的另外三种用法，我们认为是在其本义基础上的引申。第二种用法"敷"，是将捣碎的东西或膏状药敷于伤处，也就是用药将伤处覆盖住，因而，表示"敷"的"幠"是在"覆盖"基础上的引申。第三种用法"裹，裹紧"，多用于东西湿了贴在某物上，这在某种程度上也是将某种东西盖在某物上，只是"裹"与所盖之物之间接触的紧密程度要甚于"覆盖"，因而也可以看作是"覆盖"的引申。第四种用法表示"大量贴近、聚集"，用来形容多。"幠"表示"覆盖"，我们知道，用来盖的东西不仅可以是"纸，布"等，大量单个个体聚集在一起也可以表示覆盖，常用的如"土""垃圾"等，而用于"大量贴近、聚集"的"幠"就是取"覆盖"的这一用法，即指物体数量多，因此，表示"大量贴近、聚集"的"幠"也可以看作是在"覆盖"基础上的引申。

其实，方言中的"幠"在人们日常生活中使用频率非常高，意义也非常广泛，但是多数只存在于口语中，很少见于书面语，这样的方言词有很多，但因为多存在于口语中而很容易被忽视，也就很难被保存下来，因此，在方言研究中要重视口语的研究和利用。

黄表 ［xuaŋ²⁴piau²¹³］

"黄表"一词在辽宁方言和普通话中表意、读音相同，都为"祭祀用的黄色的纸"，普通话中又称"黄表纸"，如："这点儿黄表别到处扔，到用的时候又找不着了。"那么，专用于祭祀的纸为什么是"黄色"，并且又称为"表"呢？

纸的使用在很早就出现了，只是最初的时候纸多为本色的麻纸，并且这种纸容易生蠹，不易保存，因而后来就用黄檗汁将纸染黄，染黄的纸不仅能有效防止生蠹，延长保存时间，而且颜色明黄，较之其本色更显庄重，因而得到了广泛喜爱，这种纸也被称为"黄纸"，自此，黄纸产生①。只是，黄纸虽好用，但并非像麻纸那样能得到广泛使用。据记载，东晋桓玄下令废竹简，用黄纸取而代之，后来唐高宗也下令要使用这种黄纸，如：

（1）唐日历正观十年十月，诏始用黄麻纸写诏敕。又曰：上元三年闰三月戊子敕："制敕施行，既为永式，比用白纸，多有虫蠹，自今已后，尚书省颁下诸司、及州下县，宜并用黄纸。"（南宋·宋敏求《春明退朝录》）

也正由于这种纸多为皇帝或官府使用，所以平民不敢私藏、私用，也因此，黄纸的地位就提升了，书写的内容一般比较重要。如：

（2）或曰："古人何须用黄纸？"曰："檗染之可用辟蟫。今台家诏敕用黄，故私家避不敢用。"（宋·宋祁《宋景文公笔记》）

（3）嘉祐中，置编校官八员，杂雠四馆书，给吏百人，悉以黄纸为大册写之，自是私家不敢辄藏。（宋·沈括《梦溪笔谈》卷一）

---

① 洪丕谟：《洪丕谟说文房四宝》，安徽美术出版社 2010 年版，第 112 页。

后来，这种纸也多用于写经，近年来于敦煌石室中发现的经书就是用的这种黄纸，这一方面是由于黄纸容易保存，另一方面也体现了人们对经文的重视与崇敬。

对于"表"，众所周知，这是古代文体奏章的一种，多用于陈请谢贺，《释名·释书契》："下言上曰表，思之于内表施于外也。"此外，道教中也有一种文书被称作"表"，因为在信徒心里，人的始祖是神，因而会无比敬重，信徒与始祖的关系就如同人臣与天子，因此向始祖陈请的内容也叫"表"，并且当时用来书写表的纸就为黄纸，所以又称"黄表"，这充分反映人们的迷信心理。如广西壮族自治区有一种"求雨黄表"，内容为：

> 奉行太上老君门下，封敕注管雷霆，诸司州县，为任师道二教，初戒弟子事臣李法林上政为号。百拜上奏九天，如伏开神通广大，声德万里之城。奉道得到天边，有积青云雾，遮得人民安乐，迪望雨水降落，木棉五谷丰登大熟。农夫凡民，切切愁心，性命难当，十分无靠，农民投词檄奏。①

并且，在香港曾有以烧黄纸发毒誓这样的迷信形式，过程大致是这样的：

> 仪式开始，双方跪在神案前，面对神像，点燃香烛，顶礼膜拜。然后，双方各执一张黄纸，高声吟诵誓言，多为"清心直说，并无虚言""若有戏言，不得好死，断子绝孙"之类。接着，庙内执事取出早已准备好的菜刀、砧板和雄鸡一只，一刀斩下鸡头，让鸡血洒在写有毒誓的黄纸上，再将黄纸焚烧，方为了结。②

后来法庭在处理一些案件时也会利用民众的这种迷信心理，也有成功断案的案例。

由此可见，最初有着迷信色彩的"黄表"是人们在黄色的纸上写一

---

① 广西壮族自治区编辑组、《中国少数民族社会历史调查资料丛刊》修订编辑委员会编：《广西瑶族社会历史调查（九）》，民族出版社2009年版，第443页。

② 王志艳：《错失的文明：走进港澳台文明》，黑龙江人民出版社2006年版，第53页。

些内容，以祈求神灵帮助，"黄"指黄色的纸，而"表"就指书写的内容。而如今的"黄表"相对于这时的"黄表"其使用范围扩大了，在使用对象上指所有人们看不见但相信存在的东西，包括逝去之人的灵魂，并且，人们为了方便，黄表纸上就不再写有东西，而是换用说，即边烧纸边低声诉说或在心里默念，但也有一些特殊情况是需要写出来的，如所谓"画符"或"发誓"的时候，如：

（4）刘大人闻听丑妇之言，话内有因，说："娘子，既然如此，快去买黄表纸一张、新笔一管、磷砂二两、白芨一块，我画几道灵符，将冤魂赶去，病人即刻身安。"（清·不题撰人《刘墉传奇》第二十一回）

（5）揭去盖儿，大家仔细一看，只见装着许多黄表纸条儿，上面画着朱砂篆字，形如蝌蚪。（清·秦子忱《续红楼梦》第十八回）

也因为如此，"表"的意义虚化了，如今人们所说的"黄表"就等同于黄表纸了。

综上所述，祭祀用黄色的纸体现了迷信之人对神灵的敬重，而"表"来源于古代的文书，用于祭祀也体现了神明在信奉者心中的地位，只是随着"黄表"使用范围的扩大，"表"的意义逐渐虚化，以致"黄表"不仅指祈求神明庇佑的文书，还指用于祭祀活动的黄纸。

祸害 [xuɣ⁵¹xai⁰]

"祸害"一词在辽宁（朝阳）方言中有两个意思，分别是：（一）损害，损坏，如：玩具好好玩儿，别祸害。也指通过某种手段使对方的利益受到损害，如：这个人太坏，你日子过得稍微比他好一点，他就开始祸害你。（二）浪费，如：蛋糕吃不了别祸害，留着饿了再吃。"祸害"也常说成"祸祸"，二者在朝阳方言中表意相同。"祸害"的这些用法除在辽宁地区外，还存在于山东等地的方言中，并且在山东方言中，还有"罪人"等用法。

"祸"有"灾害，灾殃"义，泛指一切有害之事，如：《礼记·表记》："君子慎以避祸。"西汉司马迁《史记·孔子世家》："闻君子祸至不惧，福至不喜。""害"也有"祸患，灾害"义，如：《左传·隐公元年》："都城过百雉，国之害也。"唐韩愈《原道》："古之时，人之害多矣。"由此可见，"祸害"为同义词连用。并且，"祸害"在很早就有"灾难；祸殃"义，如：

（1）思虑熟则得事理，行端直则无祸害，无祸害则尽天年，得事理则必成功……（东周·韩非《韩非子·解老》）

（2）祸害深大，罪衅日滋。（南朝·范晔《后汉书·桓帝纪》）

（3）实以畏惧危亡，恐招祸害，损躯非义，身名两灭故耳。（唐·姚思廉《梁书·侯景传》）

（4）自古道"贫极无君子"，倘日后郑郎生情构讼，找价出于买主，使小人获利而祸害贻及尊府，二不利也。（明·清溪道人《媚史》第十三回）

后引申指"损害，摧残"，这一意义出现的时间较晚，但不会晚于清代，如：

（5）将他的家产查明，被他祸害的人家分别予以恤赐，也是你一桩功德。（清·无垢道人《八仙得道》第二十三回）

（6）纵然不至马上杀身，最少也该得个残废之刑，免得他们再祸害别人。（清·无垢道人《八仙得道》第九十回）

（7）申应铸道："为弟喂鸟，并非祸害他，他怎么骂人呢?"（清·佚名《金钟传》第三十五回）

《汉语大词典》中"祸害"词条的"损害，摧残"义引证稍晚，从以上分析可知，有着"损害，摧残"义的"祸害"在清代就已经出现，而《汉语大词典》中的例子出自现当代时期的文学作品，因此，本词条在探讨"祸害"一词的发展过程之余，还希望能为辞典的修订和补充提供参考。

通过以上分析可知，方言中"祸害"的第一种用法就是对"损害，摧残"义的沿用，并且在今天使用也比较广泛，如：

（8）把他抓进去，用不了多长时间，就又放出来，继续祸害人。

（庞洪成《人品·还你一只手》）

（9）我也明白告诉你们，那祸害人的家伙要给我瞧见，甭你们来找我，我找你们去！（冯骥才《市井人物·苏七块》）

（10）一想到日本鬼子和王竹他们来了一定要祸害人，她马上又可怜这个守在家里等死的老人……（冯德英《苦菜花》第四章）

而方言中"祸害"的第二个意思，即"浪费"，则是在"损害，摧残"基础上的引申。因为，所谓"浪费"就是对仍旧有价值的东西使用不当或者没有节制，这就使这些东西所具有的价值得不到很好的利用，甚至根本不能得到体现，这对于价值来说就是一种损害和摧残，因此，"祸害"的"浪费"义可以看作是由于使用对象不同而造成的引申，这一用法在今天方言中使用也比较广泛，如：

（11）"唉呀妈呀，真能祸害水？一舀子水都够我做顿饭了。"奶奶心疼地说。　（李靖国、孙志英《大兴安岭的女人们·幼稚的潇洒》）

（12）一连几天，盆茬里总有一些白米饭，婆婆开始大喊起来："这几天盆茬里面咋总有白米饭呢？你这个败家的东西。"说着拿着烧火棍向善娘打去。一边打，一边骂着："看你还祸害粮食不，打死你！"（白庚胜总主编，李春彦、高志明本卷主编《中国民间故事全书·吉林·铁东卷·小孤山》）

（13）小盼儿在代替保管时，见白大褂子大手大脚地祸害粮食就藏个心眼儿，偷偷地留点后手，防备以后大家挨饿时好贴补贴补的。（老屯《荒》第八十八章）

此外，方言中，在未经人的允许下，除了人之外的其他生物食用了还未收获或已经收获的可食用的食物也被称为"祸害"。因为，在人们看来，食物的首要任务就是维持人的生存，这是第一位的，此外才是维持其他生物的生存，因此其他生物所食用的食物除了专属粮食，如猫粮、狗粮等外，大多都是人们都不爱吃的，或者人吃剩下的、多余的部分，也正因为如此，除了人们不爱吃、剩下或多余部分之外的食物，如果被其他生物吃了就降低了这些食物的价值，就会被认为是浪费，所以会称其为"祸

害", 如:

(14) 抹一遍泥不行, 得抹好几遍, 为的是结实, 不让耗子、山狸子等野物钻进去祸害粮食。(北山渔者《呆人·再回蟠龙沟》)

(15) 张大婶心里琢磨: 费力跑腿是小事, 万一叫猪祸害了粮食, 多叫人心疼啊! (王兆田《老哨兵》)

(16) 大跃进那年, 麻雀被列入了"四害"之首, 全国上上下下跟麻雀玩过命, 没多长的工夫就有上亿的麻雀遭了殃, 说是为了不让它祸害粮食。(袁一强《结婚可要挑日子》)

以上, 我们对朝阳方言中"祸害"的两种用法的来源及发展脉络进行了整理, 即"祸害"一词为同义词连用, 方言中表示"损害, 损坏"和"通过某种手段使对方的利益受到损害"义的"祸害"是对其古义"损害, 摧残"的沿用, 而用于"浪费"的"祸害"则是在"损害, 摧残"基础上的引申。

J

妗 [tɕin⁵¹]

"妗"在辽宁方言中指母亲兄弟的妻子, 即"舅母", 在使用时常与"子"组成"妗子", 如: "你大妗子小时候可疼你了, 你忘啦?""妗"表"舅母"在很多方言中都使用, 除辽宁方言外, 山西、河南、河北以及浙江、广东、福建等地区的一些方言中也存在, 并且使用频率非常高。但是, 就"妗子"而言, 在不同方言中其所指可能存在差异, 如山东寿光、陕西西安等地的"妗子"与辽宁方言相同, 都指"舅母", 在南方的福建厦门有"妗仔", 则表示"妻兄、妻弟之妻"①, 也因此生活在厦门的陈元胜先生认为"妗"不同于"妗子", "妗"指"舅母", 而"妗子(妗仔)"指"妻兄、妻弟之妻", 同时, 他还建议《辞海》中应对"妗

---

① 许宝华、宫田一郎主编:《汉语方言大词典》, 中华书局 1999 年版, 第 3013 页。

子"词条进行相应补充①。但无论怎样，在辽宁以及以上列举的诸多地区的方言中，"妗"与"妗子"表意是相同的，都为"舅母"，"妗子"中的"子"只是一个词缀，没有实际意义。那么，"妗"是在何时出现，其发展过程是怎样的呢？

"妗"最早见于宋代文献中，表示"舅母"，北宋·宋祁、郑戬《集韵·沁韵》："妗，俗谓舅母曰妗。"北宋·张耒《明道杂志》："经传中无婶与妗字，婶乃世母二字之合呼，妗乃舅母二字之合呼也。"明·万明英《三命通会·论六亲》："癸水则是舅之妻为妗也。"清·章炳麟《新方言·释亲属》："幽侵对转，舅妗双声。故山东谓舅妻为妗。"可见，"妗"最晚在宋代时就已作为"舅母"来使用了，并且使用频率很高，如：

（1）二嫂往视之，笑曰："姑夫恰在此，闻妗妗至，去矣。"（宋·洪迈《夷坚丙志·张五姑》）

（2）还有哩，不知甚么亲戚，七大姑八大姨，亲娘六妗子，合他那两个相好儿的……（明·冯梦龙《明清民歌时调集·白雪遗音·银钮丝》）

（3）儿少受舅妗抚育，尚无寸报，不图先葬沟渎，殊为恨恨。（清·蒲松龄《聊斋志异·公孙九娘》）

（4）因他大妗子有信来，替他大舅出殡。（清·丁耀亢《金屋梦》第三回）

并且，从例4可以知道，近代时期的"妗子"也指"舅母"，因此，"妗"与"妗子"表意相同，这与方言中的用法一致，也由此可见，辽宁方言中"妗"或"妗子"的用法是对其古义的延续，并且其意义基本没有发生改变，这一用法的"妗"在今天使用也比较普遍，如：

（5）我的妗母说平凡太平凡了，平凡得一如草芥，随处可寻。（张旭东《幻象人生·我的妗母》）

（6）在海峡两岸的寻亲热中，舅舅的信也终于辗转传递到了老家妗子手上。（魏世祥《舅舅和他的两个妻子》）

---

① 陈元胜：《也释"妗"》，《辞书研究》1983 年第 4 期。

（7）他咋唬，爱摆谱，爱显能耐，一进了史屯的街就是妗子、大娘地打招呼。（严歌苓《第九个寡妇》第一章）

经营 [tɕiŋ⁴⁴øiŋ⁰] [tɕiŋ³¹øiŋ⁰]

"经营"在普通话中有两个义项，分别是"筹划、组织并管理"和"指商业、服务业出售某类商品或提供某方面的服务"[1]，多用于商业或服务业等。与普通话不同的是，辽宁方言中的"经营"除了这两个意思外还表示"看管、照顾"，多读为轻声，如："一天天就知道玩儿，啥也不经营。"这一用法在地域上分布比较广，包括黑龙江哈尔滨、辽宁、山西、新疆、四川等地，只是在不同地区，由于读音的差异，出现了多种记写方式，如"经由""经佑""经优"等，实际上，其本字都是"经营"。那么"经营"在方言中的意思是如何得来的呢？以下我们对其发展脉络进行简要整理。

"经"和"营"在最早时是作为两个词来使用的，后来同义词连用合为一个复音词。

"经"本义为"织布机上的纵线"，东汉·许慎《说文解字·糸部》："经，织也。从糸巠声。"段注："织之从丝谓之经。必先有经而后有纬，是故三纲五常六艺谓之天地之常经。"根据段玉裁先生的说法，"经"在其本义的基础上又引申为"常道"，即指常行的义理、准则、法制，南朝·顾野王《玉篇·糸部》："经，义也。"如：《管子·侈靡》："轻国位者国必败，疏贵戚者谋将泄，毋仕异国之人，是为失经。"南宋·沈约《宋书·袁顗》："顗答曰：'都下两宅未成，亦应经理，不可损彻。'"由此，"经"又引申为"治理，管理"，如：《周礼·天官·大宰》："一曰治典，以经邦国，以治官府，以纪万民。"唐·李延寿《北史·韩麒麟传》："古先哲王，经国立政，积储九稔，谓之太平。"在今天也有"经"单独表示"治理，管理"的用例，如"经世之才"等。

"营"，东汉·许慎《说文解字·宫部》："市居也。从宫，荧省声。"清·段玉裁《说文解字注·宫部》："营，帀居也，帀各本作市。帀居谓

---

① 中国社会科学院语言研究所词典编辑室编：《现代汉语词典》，商务印书馆 2013 年第 6 版，第 683 页。

围绕而居，如市营曰阛，军垒曰营皆是也。诸葛孔明表云：营中之事。谓军垒也。引申之谓经营，营制。凡有所规度皆谓之营。"因此，"营"的本义为"环土而居"，这相对于房屋、宫室之类居住的地方显得比较简陋，建造起来也更容易，因而，又引申为"军垒，军营"，如：西周·吕望《六韬·犬韬·分合》："大将设营而阵，立表辕门，清道而待。"东周·尉缭《尉缭子·将令》："将军入营，即闭门清道，有敢行者诛，有敢高言者诛，有敢不从令者诛。"又根据《段注》的说法，"营"在"军垒，军营"的基础上又引申为"经营，管理"，如：东周·左丘明《左传·襄公十四年》："卫君其必归乎！有大叔仪以守，有母弟鱄以出。或抚其内，或营其外，能无归乎！"

以上对"经"和"营"的发展脉络进行了简单梳理，二者都有"管理"的意思，因而，二者合在一起就会有"治理，管理"的意思，如：

（1）经营一国，亡不悉遍。（《列子·汤问》）
（2）高祖定鼎河洛，为永永之基，经营制度，至世宗乃毕。（唐·李百药《北齐书·神武本纪》）
（3）晋王方经营河北，欲结契丹为援，常以叔父事太祖，以叔母事后。（南宋·叶隆礼《契丹国志·太祖述律皇后传》）

辽宁方言中表示"看管，照顾"的"经营"就是"治理，管理"在不同语用环境下的引申。表示"治理，管理"的"经营"其使用对象多为领导者，所管理对象的规模也比较大，但是，"经营"的使用对象一旦为普通个人，并且"管理"的对象也为普通的人或物的时候，"治理，管理"就不适合这样的语境了，相应地就会有了"看管，照顾"的意思，并且，表示"看管，照顾"的"经营"在如今使用也非常普遍，如：

（4）人老心不老，老牛想吃嫩草，嫩草没有吃成，还要老娘我来经佑你的断腰杆断手杆……（王逸虹、王彩练《通远门》第二章）
（5）孩子们刚学着经营牲口，啥时候当喂，啥时候当饮，还拿不准。（承德地区话剧团体《青松岭》）
（6）那是叫咱好好给队里经营牲口，不是……（陈忠实《心事重重》）

鬏 [tɕiəu⁴⁴] [tɕiəu³¹]

"鬏"在辽宁方言中有两种用法，分别是：（一）头发盘成的结，发髻，如："看那小丫头扎那俩鬏儿还挺好看的。"（二）物体或皮肤表面凸起的小长疙瘩，如："你脖子上什么时候长个鬏儿？"那么，这样用法的"鬏"是怎么来的呢？下面我们简要梳理其发展脉络。

"鬏"最早时常与"髻"连用组成"鬏髻"，是一种发型，为了看起来更美观，有时候也用假发。就所能查阅到的文献来看，"鬏髻"一词最早出现于元代，如：

（1）梳着个霜雪般白鬏髻，怎将这云霞般锦帕兜？（元·关汉卿《感天动地窦娥冤·后庭花》）

（2）火不登红了面皮，没揣的便揪住鬏髻，我打他有甚么事？（元·高茂卿《翠红向儿女两团圆·那吒令》）

这种"鬏髻"在形状上多为圆锥形或冠形，非常简洁，这与当时的社会风气有关。自宋以来，理学逐渐兴盛，受"存天理，灭人欲"这一主张的影响，当时社会的妇女多以简洁大方为美，反映发型上就是更多梳或戴上锥形或冠形的发髻，而到了明朝时期，"鬏髻"真正作为一种发饰流行开来，相当于假发，并且女子出嫁都要戴这种"鬏髻"，后来"鬏髻"已成为已婚妇女的一种标志，① 与此同时，那些用真发草草绾成不加装饰的髻就被称为"鬏"了，如：

（3）只见四个小猴儿蜂拥而来，拿衫儿的递了衫儿，拿罗裙的递了罗裙，拿鬏髻的递了鬏髻，拿钗环的递了钗环，一会儿撮撮弄弄，恰好是一个妇人。（明·罗懋登《三宝太监西洋记》第二十回）

（4）复身到城里，寻了原媒张箆娘，是会箆头绞脸、卖鬏髻花粉的一个老娘婆。（明·梦觉道人《三刻拍案惊奇》第二十五回）

（5）金钗拿在手，牙梳桌上丢，绕上一个鬏儿且去风流，回来再梳头……（明·冯梦龙《明清民歌时调集·白雪遗音·剪靛花》）

---

① 刘晓萍：《明代鬏髻的类造与美趣》，《史论空间》2013年第7期。

（6）你且别走，忙乱乱顾不的梳头，青丝儿挽个鬏，罗衫儿不扣钮……（明·冯梦龙《明清民歌时调集·白雪遗音·岭儿调》）

通过以上例子就可以看出，"鬏髻"为假发，如例4、例5，而用真发草草绾起来的髻就被称为"鬏"了，如例6、例7，到了清朝时期，二者的这种区别仍然存在，如：

（7）自把软鬏髻戴在头上，却去娶妾，无不葬送杀无罪的良人、有情的女子。（清·不题撰人《隔帘花影》第三十二回）

（8）将鸟笼在茶台上一放，脱下长衣，把辫子打了个鬏儿，摆个小五手架子……（清·旅生《痴人说梦记》第五回）

可见，如今表示"头发盘成的结，发髻"的"鬏"是源自"鬏髻"，只是到了现在，"鬏髻"已经很少被使用了，常用的是"鬏"。并且在方言中，"鬏"并不专指头发盘起来的结或者髻，也指那些简单扎起来的比较短的头发，如：

（9）早晨的黄灿灿的太阳，透过院子东边一排柳树的茂盛的枝叶，照着她微微有些蓬乱的黑黑的疙疸鬏儿上的银首饰，闪闪地发亮。（周立波《暴风骤雨》第十一章）

（10）原来她们多数留的是两个小鬏鬏，用猴皮筋扎着，一晃脑袋，像两把刷子在肩膀上摩挲着。（徐怀中《西线轶事》第二章）

（11）紫红的轧花裙，雪白的府绸短袖衫，乳色的皮凉鞋，两只小鬏鬏辫，苹果似的圆脸盘上托着深深的两个酒窝。（窦立成《梦魂》第十八章）

例10中的"鬏"即为髻，例11、例12中的"鬏"就指简单扎起来的较短的马尾了。

而方言中"鬏"的另一种用法：物体或皮肤表面凸起的小长疙瘩，我们认为是在"头发盘成的结，发髻"基础上的引申，取其凸起义。方言中的"疙瘩"在形状上比较长，要高于正常的包，常见的如人体表面长出来的类似于瘊子之类的疙瘩在方言中被称作鬏，再如制作暖水瓶时，为抽出夹层中的空气而在底部留下的类似于尾巴的东西也可以被称作鬏，而这些鬏与表示"发髻"的"鬏"类似，都是高于物体表面，都比较圆滑。因而，"鬏"由"头发盘成的结，发髻"引申为"物体或皮肤表面凸起的小长疙瘩"在词汇发展的角度来讲是词义的扩大，符合汉语词汇的发展规律，并且这一用法的使用频率也比较高，如：

（12）肥肥的裤子扎着裹腿，大襟的褂子带着盘扣，黑大绒的帽子前边还有个圆鬏鬏。（黄宏《从头说起·童年》）

（13）可是，梁小春却说他是属羊肚儿（羊胃）的，表面上光光溜溜，一翻开，满是兜兜儿肚肚儿加鬏鬏儿。（王梓夫《蜜月日记·班门子弟》）

蹶抖 ［tɕɥɛ²¹³təu⁰］

在辽宁（大连）方言中，"蹶抖"是指晃悠，颤悠的样子。如：这风也太大了吧，把他刮的直蹶抖。《白清桂民间歌谣集·玲珑塔》："有个老头来洗脸，胡子刮得光净净，瘌子刮得直蹶抖。"

《说文·足部》："蹶，僵也。"《广韵·月韵》："蹶，失脚也。"本义为僵扑、跌倒。《孟子·公孙丑上》："今夫蹶者、趋者，是气也，而反动其心。"朱熹集注："如人颠蹶趋走，则气专在是而反动其心焉。"

（1）善凿者建周而不疲，善基者致高而不蹶。（汉·桓宽《盐铁论·非鞅》）

（2）唐时杜彦林为朝官，一日马惊蹶倒，踏镫既深，抽脚不出，为马拖行，一步一踏，以至于卒。（宋·孙光宪《北梦琐言》卷十）

《玉篇·手部》："抖，抖擞，起物也。"《广韵·厚韵》："抖，抖擞，举貌。"其本义为抖动。

（3）抖擞胸中三斗尘，强欲哦吟无好语。（唐王炎《夜半闻雨》）

由此可知，"蹶抖"为同义复合词，意思为晃悠、抖动。有时"蹶抖"的"蹶"又写作"撅"，二字为异体字。

（4）有老汉闻此言胡子直撅抖，叫一声儿媳妇别跟我耍猴。因为娶你拉下债，他出外，你别留，别叫在家趴炕头，叫他走就快点走你别瞎豁搂。《宽甸县资料本（民间故事歌谣谚语）》[①]

（5）晚上，爷爷回来了，小思考赶忙拉着爷爷去看他做的猫。爷爷乐得小胡子紧撅抖。[②]

上述"蹶抖"形容胡子抖动。下面指身体抖动：

（6）州官吓得团团乱转，他的妻妾也吓得花容失色，惊慌失措。州官稳不住势了，他决定徒步起身，妻妾赶忙帮他更衣戴帽，忙着一团，乱成一堆。冠袍带履颠三倒四，帽子戴歪了，朝服穿倒了。没等轿到马来，州官就蹶抖起来了，尾后紧紧追上两个随从。蹶抖的蹶抖，颠跶的颠跶，没命地扑奔翰林府。[③]

在方言中，"蹶"还可以作名词，与其搭配还有个较有特色的词语，即"尥蹶子"，指马等牲畜用后腿向后踢这一动作。如：《白清桂民间歌谣集·小看戏》："出来个猪八戒，醋脸如猪肝，没带那个钉耙动了粗扁担，吓得骡马尥蹶往回窜。"

"蹶抖"又可叫"倔嗒"（《简明东北方言词典》），有两个意思，一是身子猛然一动，也作"蹶跶"：

（7）我正骑着马往回跑，过横道时过来一辆汽车，一拉笛，马一蹶跶把我甩下来啦。（任茫《不是同路人》，载《黑龙家文艺》1966，17）

---

① 宽甸县民间文学集成编委会编：《宽甸县资料本（民间故事歌谣谚语）》，辽宁省宽甸县 1986 年版，第 341 页。

② 高长远：《协奏方阵 高长远文学作品选集》，吉林摄影出版社 2007 年版，第 42 页。

③ 王成稳、陈正昕、张秀云编：《中国民间文学集成 辽宁分卷 辽阳市白塔区资料本》，梨树县十家堡印刷厂 1986 年版，第 102 页。

另一个意思是：形容走路急促而不稳的样子。

（8）他生怕有人听了去，借着半明半暗的月亮，四下看了看，就倔嗒地走回家去了。（路明《摇钱树》，在《辽宁文艺》1955，6）

从构词形式看，"嗒"是后缀，是东北方言中常见的动词后缀。据聂志平研究，能进入"～嗒"前的动词有甩、踢、颠、拐、点、杵、踩、蹬、捶、掂、㧟、蹽等。①

K

㧟哧 ［kha⁴⁴tʂʰə⁰］［kha³¹tʂʰə⁰］

"㧟哧"在辽宁方言中有三个意思，分别是：（一）打磨，刮削，也指清除物体表层或表层附着物的动作过程。如："你给他㧟哧㧟哧铅笔。"或"你得先把铁板上的漆给㧟哧掉。"（二）搜刮。如：这孩子又回来㧟哧他妈来了。（三）比喻撤掉职务、整治。如：你看给他美的，不就是当个小官儿吗，总有一天给㧟哧下来。"㧟"在今天使用时不能单用，最常见的是与词缀"哧"连用，"哧"是一个非常常见的动词后缀，没有实际意义，除"㧟哧"外，再如"剜哧""抠哧""刮哧""扒哧""撕哧"等，词根加上"哧"后都表示比较细小的动作②，但是词缀"哧"多出现在东北、北京的方言中，也正是由于这个原因，"㧟哧"在东北、华北地区的方言中更活跃，相比较之下，词根"㧟"的使用范围会更广一些，除以上地区外，还存在于福建等地。

"㧟"，《说文·收部》："㧟，刮也。"段玉裁注："㧟，刉也。此与'㧞'音义略同。"《说文·手部》："㧞，刮也。"可见，"㧟"的本义为"刮"，这与方言中的第一个意思相同，因此，方言中表示"打磨，刮削"的"㧟"是自古遗留下来的词语，但是在古代文献中，用于"刮"的"㧟"很少见，《汉语大词典》在这一词条下也只列举了一例，并且时间

---

① 聂志平：《黑龙江方言词汇研究》，吉林人民出版社2005年版，第30页。
② 周一民：《北京方言动词的常用后缀》，《方言》1991年第4期。

较晚，如：

　　（1）六籍坐泥蟠，铿响谁与撠。（清·黄景仁《赠程厚孙时为厚孙作书与汪容甫定交》）

但是，这一意义的"撠"在今天方言中使用比较普遍，如：

　　（2）宋国纲把烟锅里的灰渣撠哧去。（王正寅《山上的榨树》）

在福建漳平话中也有"撠"，表示"用刀在骨头上刮肉"。而方言中"撠"的"搜刮"义就是在"刮"基础上的引申。"刮"指刮削，去掉，并带有"硬生生"的意味，而"搜刮"就是在最大程度上将某人的财物掠夺走，二者在意义上有相通之处，因而，"撠"又会在"刮"的基础上引申出"搜刮"义。并且，"刮"本身就有"搜刮，勒索，榨取"义，如：

　　（3）乱纷纷万户黎民争避难，哭啼啼两宫帝主泪如麻，刮尽了金银粪土，珠玉尘沙。（清·李玉《牛头山》第三出）
　　（4）本有祖宗传下来的一千亩良田，又在富阳的任上刮了一些。（王家域《世家》）

"撠"与"刮"在意义上的相关性也促使"撠"演化出了"搜刮"义，这一意义在今天的方言中也有用例，如：

　　（5）老头儿老婆儿都是贱骨肉儿，等把他们都撠哧干净了，咱们再单过去。（王鸣录《新婚之喜》）

而无论是"刮"还是"搜刮"，在意义上都是使某物脱离其原来所附着或从属的地方，"撤掉职务、整治"就是使某人脱离某职位，因此，这也可以被称作"撠哧"，如：

　　（6）他妈的……等有一天统统都给我撠哧掉。（刘思鹏等《市委

书记》）

但是"攈哧"的以上用法更常见于方言口语中，"攈"在书面语中也是非常少见，在可查阅范围内只有几例，但是这至少证明"攈"是存在的，并且"攈"的"刮"义古已有之。那么，为什么"攈"在古文献中的用例如此之少呢？我们推测，"攈"在古代就是作为某一地区的方言而存在的，这样，"攈"的使用范围在地域上就比较狭窄，使用人群也相对有限，加之在古代，方言俗语和口语在相当长的一段时间内被人们看作村言野语，难登大雅之堂，这就大大减少了其在文学作品中出现的可能性，但是方言俗语往往具有更强的表现力，更容易被人们所记住和使用，因而往往具有很强的生命力，这也是"攈"虽然在古代典籍中极少出现，但在今天的方言中仍旧很活跃的主要原因。

以上，我们对辽宁方言中表"打磨，刮削""搜刮"以及"撤职，整治"的"攈哧"的来源以及发展过程进行了探讨，其中，"哧"是东北地区方言中非常常见的动词后缀，"攈"是词语意思的主要承担者，因此，本书主要探讨的是"攈"发展过程。在梳理过程中我们知道，"攈"最早就指"刮"，方言中的第一个意思就是对其古义的沿用，而后两个用法则是在"刮"义基础上的引申。但是"攈"在古代文献中比较少见，由此我们推测"攈"可能是一个古方言词，由于其使用人群的有限性和当时人们对方言俗语的偏见最终导致了"攈"鲜见于古代典籍中。

糠［khaŋ⁴⁴］［khaŋ³¹］

"糠"在辽宁方言中除了具有与普通话相同的用法外，还常用来形容人"窝囊，无能"，但多用于否定，如："他这个人不糠。""糠"的这一用法在整个东北地区都比较常见，那么，这样的用法是如何来的呢？

"糠"最早指"稻、麦、谷子等籽实上脱下的皮或壳"，南朝顾野王《玉篇·米部》："穅，俗穅字。"北宋司马光《类篇·米部》："穅，谷皮也。"北宋陈彭年，丘雍《广韵·唐韵》："穅，谷皮。"如：

（1）大粒无芒，抟米而薄糠，舂之易而食之香。（战国·吕不韦《吕氏春秋·审时》）

（2）虽执谦抱，秕糠神器，便是违上玄之意，坠先帝之基。（唐·李百药《北齐书·王昕传》）

（3）吃带糠糙米粥，啜无盐淡菜羹。（南宋·周密《癸辛杂识续集下·李性学》）

因"糠"是稻、麦、谷子等籽实上脱下的皮或壳，所以，"糠"的内部是空的，只有一层皮，因而"糠"又在"空"这一意义基础上引申为形容某些东西"质地空疏而不坚实"，这样的"糠"多是由于失去水分而造成，并多用于现代汉语中，如：

（4）糠心的萝卜是无法食用的，乡民只好将其当柴烧掉。（李国照《月落闲阁·杏苑篇·糠心》）

（5）萝卜糠心是由于水分失调，使肉质的心部细胞缺乏水分，呈现干糠而造成的。（高晓珍《天天有口福　居家新生活指南·问道饮食》）

（6）现在有不少干部党员像糠心萝卜一样，里外不一，外红里糠……（戴志明《一个老兵的敬礼·1986年随想记》）

这样的"糠"的使用对象除以上用例中的"萝卜"外，还可以用于梨、苹果等。方言中用来形容人"窝囊，无能"的"糠"也是在其"空"的基础上引申而来。而无论是谷糠还是变糠的萝卜都是不饱满的，用处也都不大了。对于人来说，他具有的能力越多、越好，他才会变强大，人所具有的能力是支撑其立足的最基本的东西，人没有了能力或能力低也就如谷子失去了米或萝卜失去了水分，也就变得没那么饱满了，也就是窝囊和无能的了，因而，"糠"又可以用来形容人"窝囊，无能"，这样的用法在东北地区的口语中使用非常普遍，也见于书面语，如：

（7）他也不糠，讲黑龙江，讲大马蛤鱼，讲辽阔无边的大草甸。（郑九蝉《遥远世界的老汉》，转引自《简明东北方言词典》）

（8）他攻击燕国，占领其首都蓟。李信也不糠，曾经以几千人马追击燕国部队，还俘获了当年派荆轲刺杀秦始皇的主谋燕太子丹。

（庞壮国《划痕》，中国文史出版社 2017 年版）

（9）他冲着若飞同志一抱腕：“哎，黄先生，久仰久仰。说起来你在堂上是个硬汉，可是我在堂上也不糠；非刑拷问我不招供，一连串儿八次滚热堂。”（李润杰《熔炉炼金钢》）①

综之，“糠”最早是指“稻、麦、谷子等子实上脱下的皮或壳”的，而无论是普通话中常用的，如“萝卜糠了”中的“糠”，还是辽宁方言中形容人无能的“糠”，都是在“糠”所具有的“空”这一特点基础上的引申，并且，方言中的“糠”在东北地区和天津等地使用都非常普遍，上述例证例（8）作者是庞壮国是齐齐哈尔人，例（9）李润杰是天津人，著名曲艺作家。

空［khuŋ⁵¹］

“空”在辽宁方言中除具有与普通话中相同的意思外，还指“使东西里的水慢慢流出；倒净”，如：你把杯子里的水空空再放包里，不然漏一书包。这一用法的“空”不只存在于辽宁方言中，在陕西、福建等地的方言中也有用例。

“空”的义项大多具有“空虚，没有”的意思。如，“空”最早指“空虚，内无所有”，北宋陈彭年，丘雍《广韵·东韵》：“空，空虚。”如：

（1）公法行而私曲止，仓廪实而囹圄空。（《管子·五辅》）

（2）吾因其行事，而加乎王心焉，以为见之空言，不如行事博深切明。（西汉·董仲舒《春秋繁露·俞序第十七》）

（3）致令巴、宕二郡为群獠所覆，城邑空虚，士庶流亡，要害膏腴皆为獠有。（唐·房玄龄等《晋书·殷仲堪传》）

又指“罄尽；空其所有”，《尔雅·释诂上》：“空，尽也。”如：

（4）大东小东，杼柚其空。（《诗·小雅·大东》）

---

① 李世儒编：《从零起步学快板　轻松入门》，上海音乐学院出版社 2015 年版，第 111 页。

（5）世俗轻愚信祸福者，畏死不惧义，重死不顾生，竭财以事神，空家以送终。（东汉·王充《论衡·薄葬》）

（6）必先认上流，勤保夏口以东，以延视息，无缘多兵西上，空其国都。（唐·房玄龄等《晋书·杜预传》）

无论是空虚还是空其所有，最终都是"无"，因此，"空"还指"无，没有"，如：

（7）桂香尘处减，练影月前空。（唐·上官仪《从驾闻山咏马》）

从以上"空"所具有的意义来看，"无，没有"可以看作是"空"的核心义。方言中的"空"表示"使东西里的水慢慢流出；倒净"，即将物体里的液体倒出，使里面什么都没有，方言中的"空"用作使动，相对于"空虚，内无所有""无，没有"等义有所变化和发展。再看读为去声的"空"。

读音为去声的"空"在意义上与平声的"空"有所不同，当然也不同于方言中的"空"。去声"空"在表意上多与"缺少"有关。"空"有"穷，贫乏"义，北宋宋祁，郑戬《集韵·送韵》："空，穷也。"明张自烈《正字通·穴部》"空，困穷空乏也。"如：《诗·小雅·节南山》："不吊昊天，不宜空我师。"毛传："空，穷也。"《论语·先进》："回也，其庶乎，屡空。"刘宝楠正义："凡贫穷无财者，亦谓之空。"又指"缺少，亏欠"，北宋陈彭年，丘雍《广韵·送韵》："空，空缺。"明张自烈《正字通·穴部》："空，缺也。"如：

（8）昔之说《书》者序以百，而《酒诰》之篇俄空焉。（西汉·扬雄《法言·问神》）

（9）最惭僧社题桥处，十八人名空一人。（唐·白居易《春忆二林寺旧游》）

此外还指"空子；可乘的机会"，如：

（10）我得空逃走了，无处投奔。（元·马致远《汉宫秋》第二折）

（11）这里婆子捉个空，招着陈大郎 一溜溜进门来。（明·冯梦龙《古今小说·蒋兴哥重会珍珠衫》）

某事在某些方面出现空缺才会有可乘之机，因此，这一意义也与"缺少"有关。当然，去声"空"的意义还有很多，并且都与"缺少"有关，这里只取其中三个进行说明。

我们将读音为平声、去声以及方言中的"空"所表示的意义放在一起进行比较，显然，方言中的"空"在意义上与平声"空"更接近，因此，我们认为方言中的"空"其本来应读为平声。那么为什么在用的时候又会读为去声呢？我们初步认为这可能是"空"在方言中的破读。在如今的很多方言中存在着方言词的破读现象，其中有一部分会对古音的保留，但是这些现象并未引起过多的重视，对此，殷焕先先生也曾撰文进行呼吁，并且他在文章中对北宋贾昌朝《群经音辨》中的 161 个例字分为"声调破读"和"声母破读"两类进行列举，而"空"属于声调破读中的平声变去声①，而辽宁方言中"空"的读音情况恰好与此相符，但是，受到可查且有效的方言资料不足等一系列问题的限制，暂时不能证明辽宁方言中的去声"空"就是对平声"空"的破读，但这可以作为一种研究的可能性以待资料充足时进行研究和探索。

通过以上分析我们也可以知道，方言中表示"使东西里的水慢慢流出；倒净"义的"空"是其在"无，没有"这一核心义基础上的引申，并且，这种用法在今天使用非常普遍，如：

（12）灌满了肚子把水空出来再灌，把他折腾得死去活来。（郑适之《日本侵略军在胶东的暴行·血染尚家山》）

（13）他不象人家先把粪从猪圈里捞出来，空空水，晒干了再挑。（袁学强《破十》第十七章）

（14）沏过一时，茶叶就变成莲籽一般，这叫莲籽开。接着，把水空净，再用滚水去沏。（单田芳《三侠五义》第二十一回）

---

① 殷焕先：《关于方言中的破读现象》，《文史哲》1987 年第 1 期。

以上，我们通过对比得出：方言中读为去声的"空"其本音应为平声。因为其与我们常用的平声"空"在意义上更相近，而与普通话中去声"空"在意义上存在一定差别。只是方言中的"空"相当于平声的"空"在用法上发生了变化，即由"无，没有"变为"使无，使没有"。

款［khuan²¹³］

"款"在辽宁方言中除表示"钱款""款项"等意思外，还有四种用法，并且在使用时多儿化为"款儿"，分别是：（一）规矩，如："过去的那些款儿现在懂的还有几个啊。"（二）风俗习惯，如："都说入乡随俗，可我也不知道这地方都有啥款儿啊。"（三）架子，这一用法的"款"在使用时带有讽刺等贬义，如："别在我面前摆款儿，烦着呢。"（四）架势，样子，这里的"架势，样子"多是一些搞怪或者为引人注目而故意做出的动作，如："能不能好好走道儿，都是些啥款儿。"表示"架势，样子""风俗习惯"以及"规矩"义的"款"使用地区较少，而表"架子"的"款"其使用地域则相对较广，除在辽宁地区使用外还存在于北京、山东等地。那么，"款"为什么会有以上用法呢？

"款"在上古时期有"钟鼎彝器上铸刻的文字"之义，并且这一意义最早见于汉代文献，如：

（1）鼎大异于众鼎，文镂无款识，怪之，言吏。（西汉·司马迁《史记·孝武本纪》）

（2）今此鼎细小，又有款识，不宜荐见于宗庙。（东汉·班固《汉书·郊祀志》）

（3）乙丑之与癸亥，无题勒款识可与众共别者，须以弦望晦朔光魄亏满可得而见者，考其符验。（南朝·范晔《后汉书·律历志》）

"款识"是指刻在鼎上的一些祷文或说明性的文字，后来"款"又在此基础上引申为"书画上的题名"，都是指"写"在某物上的文字，如：

（4）是好高才也。请学士落款。（元·戴善甫《陶学士醉写风光好》第二折）

（5）庄玉燕不失信，过了半月，果然替他绣得端端正正，只不曾落款。（明·抱瓮老人《今古奇观》第四十八卷）

（6）我所补完的不过十分之三，怎敢僭越，自然还请姑娘落款。（清·环山樵《红楼补梦》第二十一回）

从例 1 可以看出，在当时较大的鼎是要有款识的，例子中大鼎没有款识，因而人们会觉得奇怪，又从例 4、例 5、例 6 中可以看出，对于完成的书画或其他作品，上面应该有作者的落款，由此可见，在大鼎或书画作品上落"款"是最终完成大鼎和书画作品不可缺少的一个步骤，即落款这一工作是符合制作大鼎或书画这类作品的程序和规则的，由此，"款"又引申为"规矩"，即做事要遵循的标准或规则，方言中的表"规矩"的"款"就来源于此。如：

（7）大圣吩咐，谁敢不从！但只是得一个号令，方敢依令而行；不然雷雨乱了，显得大圣无款也。（明·吴承恩《西游记》第四十五回）

（8）这成个什么款！那有这个道理！（清·吴敬梓《儒林外史》第五十三回）

但在辽宁方言中，"款"还有着"风俗习惯"的意思，这是"规矩"在风俗习惯语境下的引申用法。"规矩"的外延较广，因此其使用对象也非常广泛，当"规矩"用于"风俗"这样的语境时就有了"风俗习惯"这样的意思了。只是有"规矩"和"风俗习惯"义的"款"多在方言口语中使用，并且使用频率很高。

旧社会等级制度森严，尊者和卑者在言行上要符合自己的身份，否则就是不守规矩，那么尊者守规矩表现在言行上是有其特点的，而做出有着这些特点的言行就被称为"摆架子"，因此，"款"又在"规矩"的基础上引申为"架子"，这时的"款"带有的等级观念的意味就淡了，而方言中表"架子"的"款"就与此同，并且这一用法的"款"在近、现代汉语中使用都比较普遍，如：

（9）素来就讲究个拿身分，好体面，爱闹个酸款儿，你安知他

不是跟着你这么女孩儿似的养活惯了……（清·文康《儿女英雄传》第四十回）

（10）往常倒有些体面，今儿当着这些人，倒拿起主子的款儿来了。（清·曹雪芹《红楼梦》第四十四回）

（11）有些摇着笔杆晃着玉腿唱着高调摆着款儿在文场上舞台上跳来跳去混来混去的所谓名家，你横看竖看都像个高人或者什么帮会里的角色，那形象无论如何也说不上可爱。（陈国凯《当官》）

（12）江坛笙拿着款儿没有叫起，只淡淡问了句："何事来此？"（芳华无息《鸾凰鸽鸣》第三十二章）

从以上用例中不难看出，"款"在使用时有着讽刺、挖苦的意味，并且那些"拿款儿"的人给人一种装腔作势的感觉，那么为什么"款"会有这样的贬义用法呢？原因就在于"款"的表意——"架子"上。通过上文的分析我们可以发现，摆架子的人的地位都相对较高，而摆架子的目的就是要显示出自己所处的尊者地位，这在不屑于摆架子或地位低于自己的人看来是不受人喜欢的，甚至被看成是装腔作势，并且，"摆架子"本身就带有装腔作势的意思，因此，"款"表示"架子"时带有贬义也就容易理解了。

表示"样子，架势"的"款"就是在"架子"基础上的引申。"摆架子"就是在非放松、非自然状态下做出的动作，目的是显示自己高高在上的地位，一般都比较严肃，但是这样的动作被那些没有相应地位的人做出来就会被当作是一种搞怪，一种对有着相应地位的人的调侃，而方言中表示"样子，架势"的"款"有一部分是用于这样的情况下，如孩子为取得大家的注意会故意学习大人的一些动作，这时孩子的样子就被称为"款儿"，由此可见，"样子，架势"是在"架子"基础上的引申。只是，方言中表示"架势，样子"的"款"其使用范围不仅仅限于做出那些没有相应地位的动作，而是扩大为那些只为了搞怪或引起别人注意而做出的动作，这可以看作是词语使用范围的扩大，只是这种用法多活跃于方言口语中。

以上，我们对"款"在辽宁方言中四种用法的发展脉络作了简单梳理，即表示"风俗习惯"，"架子"的"款"都是在"规矩"基础上的引申，而"架势，样子"则是在"架子"基础上的引申。在搜集资料时我们发现，在浙江、福建、广东等地，"款"也有"样子"的用法，但这不同于辽宁方言中的"样子"。如《闽南文化研究》中有一段是对风阳婆传说中风阳婆的描写："这时，从女轿闪出来一位妇任人，她四十通岁的款样，你看她，梳一破头张，头毛批盖目眉，后面编一坡……"① 可见，福建方言中的"款"就指我们常用的"样子"，例子中的"款样"还可以替换成"模样"，这显然不同于辽宁方言中的"款"，但是二者有着相通之处，二者之所以出现差异可能是受到了文化或社会因素的影响，这也说明同一个词其引申方向是大致固定的，虽然处于不同方言，但会沿着其固有的路线继续引申发展。方言中类似于这样的词有很多，而对这样的词进行对比研究无疑会对汉语史的研究提供帮助，只是，由于方言间差异过大的原因，要做到这些是非常困难的，因而还需要研究者的不断努力。

L

赖塞（赖色）［lai²¹³sai⁰］

辽宁大连方言中有"赖塞"一词，表示"娇气，撒娇"等意思。《大连晚报》2012年2月4日报道：藏獒，给人最直接的印象就是凶猛，许多人光是听到这个名字，就会不寒而栗。然而，在孙保国、孙艳华夫妇家，藏獒竟和普通家养宠物一样，赖在主人的大床上，拿毛绒猪当玩具，那"赖塞"样儿让人完全想象不到这是一只藏獒。

"赖塞"的意思是"娇气、撒娇"。形容词的生动形式是"赖赖塞塞"。例如："他一天血赖塞了，真看不惯他。""乃（你）看乃（你）赖赖塞塞的，真让人受不了。""赖塞"的撒娇义是怎么得来的呢？我们作个简单的梳理。

"赖"，有懒散义，引申出"留在某处不肯离开"，巴金《家》三十："三哥，你说走，为什么又赖在这儿？"叶圣陶《多收了三五斗》："小孩给赛璐珞的洋团团、老虎、狗，以及红红绿绿的洋铁铜鼓、洋铁喇叭勾引住了，赖在那里不肯走开。"也可以组成双音节词"赖地"，多指躺在地上要赖。章炳麟《新方言·释言》："凡据地不起曰赖地。"如：这孩子一哭就赖地。由"留在某处不肯离开"，再引申就有褒义"撒娇"义。据

---

① 中共泉州市委宣传部：《闽南文化研究》，中央文献出版社2003年版，第471页。

《汉语方言大词典》，广东客家话，称孩子为"赖子王"，这是个爱称，是宝贝儿的意思。我们认为"赖子王"和大连话"赖塞"中的"赖"的意思相近。如果过度地逗留，"赖"又引申出贬义"纠缠"义，如东北官话有个词"赖唧唧的"词，指不顾羞耻地纠缠：为了她儿子工作的事，她从早坐到现在~就是不走。总结如下：

    赖（懒散）——留在某地——撒娇

             ——纠缠

"赖塞"的"塞"，它的本字应该是"色"。在东北方言里，"色"读作"sǎi"，常作构词语素，组成双音节词，表示"……的样子"。如"熊色""损色"相当于熊样、损样。再如"隔色"，指人做事古怪，处事和常人不同。大连话中的"赖塞（色）"就是娇气的模样，"赖塞"是"赖色"的音变，"色"从三声变成了轻声。

攋［lai²¹³］

"攋"在辽宁方言中表示"拉，扯，抓，揪"等意思，如："你慢点儿脱衣服，一会儿又把扣儿给攋掉啦。"这一用法的"攋"除在辽宁大连等地区使用外，还存在于北京、天津以及河南齐源等地，并且，在大连还有"撕开""裂开"的用法，只是，今天的"攋"更多地用于方言口语中，很少见于书面语。

"攋"，西汉·杨雄《方言》卷十三："攋，坏也。"北宋·司马光《类篇·手部》："攋，毁裂也。"因此，"攋"最早也是一个方言词语，有着"毁坏""裂开"等意思，如：西汉·杨雄《太玄经·度》："次三：小度差差，大攋之阶。"司马光注："攋，毁裂也。"再如：明·冯梦龙《山歌·门神》："扯破子我个衣裳只是忍耐，攋破子我个面孔方才道是你认真。"在查阅文献过程中我们发现，文献中对"攋"的记录较少，并多存在于古代的字书或韵书中。我们推测这可能是由于"攋"为方言词语，方言词语首先在使用地域上就比较狭窄，同时又多用于口语中，并且，在更早的时候，方言并不受社会的重视，甚至受到文人雅士的鄙视，这从方言被称为"俗语""土语"中可窥见一斑。综合这些原因，方言出现于书面语中的概率就会少之又少了，但它在方言口语中却比较活跃，并一直延续至今。通过以上分析我们可以发现，大连话中表示"撕开""裂开"的"攋"就是其古义"毁裂"在今天的延续，而辽宁方言中的"拉，扯，抓，揪"则在古义基础上有所发展。首先，"毁裂"更多强调的是结果，而"拉，扯，抓，揪"则更倾向于动作，如"你攦我衣服干什么？"这里的"攦"只是个拉的动作。其次，古义的"攦"带有破坏性，大连话中的"撕开""裂开"也是如此，都是对物体有一定程度的破坏，辽宁方言中的"攦"在使用时多数时是这样的情况，如"这俩孩子干架，把衣服领子都给攦开了。""你去园子攦把韭菜，还得再剁点馅儿。"这里的"攦开"指"撕开"，"攦韭菜"指"割韭菜"或"揪韭菜"。但也有中性的用法，如"他有些紧张，觉得要喘不过气来，于是，手不自觉地攦了攦衬衫的领子。"

通过以上分析，我们可以知道，辽宁方言中"攦"的用法是对其古义的延续和发展。并且，"攦"无论古今出现于书面语中的频率都非常低，但它能在如今的方言中有所保留，同时又有着非常高的使用频率，这就足以证明其在古代方言口语中的活跃程度。

老娘婆 [lau²¹niaŋ²⁴phɤ²⁴]

"老娘婆"在辽宁方言中指"接生婆"，如：这个老太太是个老娘婆，咱这营子挺多孩子都是她接生的。"接生婆"的这一称呼使用非常普遍，不仅仅在辽宁等东北地区使用广泛，而且在甘肃、山西、北京、河北、江苏、上海、云南等地使用频率也非常高。

其实，接生婆在北宋时期被称为"老娘"，并使用广泛，见于：

（1）晏语之曰："君久从吏事，必疏笔砚，今将就试，宜稍温习也。"振率然答曰："岂有三十年为老娘，而倒绷孩儿者乎？"（北宋·魏泰《东轩笔录》卷七）

"倒绷孩儿"指把婴孩包扎倒了。

（2）且休问你真实，休问咱虚谎，现放着剃胎头收生的老娘，则问他谁是亲娘，谁是继养？（元·李行甫《包待制智赚灰栏记》第一折）

接生婆在宋朝被称为"产婆""稳婆""蓐母""坐婆"：

（3）凡欲生产……选一年高性和善产婆，又选稳审谨慎家人一两人扶持。（宋·郭稽中《产育宝庆集》卷下）

（4）凡妊娠至临月。当安神定虑。时常步履。不可多睡饱食。过饮酒醴杂药。宜先贴产图。依位密铺床帐。预请老练稳婆。备办汤药器物。（宋·陈自明《校注妇人良方》卷十六《坐月门》）

按：明·陶宗仪《辍耕录·妇女曰娘》："子谓母曰娘，而世谓稳婆曰老娘。"

（5）宣和六年，都城有卖青果男子，孕而生子，蓐母不能收。易七人，始免而逃去。（《宋史·五行志一下》）

按：清·梁章钜《称谓录·三姑六婆》："蓐母，稳婆也。"

（6）晚内出宫女三人，送内侍省勘，并召医官产科十余人、坐婆三人入矣。（宋·欧阳修《奏事录·又三事》）

按：清·钱大昕《恒言录·亲属称谓》："今妇人免身时，必有养娘扶持，俗云坐婆。"

综之，宋代称接生婆为"老娘""产婆""稳婆""蓐母""坐婆"，构词语素有"娘""婆""母"等，皆指已婚妇女。明清后被称为"收生婆""守喜婆""姥姥"等，构词语素"婆"相对稳定。

（7）日月易过，不觉已及产期。刘元普此时不由你不信是有孕，提防分娩，一面唤了收生婆进来，又雇了一个奶子。忽一夜，夫人方睡，只闻得异香扑鼻，仙音撩亮。夫人便觉腹痛，众人齐来服侍分娩。不上半个时辰，生下一个孩儿（《初刻拍案惊奇》·卷二十）。

（8）只见李妃双眉紧蹙，一时腹痛难禁。天子着惊，知是要分娩了，立刻起驾回宫，急召刘妃带领守喜婆前来守喜。（《三侠五义》第一回）

（9）还是你干女儿说："别是胎气罢。"这么着，他就给他找了个姥姥来瞧了瞧，说是喜。（《儿女英雄传》第三九回）

到了明代，又被称为"老娘婆"，并一直沿用至今，见于：

（10）复身到城里，寻了原媒张篦娘，是会篦头绞脸、卖鬏髻花粉的一个老娘婆。（明·梦觉道人《三刻拍案惊奇》第二十五回）

（11）大尹立受了四拜，叫："老娘婆，你同那合族的妇人，到个僻静所在验看，果有胎气不曾？"（清·西周生《醒世姻缘传》第二十回）

（12）小相公是我的儿子，我因贫难度日，悄悄的收了你家三两银子，你家使老娘婆老徐抱了来家。（清·西周生《醒世姻缘传》第四十六回）

（13）你忘了吗？老娘婆（即产婆）不是说过，这孩子要好好看着他，腿上有痣，是主走星照命……（萧红《旷野的呼喊》第一章）

（14）可是，大概也想到了长女已经出嫁，生了娃娃，似乎有点怪不好意思，所以谁也不肯惊动，只教小姐姐请了老娘婆来。（老舍《小人物自述》）

郎当 ［laŋ⁴⁴taŋ⁰］［laŋ³¹taŋ⁰］

在辽宁方言中，"郎当"有三个意思，一是表示下垂貌，如：你看，树上什么玩意儿搁那郎当的？二是由于不愉快而板着脸，如：你看她一天脸郎当的，像谁该她似的。三是表示不认真，不严肃，不务正业。如：你看你一天吊儿郎当的，一点正行也没有。

郎，《广韵》鲁当切，平唐，来。上古音属来母阳部。当，《广韵》都郎切，平唐，端。上古音属端母阳部。可见，郎当一词为叠韵联绵词。

"郎当"本义为悬物貌，下垂摆动，最早出现在宋代。

（1）杨大年《傀儡》诗云："鲍老当筵笑郭郎，笑他舞袖太郎当。若教鲍老当筵舞，转更郎当舞袖长。"（宋·陈师道《后山诗话》）

（2）一个个逞歌喉歌婉转，一个个垂舞袖舞郎当。只教你似刘伶怎惜的酒量？似李白怎爱的诗章？（元·杨家骆《全元杂剧·吴昌龄·花间四友东坡梦》）

（3）有水墨水仙花，自题绝句于上云："此心不爱牡丹红，托迹梅花树滚东；大袖郎当霜雪冷，也应回首藉天风。"（明·郎瑛《七修类稿·卷四十·事物类》）

（4）碁局何须看朽柯，郎当舞袖自婆娑。（清·钱谦益《次韵徐叟文虹七十自寿诗》）

由上可知，古时有专门的舞衣且衣袖多宽大，跳舞时衣袖会下垂摆动，"郎当"多用来形容舞袖下垂貌，和现在方言中的有些许差异，现在方言的郎当的词义范围扩大，不仅仅指衣袖，可以指任何事物。

辽宁方言中的第二个意思"因不愉快而板着脸"则是由"悬物貌"引申而来的。因为，"悬物貌"表示的是物体向下的状态，由物向下引申到人情感向下的状态即不愉快。这一用法是从山东发展过来的。

（5）百姓跟着号啕痛，摇哎怒喝脸郎当；一溜飞颠扬长去，骂声空在耳边响。（清·蒲松龄《聊斋俚曲集·磨难曲》）

（6）再搭上一个回回婆郎当着冬瓜青白脸（明末清初·西周生《醒世姻缘传》）

（7）脸上你要常常笑，千万甭把脸郎当。郎当小脸不要紧，人家说你不贤良。（王映雪《民间文学》）

（8）不管你笑脸还是郎当脸，他心里的话儿照样一古脑儿往外说，不藏不掖章社长，盐碱洼里的主要问题是治碱，不是搞深翻！（陈光林《山东新文学大系　当代部分·小说卷二》）

第三个意思不认真，不严肃，不务正业也是由悬物貌引申而来的，物悬则长，引申为长，长则有破败、潦倒，疲惫无力义。如：宋《景德传灯录·如敏禅师》："郎当屋舍勿人修。"说的是破败的屋子没有人修。《醒世恒言·张淑儿巧智脱杨生》："在山东兖州府马头上，各家的管家打开了银包，兑了多少铜钱，放在皮箱里头，压得那马背郎当，担夫勃软。"说的是马背太多东西很疲惫的样子，再引之则有方言中不务正业之义，清·李渔《蜃中楼·辞婚》："使君，这头亲事是极便的了，为甚么还要踌蹰？你休得要太郎当，莫不是乔妆坦腹，有意要学王郎？"这里的"郎当"指的就是漫不经心即不务正业。

利亮 [li⁵¹liaŋ⁰]

"利亮"在辽宁方言中有两个意思，分别是：（一）形容说话办事干脆利落。如：年纪轻轻的，说话办事利亮点！（二）形容整洁。如：看这小院子给你收拾的，利亮儿的！"利亮"的这两种用法在方言中使用都比较广泛，除东北地区外，在山东、河南、江苏等地使用频率也非常高。

"利亮"一词在清代时期就已经出现，又写作"俐亮"，表示"无拖累""利落，干脆"等意思，如：

（1）休了他，好离门离户，省得珍哥刺恼，好叫他利亮快活。（清·西周生《醒世姻缘传》第九回）

（2）兰英道："母亲还未有下落，教我如何利亮去的。"（清·李修行《梦中缘》第九回）

（3）他得了地，拿一半地卖了，作了缴纸价，他到俐亮！（清·西周生《醒世姻缘传》第十回）

（4）我刚才实要照你致命去处结果了你，我想叫你试也利亮，便宜了你，不如我零碎成顿的打，叫你活受！（清·西周生《醒世姻缘传》第九十五回）

（5）我真是个呆瓜，年纪小知什么？说不出句利亮话。（清·蒲松龄《聊斋俚曲集·磨难曲》），

（6）你可说怕死，这下地狱似的，早死了早托生，不俐亮么？（清·西周生《醒世姻缘传》第五十八回）

以上例子中，例1、例2、例3中的"利（俐）亮"表示"无拖累"，例4、例5、例6中的"利（俐）亮"则表示"利落，干脆"等意思，方言中的第一种用法就是对此义的沿用，如：

（7）虽然那时申凤梅已经五十七岁了，但仍是小生扮相，小生台步，动作干脆利亮……（王中民《我所知道的申凤梅》第十八章，《周口文史资料》2009年第2期）

（8）雷老庚望着玉兰的背影寻思着，"又勤快，又利亮，能说能做，真是百里不挑一的好媳妇呀！"（徐慎《初春时节》）

而无论是没有拖累，还是办事利落、干脆，都有不拖沓，利索的意思，因此，在这一意义的基础上，"利亮"又引申为"整洁"，如：

（9）大娘的小屋拾掇得真利亮。（刘学智《三只鸡》）

（10）胡雪岩一时兴起，走近那家茶楼，掀开门帘，只见里面茶客不多，却也干净、利亮……（相裕亭《瓜坏籽不坏·帝王轶事·胡雪岩纳妾》）

（11）小客官累了吧，里面宽绰利亮，你背的要是钱，就住里院，常言说店家店家，进店如到家。（郸城县民间文学集成编委会《中国民间故事集成·河南郸城县卷·故事·害人先害己》）

以上，我们对辽宁方言中"利亮"两种用法的来源进行了探讨，从而知道形容人办事说活干脆利落的"利亮"是自古流传下来的，而用于形容整洁的"利亮"则是在"无拖累""利落、干脆"基础上的引申。

燎〔liau²¹³〕

"燎"在辽宁方言中有两种意思，分别是：（一）指用火去毛或烧了毛发。如：这猪蹄子你得拿火燎燎，毛太多了！（二）常与其他词连用来比喻内心焦急或事情紧迫。如：火烧火燎、火燎眉毛等。两种用法都常见于北京方言中，除此之外，第一种用法也常见于山西等地的方言中，而第二种用法，除在辽宁、北京等地的方言使用外，在云南等地区也比较常用。

"燎"最初的意义为"放火焚烧；火烧"，《说文·火部》："燎，放火也。从火，寮声。力小切。"北宋·宋祁，郑戬《集韵·萧部》："燎，纵火焚也。"北宋·陈彭年，丘雍《广韵·小韵》："燎，力小切。《说文》曰：放火也。《左传》曰：若火之燎于原。"又《广韵·笑韵》："燎，力照切。照也。一曰：宵田。又放火也。"这一用法的"燎"在古代文献中非常常见，如：

（1）若火之燎于原，不可响迩，其犹可扑灭？（《尚书·盘庚》）

（2）是以冲风赴林，而枯柯先摧；洪涛凌崖，而拆隙首颓；烈

火燎原，而燥卉前焚。（东晋·葛洪《抱朴子内篇·极言》）

（3）舟次破军山下，为吴师纵燎而焚之，中令溺死，兵士溃散。（北宋·孙光宪《北梦琐言》卷五）

（4）烧折弓弩如残苇，燎尽旗幡似乱柴。（元·关汉卿《关大王独赴单刀会》第一折）

后又在此基础上引申为"烘烤"，如：

（5）遇大风雨，光武引车入道傍空舍，异抱薪，邓禹热火，光武对灶燎衣。（南朝·范晔，司马彪《后汉书·冯异传》）

（6）萧不待羹，取数脔就火燎食之，美甚。（北宋·何薳《春渚纪闻·啖蛇出虿身轻》）

（7）急以绵絮包裹抱怀中，……仍作大纸捻蘸芝麻油点着于脐带上往来遍燎之，使火气入脐，则腹中温暖。（明·孙一奎《赤水玄珠全集·小儿门》）

随着使用频率的增加，"燎"又引申为"接近了火而烧焦"，引申后的"燎"使用对象多为毛发之类的东西，并且用例也比较多，如：

（8）性友爱，其姊病，尝自为粥而燎其须。（北宋·欧阳修等《新唐书·李勣传》）

（9）士诚兵以火箭攒射之，国珍燎及须发，横刀大呼，杀两将军及十余人，士诚兵大溃。（民国·柯劭忞《新元史·方国珍传》）

"燎"又写作"爒"，二者是什么关系，有两种说法：一种说法是后者为前者的异体字，清代学者徐灏在为《说文解字注》作笺时提到"爒，本作燎"。另一种则是，二者在最初是作为两个字来使用的，并非是异体字的关系，只是在后来发展过程中，"燎"代替"爒"得到了更广泛的使用。两种说法都有一定道理。以下，分别对"爒"的发展作简要分析。

"爒"的本义为"烘烤"，《说文·炙部》："爒，炙也。从炙，尞声。力照切。"段玉裁注："爒，炙也。其义同炙，其音同燎。从炙，尞声。

力照切。"北宋·陈彭年，丘雍《广韵·小韵》："爒，炙也。力小切。"
而"炙"即指"烤"，《说文·炙部》："炙，炮肉也。从肉在火上。"可
见，"爒"与"燎"的第二个义项表意相同。在查阅资料过程中我们发
现，"爒"只见于古代字书中，并且解释都同此，而鲜见于其他文献，也
正由于有关"爒"的资料比较有限，因此，对于上文中提到的关于"燎"
与"爒"关系的第一种说法，即是否"爒"在出现之初就为"燎"的异
体字而存在，我们暂时无法更确切地得出结论。也因此，第二种说法就显
得更可靠些，因为我们至少能证明"燎"是有着独立的发展脉络的，即
在用于"烘烤"义时，"燎"不是"爒"的异体字，因为汉语中还有一
些由"焚烧，火烧"引申为"烘烤"的例子，"烘"就是其中之一，并
且它与"燎"有着几乎相同的发展脉络。"烘"最早的意义与"燎"相
同，《尔雅·释言》："烘，燎也。"如：《诗·小雅·白华》："樵彼桑薪，
卬烘于煁。"郑玄笺："烘，燎也。"可见，"烘"也表示"燃烧""放火
烧"等义，后又引申为"烤"，目的是取暖或使物干燥，如：南宋·陆游
《宿野人家》："土釜暖汤先濯足，豆秸吹火旋烘衣。"明·古吴金木散人
《鼓掌绝尘》第三十一回："足下若不弃嫌，何不同进草堂，着家僮丛起
火来，把身上衣服烘一烘干。"由此可以证明，"燎"有"烘烤"义是词
义演变的结果。对于最终"燎"代替了"爒"得到了更广泛的使用，首
先是二者读音相同，这由上文中对二者的分析中可知；其次是二者都有
"烘烤"义，这为"燎"代替"爒"提供了更便利的条件；最终是字形
方面，相比较之下，"燎"的写法更经济。综合这些原因，最终"燎"代
替了"爒"。

以上我们对"燎"与"爒"的发展以及二者的关系作了简要分析，
即我们可以把表示"烘烤"的"燎"与"爒"看作是互为异体字的关
系。而如今方言中"燎"的用法则是对其古义的沿用或引申。表示
"用火去毛或烧了毛发"的"燎"就是对"接近了火而烧焦"这一意义
的沿用，都指火烧掉了毛发，这一用法在今天使用非常普遍，如：

(10) 我们见她一日日瘦了，眼窝塌了，有时熬夜丢盹儿燎了头
发，成了"黄毛丫头"，能不心疼？（李本深《塞上桂香·枣林
夜话》）

(11) 吴小毛把烟抽得燎了胡子，才不舍地扣出半支烟续上。

（何楚舞《热血950》第十章）

　　（12）哈萨克族人民还喜欢将宰杀的整个肥羊放在火上，把毛燎净后再放在水里煮熟，用这种全羊作为礼品，献给客人。（宋·彦明《天山深处的人家·草原上的日常生活》）

　　而与其他词连用表示心情急迫或事情紧急的"燎"在古代就有使用，并一直沿用至今，如：

　　（13）急煎煎地火燎心焦，密匝匝烟屯峪门。（元·狄君厚《晋文公火烧介子推》第四折）

　　（14）火燎眉毛顾眼下，这就是：二虎相逢争一争。（清·佚名《刘墉传奇》第七十四回）

　　（15）秦大伯、郑三妈、李老贵还缢死了，真是火燎眉毛，急不胜急。（李永忠《红颜传》第四十章）

溜 ［liəu⁵¹］

　　"溜"在辽宁方言中有五种用法，分别是：（一）瞥，迅速而短暂地看，如："他趁老师不注意，快速溜了一眼旁边同学的卷子。"（二）指说话流利，如："这孩子说话咋这么溜呢?"（三）量词连，串，条，用以表示成排，成条、成串的事物，如："来来来，你们几个站一溜儿，我看谁高。"用做量词时多儿化。（四）（有力地）掷，扔，如："昨天是你拿石头溜我家窗户来吧?"（五）形容快，利落，敏捷，如："小孩儿腿儿就是溜，这么快就到地方了!"以上五种用法的"溜"在分布地域上都非常广，不仅存在于东北地区，而且在山东，河南以及江苏、浙江、云南等地区也多有用例，只是并非每一地区方言的"溜"都有以上五种用法，大多数只使用其中一种或几种，但是，每一种用法都并非辽宁方言所独有，那么，"溜"为什么会有这些用法呢?

　　《说文·水部》："溜，水出郁林郡。"段玉裁注："溜，溜水，出郁林郡。郁林在今广西。前志中有留县。后志及《宋书·州郡志》作中溜，字从水。疑前志亦当从水。柳江即古溜水，后世讹其字耳。"又清·张玉书，陈廷敬等《康熙字典·水部》："《正韵》:'力救切，音雷。水名。'

又《水经注》：'汉水于盘头郡南与溜水合。'"可见，读音为（liù）的"溜"最早用于水的名称，如："东周《晏子春秋·内篇杂上》：'蚤岁溜水至，入广门，即下六尺耳，乡者防下六尺，则无齐矣。'"后又引申为"水或其他液体向下流"，如：唐·玄应《一切经音义》卷十八引《仓颉解诂》曰："溜，谓水垂下也。"唐·李延寿《南史·庐陵王子卿列传》："所居屋梁柱际血出溜于地，旬日而见杀。"后又指水流，急流，有时用以指瀑布，如：

（1）降甘雨之丰霈，垂长溜之泠泠。（三国魏·曹丕《感物赋》）

（2）汉潦沸腾，丛溜奔激。（西晋·潘岳《狭室赋》）

（3）龙潭万古喷飞溜，虎穴几人能得窥？（唐·林滋《望九华山》）

从以上分析可以看出，"溜"无论指水流、急流还是水向下流，所指之物都有一个特点，就是"连续不断的"，并且速度较快，可见，"溜"的核心义为"速度快且连续不断"。

因"溜"的核心义为"速度快且连续不断"，因此，"溜"会在水流、急流的基础上引申为"瞥，迅速而短暂地看"这一意义，如：

（4）洞房晚，千金未直横波溜。（宋·吕渭老《千秋岁》）

（5）我溜一眼偎着他三魂丧，放一交响的他八步远。（元·乔吉《玉箫女两世姻缘》第一折）

（6）惟独那一双眼睛更是动人，竟是一泓秋水，但他斜溜一眼，由不得身上就一麻。（清·曹去晶《姑妄言》第五卷第五回）

如今方言中表示"瞥，迅速而短暂的看"的"溜"就来源于此，并且使用广泛，如：

（7）她黑亮亮的眼睛在她走过的每个地方都好奇地溜一眼。（张小娴《交换星夜的女孩·又一个月夜》）

（8）林佩珊迷惘地一笑，又急速地溜一眼看看张素素他们四个，

然后下决心似的点着头……（矛盾《子夜》第九章）

（9）武二娃把康明理溜了一眼，虽然没说话，心里的念头却和他一样……（马峰《吕梁英雄传》第三十九回）

此外，"溜"又引申指"流利，圆啭"，多用于形容声音，如：

（10）桃花扇底楚天秋，恰恰莺声溜，络臂珍珠翠罗袖。（元·胡存善《类聚名贤乐府群玉·宴席》）

（11）燕尾剪春寒，雨细莺歌溜。（清·陈荣杰《浣溪沙》）

而方言中用于形容说话"流利"的"溜"就是在此基础上的引申，由形容声音婉转顺畅引申为说话流利，如：

（12）少拉近乎。我俄语还说得溜着呢，不愿跟你说罢了。（梁晓生《知青》第二十三章）

（13）说句笑话，她的英语说得很溜，比我说普通话还痛快。（龙玉纯《青春无战事·十五的月亮十六圆》）

（14）菁想着建豪一口京片子说得真溜，如果把他留在身边，说不定很快就要变成北京人了。（沈星好《盛夏的樱花树·1995年除夕》）

量词"溜"表示"连，串，条，用以表示成排，成条、成串的事物"是指某些东西连续排在一起，有连续不断的意思，因而也是在水流等意思基础上的引申，这一用法的出现不会晚于元代，并一直沿用至今，如：

（15）俺二人在耶律万户手下为将，……拽起衣服，往帐房里则一溜烟。（元·无名氏《阀阅舞射柳蕤丸记》第三折）

（16）一溜溜枪刀剑戟，一重重简斧链锤。（明·诸圣邻《大唐秦王词话》第七回）

（17）60多年前，在营口河北码头东北角芦苇丛生的荒野上，有一溜土坯垒的平房，住着几十户人家。（张庆斌《辽水壮歌：营口地

方党史故事集·"一溜穷"的神秘小屋》）

（18）人家一去也是一溜一溜的队伍，多哩，七个骡拉一个大炮，前头拉一个大炮……（张成德、孙丽萍《山西抗战口述史·"扫荡"的日军队伍一溜一溜的!》）

表示"掷，扔"的"溜"在方言中使用时多比较用力，用的力气大，扔出的东西移动的速度就快，并且有着连续不断的移动路线，因而，这也是在水流等意思基础上的引申，另外，这一用法的"溜"在使用时会有"打"的意思，如例20，那是因为"扔"这样的动作有时候也表示"打"，如："别拿石头扔我。"这里的"扔"就指"打"，因此，有着"扔"义的"溜"有时也会有"打"的意思。如：

（19）"快回话！"上边的人说，"不回话我们可要往下溜石头了!"（李惠文《悲欢离合》）

（20）姑娘兴高采烈地问，"谁捉住的?""不，拿石头溜的。"（张峻《山边》）

（21）你们想溜石头把我砸死吗?（李惠文《八出戏》）

除以上四种用法外，"溜"在辽宁方言中还用来形容人动作"快，利落，敏捷"等，这一引申路线与"瞥""流利"相似，都是更多地强调时量短，这一用法使用也很普遍，如：

（22）老婆麻溜起身下地，屁股一拧一拧地忙上了。（侯德云《二姑给过咱一袋面》）

（23）牛套眼尖腿溜，扔下扫帚就跑到了街上。［周抒真《中国民间故事集成（辉县市卷）·郭琬的传说·状告郭琬》］

以上，我们对辽宁方言中"溜"的发展脉络作了大致梳理，从而明确了"溜"的核心义为"速度快且连续不断"，也因此，方言中的几种用法都是围绕着这一意义引申出来的，并且其中三种用法都是在古汉语中延续下来的，而另外两种用法则是在方言使用中逐步引申发展而来。

M

毛腰　［mau⁴⁴ɕiau⁴⁴］［mau²⁴ɕiau³¹］

"毛腰"在辽宁方言中也写作"猫腰",表示"弯腰",如:进屋的时候你毛着点儿腰,不然磕着脑袋。"毛腰"一词除在辽宁等东北地区中使用外,还存在于山西、天津、北京、河南,甚至湖北等地,可见其分布范围之广。

其实,"毛腰"一词早在明代时期就出现了,并且到清代就有了"猫腰"写法,见于:

(1) 慌的那狂生,急忙不消停,托地毛腰打一躬,央烦红娘姐,快救我学生的命……(明·冯梦龙《明清民歌时调集·霓裳续谱·青山绿水在》)

(2) 阿哥们吃了读书高,老爷吃了增福延寿,老太太吃了不毛腰,瞎子吃了睁开眼……(明·冯梦龙《明清民歌时调集·霓裳续谱·高高山上一庙堂》)

(3) 到地上先毛腰捡起石子,然后转身形来到北上房。(清·佚名《大八义》第二回)

(4) 霍全一猫腰起下两块瓦来,抖手打在后面夹道地上,人声犬吠无有,才蹿下房来抬头看后窗户。(清·佚名《大八义》第三十二回)

(5) 说着说着,一猫腰,把那一只瓷瓦子拉绽了的那只鞋,就脱下来咧……(清·佚名《刘墉传奇》第二十三回)

可见,辽宁方言中"毛(猫)腰"的用法就是对其古义的沿用,并且在今天使用非常广泛,如:

(6) 芈侣掀开窗帘正要观望,又一丛箭飞来,连忙毛腰躲过,耳畔传来一声惨叫……(宋福聚,毛颖《春秋五霸》第二十章)

(7) 外面有人声,他立即停手,灭灯,噤声,毛腰,躲在窗户

底下……（介末《隐居日记·东方凡·高》）

（8）对了，咱现在这小平房儿门儿太矮了，你进门都得猫腰，咱再租房可得找个门大的。（吴银平《糗事一箩筐·中了500万之后的生活》）

（9）另一个留红头发的小子猛扑上来抱住大老李的后腰，大老李猛然一猫腰抄住这小子的脚脖子……（金燕平《不是我不明白·囧途》）

面（麪）［mian⁵¹］

"面"在辽宁方言中有两个意思，分别是：（一）形容食物纤维少而柔软，水分不多，不脆。如：这个苹果放得时间长就面了，不好吃了。（二）形容人软弱，窝囊。如：他太面了，干不成大事。这两种用法的"面"其使用情况有所不同，第一种用法的"面"存在于多种方言中，除包括辽宁在内的东北地区外，在山东、河北、江苏、四川，甚至贵州、云南、广西等地的方言中也在使用，可见其使用范围之广。相比较之下，第二种用法的"面"其存在范围则相对有限，除东北地区外，还存在于江苏徐州等地的方言中。那么，"面"的以上两个意思是如何发展来的呢？

"面（麪）"的本义为"面粉"，《说文·麦部》："麪，麦末也。从麦，丏声。"段玉裁注："麪，麦屑末也。屑字依《类篇》补。末者，屑之尤细者。""麪"也写作"麺"。如：

（1）嘉麦既熟，实须精面（麪）。（南朝·袁淑《驴山公九锡文》）

（2）积如沙照月，散似面（麺）从风。（唐·张说《奉和喜雪应制》）

（3）吕兖选男女羸弱者，饲以麹面（麪）而烹之以给军食，谓之宰杀务。（北宋·司马光《资治通鉴·后梁太祖开平三年》）

后又引申指"面食"，多用来指面条，如：

（4）备植九谷，人多啖面（麺）及牛羊肉。（唐·李延寿《南

史·夷貊传下·高昌国》）

（5）盖西人食面几不嚼也。南人罕作面饵。（北宋·庄绰《鸡肋编上》）

（6）白洋道："也罢，弟先作面东，众人一同来到面馆吃面。"（明·不题撰人《梼杌闲评》第九回）

（7）只见西次间炕上地下都摆着席，有几个女眷正在那里吃面。（清·文康《儿女英雄传》第三十九回）

此外，"面"又引申指"粉末"，如：

（8）甲与家人相励不寐，围绕其妇，仍以面粉涂妇身首。（唐·戴孚《广异记·刘甲》）

（9）余集首茶水，次粥糜、蔬菜，薄叙脯馔醇醴、面粉糕饼果实之类，惟取实用，无事异常。（明·高濂《遵生八笺·饮馔服食笺》）

（10）洋瓶仍放好了，兰生看一样是加利梅饼，是羊乳精同面粉、白糖、加利果子汁做的。（清·司香旧尉《海上尘天影》第十回）

以及我们今天常用的"玉米面""花椒面""药面""粉笔面"等。

以上用法的"面"所指对象的特性都比较"软"，并且其本身包含的水分都不多，因而，"面"又由表指称性的词语引申为表性状，即"形容食物纤维少而柔软，水分不多，不脆"，方言中的用法就同此，并且，这种用法在今天使用频率非常高，如：

（11）战士们种马铃薯，收获季节用不着试，保准又甜又面。（宋之的《草地颂歌》）

（12）再过一会，他觉着前天的几个又甜又面的大柿饼也出去了。（严歌苓《第九个寡妇》第十章）

方言中形容人软弱，窝囊的"面"也是来源于其具有的"软"这一特性，只是在使用对象上有了转移。从上文可知，"面"的使用对象都为物，而此用法的使用对象为人，人"软"就是软弱，窝囊，因此，形容人软弱，窝囊的"面"就出现了，并且使用非常广泛，如：

（13）可是黄忠太老、杨四郎太面、乔玄也太老、诸葛亮太半仙、刘备太废物……那一句"头戴着紫金盔齐眉盖顶"上来一个嘎调唱得气冲云霄。(侯磊《还阳》第四章)

（14）我铁面无私吧，她们说我太冷；我侠骨柔肠吧，她们又说我太面……（王云《你敢"裸体"上班吗·男女搭配，干活也累》）

（15）但是……热烈不起来——王更生太面了，太缺乏激情，弄得江凤凰挺被动的，都萌生了放弃的念头。（厚圃《清水谣》第八章）

以上我们对"面"在辽宁方言中的两个意思，即"形容食物纤维少而柔软，水分不多，不脆"以及"形容人软弱，窝囊"的来源进行了探析，从而知道，可以被称为"面"的东西都有"软"的特性，而缺少纤维和水的食物也比较软，因而，"面"引申出了"形容食物纤维少而柔软，水分不多，不脆"的意思。食物软、没水分可以被称为"面"，那么人"软"，窝囊，没有能力也可以被称为"面"，由此，"面"在方言中的两个意思就出现了。

N

攮嗓 [naŋ²¹³saŋ⁰]

"攮嗓"在辽宁方言中表示"拼命往嘴里塞食物（多用于贪吃）"，含贬义，如："没完没了地攮嗓，一天天就知道吃！"

这是个使用比较广泛的词语，它不仅仅存在于辽宁方言中，在山东等方言中也存在，如：

（1）素姐说："你头晕恶心是攮嗓的多了，没的胳膊甚么?……"（明·西周生《醒世姻缘传》第七十四回）

（2）童奶奶后来知道，从新称羊肉，买韭菜，烙了一大些肉合子……他也妆呆不折本，案著绝不作假，攮嗓了个够。（明·西周生《醒世姻缘传》第七十八回）

"攮"有刺、扎义。清·吴敬梓《儒林外史》第六回："半夜里不见了枪头子，攮到贼肚里。""刺、扎"就是把一个物体放入另一个物体内，如果是把食物塞入嗓子里，就是"攮嗓"。"攮"表示吃，是个贬义词，除"攮嗓"外还可组成"攮糠"。清·俞万春《荡寇志》第七十四回："高俅大怒道'攮糠的蠢才，谁叫你打听此等机密事，容你在茶店里乱讲。'""攮糠"意思是吃糠，隐含对方是猪等动物。"攮糠"后来又偏旁类化为"馕糠"，明·吴承恩《西游记》第十九回："那馕糠的夯货，快出来与老孙打么！"以及第三十二回："我把你个馕糠的夯货！这般要紧的所在，教你去巡山，你却去睡觉！"还有"馕糟"，意思是（如畜生般）吃糟糠。《西游记》第四十六回："（孙行者）站在油锅底道：'馕糟的夯货！你骂那个哩！'"还可以指吃糟糠的畜生。《西游记》第八十回："行者道：'似你这重色轻生、见利忘义馕糟，不识好歹。'"

"攮糠""馕糠"都表示吃，我们认为"攮糠"是正确的写法，汉语中还有一些表示"吃"义的词来源于动作：

1. "捣嗓子"，字面意思是填嗓子。《儒林外史》第五十四回："你每日在外测字，也还寻得几十文钱，只买了猪头肉、飘汤烧饼，自己捣嗓子。""捣嗓子"是谓人吃相不雅，狼吞虎咽者的不敬之词。

2. "揣巴"，"揣"有"往里塞"义。元·王实甫《西厢记》第四本第1折："灯下偷睛觑，胸前着肉揣。"后来引申出"吃"义，如：元·李文蔚《燕青博鱼》第一折："我揣巴些残汤剩水，打叠起浪酒闲茶。"这里的"揣巴"就是胡吃乱吃，多指吃相不好。"巴"是词缀，没有意义。

3. "灌丧"，意思是"无节制地喝"。《红楼梦》第四十四回："尤氏笑道：'说的你不知是谁！我告诉你说，好容易今儿这一遭，过了后儿，知道还得像今儿这样不得了？趁着尽力灌丧两钟罢。'"清·石玉坤《七侠五义》第二十四回："妇人接着说道：'你没吃什么，你倒灌丧黄汤子了！'""灌丧"其实就是"灌嗓子"，"丧"是"嗓"的通读字。

以上我们对"攮嗓"在方言中意义的来源进行了说明，并对"攮"表示"吃（含贬义）"义的合理性进行了着重分析，也因此，"攮嗓"取"攮"更合适，因而，明清文献中"攮（馕）嗓"的用字应得到统一。在这一过程中，我们发现汉语中表示"吃"义的词有很多都来源于动作，这样的引申或用词方式扩大了词义的内涵和词的使用范围，是非常值得研究和关注的。

扭扭扎扎 ［n̢iəu²⁴ n̢iəu²¹ tʂa⁴⁴ tʂa⁴⁴］［n̢iəu²⁴ n̢iəu²⁴ tʂa³¹ tʂa³¹］

"扭扭扎扎"在辽宁大连方言中表示身体摆动貌，《白清桂民间歌谣集·小拜年》："过了初三四，新媳妇回娘家，带上小女婿，果子带两匣，丈母娘她扭扭扎扎。"唱的就是过年回娘家女婿给丈母娘带礼品，丈母娘推搡不好意思，用身体摆动这一动作将丈母娘故作推搡之义表现得更加生动形象。

《广韵·有韵》："扭，手转儿。"宋·普济《五灯会元》卷十三："师下禅床，扭僧耳朵。僧负痛作声。"后词义范围扩大，引申为行走时身体摆动。

（1）扭捏着身子儿百般做作，来往向人前，卖弄俊俏。（元·王实甫《西厢记·张君瑞闹道场杂剧》）

（2）珊瑚钩，芙蓉扣，扭捏的身子儿别样娇柔。（元·关汉卿《救风尘》第二折）

而"扎"也作张开貌，如：清·曹雪芹《红楼梦·栊翠庵茶品梅花雪 怡红院劫遇母蝗虫》："只见刘姥姥扎手舞脚的仰卧在床上。"方言中还有"舞舞扎扎"一词，意思为比比画画。《白清桂民间歌谣集·对数》："你说五，我说五，舞舞扎扎。"

"扭扭扎扎"的核心义就是指身体左右扭动，但其产生的语境义就不尽相同。

（3）吃完饭，姑娘拿着银子，扭扭扎扎回家了。［《宽甸县资料本（民间故事歌谣谚语）》］

（4）正月里，演一场二十块钱。结果，想参加的人涌了堆，年

年都出麻烦。一些人扭扭扎扎莺歌燕舞之日，就是另一些人义愤填膺唾沫翻飞之时。（孙惠芬《上塘书》）

（5）裹成的小脚，走起路来扭扭扎扎，走三步退两步，形成外八字步，两股与臀部几乎成九十度。（《新金文史资料》第5辑）

由上可知，例3中说的是姑娘在娘家要完钱，心满意足回家，而用"扭扭扎扎"将其"心满意足，得瑟"义表现更形象。例4的"扭扭扎扎"指的是"扭动身体跳舞"义。例5的"扭扭扎扎"指的是因为裹脚而走路摇摇晃晃的样子。

综上所述，大连方言中的"扭扭扎扎"核心义为身体摆动貌，由语境能确定或限定话语中词语各种各样的意义，使词义单一化、具体化，或使词义延伸，因此"扭扭扎扎"在不同语境中有不同的词义。

Q

起 ［tɕhi²¹³］

"起"在辽宁方言中有两种词性，一为大家所熟知的动词，二为量词，表示"层"，用时多儿化为"起儿"，并且用"起"来形容的物体在纵向上要有一定的距离，如："哪天能住上个二起儿小洋楼我就知足啦。"调查发现，不仅辽宁方言的"起"有这样的用法，在北京、河北保定、山东梁山等地也有同样的用法，那么，"起"的这一用法是如何来的呢？

东汉·许慎《说文解字·走部》："起，能立也。从走已声。"段注："起，能立也。起本发步之称。"由此可见，"起"的本义为"起立"，即由躺或坐而立，这样的动作是自下而上的，因此，"起"又引申为"物体自下而上的动作"，如"飞起：春秋·孙武《孙子·行军》：'鸟起者，伏也。'""浮起：汉·王粲《杂诗》：'风飙扬尘起，白日忽已冥。'"等。而此时"起"的语用环境有两个特点，一个是"自下而上"，另一个是"从无到有"，即这样的动作对于平面上方的空间来说是一个从无到有的过程，并且人们认识世界的过程总是从自然界转移到人类社会，因此，"起"在使用过程中其语用环境从自然的动作扩大为有人类参与的创造性活动，即建造房屋，而此时，"起"就有了"兴造，建造"的意义，这时的"起"既表示"自下而上"，又有着"从无到有"义，如：

（1）五日遗之巧工良材，使之起宫室以尽其财……（东汉·赵晔《吴越春秋·勾践阴谋外传·勾践十年》）

（2）素居永安，造大舰，名曰五牙，上起楼五层，高百余尺，左右前后置六橹竿，并高百五十尺，容战士八百人，旗帜加于上。（唐·李延寿《北史·杨敷列传》）

（3）主人起楼何太高？欲夸富力压群豪。（北宋·欧阳修《欧阳修集·居士外集·寿楼》）

（4）守敬尝起水浑莲、浑天漏、大小机轮凡二十有五。（清·毕沅《续资治通鉴·元成宗大德二年》）

我们认为表示量词"层"的"起"就由"兴造，建造"在"建造房屋"特别是"建楼"这样的语言环境中发展而来。首先，拿建造楼房来说，楼的层数多为两层或者两层以上，古今都如此，如：东汉·许慎《说文解字·木部》："楼，重屋也。从木娄声。"并且，无论古今，建楼时，建造过程中很多工序都需要自下而上逐层完成，最终建成也是按照一楼至顶楼的顺序，而完成一层就可以称为一起，完成两层可称为两起，建造其他建筑物如宫室、台观也是如此，每一次完成的相对完整的部分也可以称为一起，因此，起就有了"层"的意思。只是，表示"层"的"起"在古代用例不多，如：

（5）后长七尺二寸，青白色，方口美发，为四起大髻。（东汉·《东观汉记·明德马皇后传》）

（6）恰好庄间狄员外大兴土木，创起两座三起高楼，狄希陈托了管理为名，陪伴父亲在庄居住。（明·西周生《醒世姻缘传》第六一回）

其次，汉语中名量词的来源多为名词，但也有一小部分是由动词转化而来。表示"层"的"起"是由动词义"兴造，建造"引申而来，这符合汉语量词的发展规律。另外，汉语中有很多量词的发展过程与"起"

相似，如量词"束""抱""堆"等。"束"的动词义为"捆绑"，后来绑起来的一捆或一扎又被称为"一束"；"抱"的动词义多为用手臂围住，后来一次能抱起来的量又称为"一抱"；"堆"多为把某些东西堆积在一起，后来一次堆起来的量又被称为"一堆"。并且，"起"作为"层"使用在现今已经非常普遍，但多存在于北方地区，如：

　　（7）只见一个漫岗之上分布着几十座土坯矮房，周围土墙密布，墙角路口矗立着三起楼的炮台。（成玄《张作霖演义》第二回）

　　（8）南京西式教堂，教士住院两起楼，五六间悉行拆毁。（王成义《徐光启家世·保教》）

　　（9）这门洞里呈"凹"状的两起楼，一间房月租大洋两元。（青岛市市南区政协《里院·青岛平民生态样本·润德楼》）

　　此外，现今的青岛的洪泰商场又名"五起楼"，这栋楼建造于1933年，系财阀李莲溪所建，当时规定楼高不超三层，而此楼突破了高度限制，高五层，此楼建成后成为当地的一大景观，而此楼也被称为"五起楼"①。

　　以上，我们对辽宁方言中表"层"义的"起"的来源进行了探索，最终我们认为量词"起"是由动词"起"引申发展而来。在查阅文献过程中我们发现，表"层"的"起"在古代用例并不多，但在今天却存在多数北方方言中，并且使用频率非常高，这至少能说明表示"层"的"起"古已有之，但是为什么用例很少呢？我们推测这一方面可能是由于"起"多用于口语，而书面语中人们最多使用的还是"层"。并且，"层"作为量词使用至少在春秋时期就已经出现了，"起"用于"层"出现的时间在其之后，受人们语言使用习惯的影响，"起"的使用范围不会太广。另一方面，"起"在古代就是一个意义非常多的基本词汇，就《汉语大词典》收录情况来看，清以前"起"的词义就多达62个②，如此多的意义不利于人们的日常交流和理解，而"层"的意义相对于"起"要少很多，并且人们已经习惯于使用"层"，因而，"起"的使用范围会更小，最终

---

① 窦世强绘，李明著：《画说青岛老建筑》，青岛出版社2010年版，第362页。

② 罗竹风主编：《汉语大词典》第9卷，汉语大词典出版社1986年版，第1085页。

得以存在于方言中，并流传至今。

呁［tɕhin⁵¹］

"呁"多用来表示猫狗等呕吐，但在辽宁方言中还用来指人，是个贬义色彩非常浓厚的词语，它有两个意思，一是"呕吐"，多指人过量饮酒造成的呕吐，例如："见酒没命！看你呁这一地，咋收拾？"二是形容人"胡说八道"，例如："一天天净胡呁，没根没据地，瞎说啥？"有着以上用法的"呁"还存在于北京、河南等一些北方方言中，鲜见于南方方言，那么，"呁"的这些用法又是如何得来的呢？

"呁"在古代多用于猫、狗呕吐，同"呇"，南朝·顾野王《玉篇》："七浸切，犬吐也，亦作呁。"北宋·陈彭年、丘庸《大宋重修广韵》："七鸩切，犬吐。"方言中用来形容人呕吐的"呁"就是由此引申而来。

清·蒲松龄《日用俗字》："吐酒犹如猫狗呁，好土空把堲坑填。"由此可见，用"呁"来形容人"呕吐"首先是由于在"吐"这个动作上，人与猫狗是相似的，这就为用"呁"来形容人呕吐提供了可能性。那么，为什么方言中不用"吐"而用"呁"呢？例句中说"吐酒"类似于猫狗呁，上文也提到，辽宁方言中的"呁"多用于醉酒后的呕吐，我们知道，自古以来喝醉酒的人一直都是被人们所讨厌的，辽宁更是如此，"呁"有非常强烈的贬义色彩，更符合人们的表达需要，因此会选用"呁"。那么"呁"为什么会有贬义色彩呢？

那是因为"呁"与其他很多贬义词一样，原本都是用于物，后来用于形容人，这就把物与人等同起来，而在人们看来，把人比作物是对人格的一种贬低，因此，这样的词在指人时就带有了贬义色彩。需要强调的是，这里的物多指那些低等的或者被人们所厌恶的，如果是被人所喜爱或崇拜的物，那么引申后的词语就不是贬义了。"猫、狗"在人们看来就是比较低等的动物，并且"犬"在中国文化中是低三下四、阿谀谄媚这类人的代名词，因此，"呁"由"犬吐"引申为人"呕吐"自然就会带有贬义色彩。再如"货"，多用为"攘糠的货""夯货""色货"等，这里则是把人比作供人处置的"货物"，贬义色彩也很强烈。还有很多直接把人比作动物的贬义词，如"狼心狗肺""狗仗人势""鼠目寸光"等，这样的引申方式也是贬义词的来源之一。

对于"呁"的"胡说八道"这一用法，其来源也与猫狗呕吐有关。

猫狗呕吐吐出来的都是污秽之物，而"胡说八道"指说一些没有根据、别人不爱听的话，二者都从口出，因而，可以把后者看作是前者的引申，并且由上文分析可知，"吣"用于人时有着强烈的贬义色彩，"胡说八道"的内容也是被人所厌恶的，因此，"吣"符合人们的表达需要，并且相对于"胡说八道"，"吣"音节数量少，因而使用起来更方便、经济。其实，相对于"呕吐"，"吣"更常用于"胡说八道"，例如：

（1）雪贞红了脸说道："我把你……你做姊姊的嘴里胡吣，到底说的什么话儿，我饶了你不姓庄。"（清·司香旧尉《海上尘天影》）

（2）凤姐听了，连忙立眉嗔目断喝道："少胡说！那是醉汉嘴里混吣，你是什么样的人，不说没听见，还倒细问！等我回去回了太太，仔细捶你不捶你！"（清·曹雪芹《红楼梦》）

（3）"刘跃进，你胡吣个啥？你妻离子散，挨得着我吗？你老婆跟人跑，是六年前的事。"（刘振云《我叫刘跃进》）

（4）"你别胡吣。别以为这是八路的天下，没人敢管你，会有人找你的。"（冯志《敌后武工队》）

赇［tɕʰiŋ²⁴］

"赇"在辽宁方言中表示"等待接受某种后果"，如："冲这个笑，冲那个哭，一个走神儿，该笑的你哭了，那就赇倒霉吧，这还不够你整天提溜着心呐？"（苏叔阳《左邻右舍》）或者表示"干等，不作为；坐享"等义，如："申大姐笑笑说：'赇等看你的灯就是了，怎么走法没你的事儿。'"（孙英、钟琪《棒捶砬子和拉拉秧》）

"赇"也多与其他词组合，如"赇等""赇受""赇好儿"等，都有着"等待""不作为"等意味，并且，这些词语在很久以前就已经出现了。但是在很多古今文献中，除了如上文一样写作"赇"外，还写作"擎"或"情"，例如：

（1）你从此往前去看，管叫你擎吃擎穿。（清·蒲松龄《聊斋俚曲集·俊夜叉》）

（2）这样好模样儿，除了宝玉，什么人擎受得起。（清·曹雪芹《红楼梦》第 82 回）

（3）俺哥哥合情汉家基业，则你这东吴国的孙权，和俺刘家却是甚枝叶？（元·关汉卿《单刀会》第 4 折）

（4）你只是情吃情穿，比当军受用的自然。（清·蒲松龄《增补幸云曲》第 16 回）

通过例子可以看出，意义完全一致的方言词语在用字上出现了分歧，并且这样的分歧在很多方言词典中也存在，这就造成了书写上的混乱，因而，明确并统一词语的用字是非常有必要的。下面将分析"赌""擎""情"三字间关系。

"赌"最初的意思为"赐"，南朝顾野王《玉篇》卷二十五："赌，赐也。疾盈切。"后又表示"受赐，接受"，即由主动给予变为被动接受，如：

（5）一曲南风奏古宫，坐赌神物愧无功。（元·耶律楚材《和韩浩然韵二首》）

（6）受人之物曰赌。慈盈反。（明《山西通志》卷四十六）

（7）看你积将家业，郐有谁赌？（明·吕坤《宗约歌·戒隐丁》）

这时"赌"多用于比较正式、严肃的场合，因为旧时等级森严，"赐"又多指地位高的人或长辈把财物等送给地位低的人或者晚辈，并且所"赌"之物一般会比较贵重，如例 5、例 7。值得注意的是，"赌"在表示"受赐"或"接受"时，就带有了"什么都不做就得到"的意味。例 5 中"坐赌神物愧无功"表示"为了什么也没做只等着接受神物而感到愧疚"，"坐赌"就表示"坐等接受"，这里的"赌"就带有了"干等"，"不作为"的意味；例 7 中的"赌"表示"继承家业"，这也是什么都不做就能得到产业。而表示"接受"并带有"干等"，"不作为"意味的本字就是"赌"。对于"赌"所具有的贬义色彩，这是文化因素造成的。中国自古以来崇尚劳动，主张自食其力，因而蔑视不劳而获的人，也因此，白白接受别人东西这种做法是被人所不齿的，相应地，"赌等"

"赌受"等词在使用时就带有了贬义。

对于另外两种写法，"情"多表示"心情""感情""性情""情趣"等，这些都与人的内心世界以及修养有关，而与"接受"无关。"情"与"赌"音同而义别，因此可以看作是"赌"的假借字。而"擎"除具有"持""举"的意义外，还有"支撑，承受"的意思，虽然"承受"与"接受"意义相近，但仍有差别："赌"强调"愿意接受"这样的意向更多些，"承受"则更多的是强调"被动接受"。"擎"与"赌"音近而义微殊，因此也可以看作是"赌"的假借字。

糗 ［tɕhiəu²¹³］

"糗"在辽宁方言中有两个意思，分别是：（一）熬、煮，如：大米不好烂，开锅之后得糗一会儿再往外捞。（二）米或面条等因煮的时间过长而变成粥状，如：面条开锅就得往外盛，要不就糗了。"糗"的这两种用法在辽宁地区使用非常普遍，此外也广泛应用于北京、山东等地的方言中。那么，"糗"以上两种意义的发展过程是怎样的呢？

"糗"指炒熟的米、麦等干粮，《说文·米部》："糗，熬米麦也。"桂馥义证："米麦火干之乃有香气，故谓之糗……无论捣与未捣也。"南朝顾野王《玉篇·米部》："糗，糒。"如：

（1）峙乃糗粮，无敢不逮。（《尚书·费誓》）
（2）舜之饭糗茹草也，若将终身焉。（东周《孟子·尽心下》）
（3）鸡豚糗醑得及宗族。（唐·柳宗元《零陵三亭记》）
（4）若贫困之家，苦于无霁，将湿谷升于锅内，燃薪其下，炸去糠膜，收炒糗以充饥，亦补助造化之一端矣。（明·宋应星《天工开物·稻灾》）

后又指"粥"，如：《国语·楚语下》："每朝设脯一束、糗一筐以羞子文。"韦昭注："糗，寒粥也。"唐代徐坚《初学记·岁时部下·元日》中引陆翙《邺中记》曰："并州俗，冬至后百五日，为介子推断火，冷食三日，作干粥。今之糗是也。"可见，"糗"既可指炒熟的干粮，又可指粥，这两种都是已经加工过可以食用的食物，而方言中表示"熬、煮"的"糗"就来源于此，即由加工后所得的食物引申指加工的过程，引申前后的意义有很强的相关性和连续性。汉语中发展过程与"糗"相似的词语有很多，如：我们常把打开瓶装类物体的盖子称为"起"，如"起瓶盖儿"等，也因此，用于起酒瓶特别是啤酒的工具就被称为"酒起子"了，这里的"起"就是由开瓶这种动作引申为指称执行这种动作的工具。再如"棒"，"棒"有木棒的意思，古时会用来打人或执行刑罚，后来，"棒"就有了"用棍棒打"的意思了。可见，有着很强的连续性和相关性的意义是可以相互引申的。只是，引申后用于"熬、煮"的"糗"多用于方言口语中，也存在于书面语，但是频率不高，如：

（5）用煤窝地区生产的小米，无论是焖饭还是捞饭，蒸饭，或是熬粥、糗粥，都是香甜可口。（赵永高、张旋里《在门头沟的版图上：军响乡·煤窝小米》）

河北邯郸方言中也有用"糗饭"来表示"蒸米饭"的例子，这里的"糗"就指"蒸"，这虽与辽宁方言中的"糗"有些许差异，但同为做饭的过程或方式，因而，"糗"由"加工后的食物"引申为"加工的过程"是有一定合理性的。

方言中"糗"的第二种意思，即"米或面条等因煮的时间过长而变成糊状"，则是在"熬、煮"基础上的进一步引申，此外，在辽宁方言中，煮好的粥或面条因放的时间过长也会被称为"糗"，只是这种情况下的"糗"使用频率较低，多被"坨"代替。无论米或是面条，熬煮的时间过长就会变成粥状，这时就可以说"饭糗了"或"面条糗了"，这样用法的"糗"使用也比较广泛，如：

（6）轻舒一口气站起来，仿佛完成一桩艰巨的工作那么轻松，待她盛面吃时，那锅面早已面糗汤稠而冷冰冰了。（刘琦香《白云悠悠思父亲：一个女儿的记载·幺妹》）

（7）贺老六怕面条糗了，是一路跑着来的，他自己还没吃。（曹明霞《蝴蝶斑》）

这两个例子中，例6中的"糗"可理解为面煮的时间过长最终变成了糊状，例7中的"糗"则指面放的时间久了而变坨了。

以上，我们对辽宁方言中表示"熬，煮"以及"米或面条等因煮的时间过长而变成粥状"的"糗"的发展脉络进行了梳理，从而知道，表示"熬，煮"的"糗"是在"炒熟的米、麦等干粮"基础上的引申，而"米或面条等因煮的时间过长而变成粥状"义则是在"熬，煮"基础上的引申。

R

肉 [Øiəʊ⁵¹]

辽宁方言中的"肉"除了具有其在普通话中的意思外，还用来形容人"性子缓慢，动作迟缓"，相当于"不麻利"，"不爽快"，如：你怎么这么肉，快走两步不行吗？除在东北地区外，在天津、河南、新疆、江苏等地都在使用。我们常用的"肉"都指肌肉、脂肪等，那么，方言中用法的"肉"是如何来的呢？

"肉"的本义为"供食用的禽兽肉"，《说文·肉部》："肉，胾肉。"段玉裁注："胾，大脔也，谓鸟兽之肉。"如：

(1) 噬干肉，得黄金，贞厉无咎。(《易·噬嗑》)
(2) 食草者善走而愚，食肉者多力而悍，食谷者智而不寿，食气者神明不死。(东晋·葛洪《抱朴子·内篇·杂应》)
(3) 这些巡江的官，来到馆驿里，把我不是打便是骂，要酒吃要肉吃，迟了些就打嘴巴拳。(元·无名氏《冯玉兰夜月泣江舟》第四折)

后又指"人的皮肤、肌肉和脂肪层"，如：

(4) 在体为肉。(《素问·阴阳应象大论》)
(5) 性复疏懒，筋驽肉缓，头面常一月十五日不洗。(三国·魏·嵇康《与山巨源绝交书》)
(6) 同恶者，父母妻子皆屠死，肉喂狗鼠鸱鸦。(唐·韩愈《张君墓志铭》)

（7）佛父母所生血肉之躯也……血与肉柔者也。（明·李翀《日闻录》）

如今普通话中"肉"的意义就同上，但是在使用过程中，"肉"的意义又有所变化，不仅指"肌肉，脂肪"等，还用作形容词，形容人"性子缓慢，动作迟缓"。因为无论是肌肉还是脂肪，其质地都比较软并且有韧性，特别是在生肉的状态下。性子慢、动作慢说明做事不干脆利落，像肉一样软乎乎。在有些方言中，肉可形容东西不脆，如"这西瓜瓤儿太肉，不好吃。"（转引自《大词典》）从物体的不干脆引申出性格的不干脆，从具体到抽象，符合词义的一般引申规律。所以，形容人性子慢、动作慢的"肉"就来源于其"质地软，有韧性"这一特性，这一用法的"肉"在清代时期就已经出现了，并且在今天使用也非常普遍，如，

（8）郑大老爷，不是我太肉，任凭怎样，今日总不得过闸。（清·邢上蒙人《风月梦》第四回）

（9）男的在前面飞驰，女的在后面紧追，有几匹马实在太肉，结果小伙子挨了不少鞭子。（尚崇龙《水在戈壁滩上的辣椒·博尔塔拉随笔》）

（10）我说老季，你啊就是太肉，什么时候都没个准主意。（龙震《神石武士·起死回生》）

（11）队长，你哪点都好，就是办事不干脆，太肉。（李惠文《三人下棋》）

在汉语中，不仅仅"软，有韧性"可以引申为"缓慢"，相反，也有用"干脆"表示"快"的用法，如形容人说话做事爽快，也可以说成此人说话做事干脆，这样的用法在我们的生活中非常常见，如例11中的"不干脆"，这样的用法在我们生活中非常常见，这里不再赘述。

以上，我们对方言中形容人"性子缓慢，动作迟缓"的"肉"来源于其所具有的"质地软，有韧性"这一特性，并且，在汉语中，"慢"或"快"与"软，有韧性""脆"有关，如上文中，比较软、有韧性的"肉"又可以指"慢"，表示"快"也可以用"干脆"来形容。

S

伤 [ʂɑŋ⁴⁴] [ʂɑŋ³¹]

"伤"在辽宁方言中表示"因过度而不能忍受或不能继续"，如："这孩子从小吃肉吃伤了，现在一点儿肉不吃。"也指"因长期劳动过重而受内伤"，"你就是年轻时伤累啦，现在啥累活儿也干不了。""伤累"也作"伤力"。"伤累"指"长期劳动过重而受内伤"，也可看作是"劳累过度而不能继续"。我们取"因过度而不能忍受或不能继续"义来解释辽宁方言中的"伤"。"伤"的这一用法不仅存在于黑龙江、北京等地的方言中，在河北等一些地区的方言中也有很高的使用频率，那么，"伤"的这一用法是如何来的呢？

"伤"本义为"创伤"，名词性，《说文·人部》："伤，创也。从人，矞省声。"如：

（1）若跣弗视地，厥足用伤。（《尚书·说命》）
（2）医善吮人之伤，含人之血，非骨肉之亲也，利所加也。（东周·韩非《韩非子·备内》）
（3）七日则泯如旧，但自项及脊彻尻，有痕如刀伤。（北宋·李昉等《太平广记》卷三四四《张弘让》）
（4）揭开上半截，看项下果是刀伤。（明·抱翁老人《今古奇观》第十九卷）

外界对身体造成伤害的结果即为产生"创伤"，因而，"伤"又由名词"创伤"引申为造成创伤的原因，即"伤害，损害"，如：

（5）然犹防川，大决所犯，伤人必多，吾不克救也。（《春秋左氏传·襄公三十一年》）
（6）若狱犴淹枉，伤民害教者，具以事闻。（南朝·沈约《宋书》卷八《明帝本纪》）
（7）丁未，河南大蝗伤稼，遣官分道捕之。（元·脱脱等《金

史》卷一四《宣宗本纪》）

（8）大王恃彼雄威，霸踞此地，常以雪雹为虐，坏民宅舍，并伤民命。（清·魏文忠《绣云阁》第四十二回）

后又引申为"太，过度"，而"太，过度"即为某些东西相较于理想中的或者一般、正常的情况显得过多了，这就会使其无法达到预期或正常状态，因而这在某种程度上也是一种损害，成语"过犹不及"所表达的意思就与此相通。因此，引申后的"太，过度"，其本质也是造成伤害，这与"伤"的以上两个意义是一脉相承的。只是在词性上，"伤"由动词变成了副词，汉语中很多副词都来源于谓词性词语，如："老死不相往来"中的"相"，"暗暗地想"中的"暗"以及"好多"中的"好""真富有"中的"真"等。并且，在今天的山西西南部以及福建等地的方言中，仍旧有"伤"表示"太，过度"的用法。这一用法的"伤"在古代使用频率也比较高，如：

（9）婴儿常病伤饱也；贵臣常祸伤宠也。（东汉·王符《潜夫论》卷三《忠贵篇》）

（10）且看欲尽花经眼，莫厌伤多酒入唇。（唐·杜甫《曲江》之一）

（11）饮食不惟禁止生冷，亦不可伤饱，亦不可伤饥……衣服不可过薄，亦不可过厚。（北宋·司马光《与王乐道书》）

（12）如偶以衣薄而致寒，略为食多而伤饱，寒起畏风之渐，饱生悔食之心，此即病之机与势也。（清·李渔《闲情偶寄·颐养部·却病第五·病未至而防之》）

对于"伤"的这一义项，旧《辞源》《辞海》、新《辞源》，甚至今天常用的《汉语大字典》中都没有收录①，一些学者注意到了这个问题，并发文对其进行补充，如甘于恩先生在《"伤"字补义》一文中针对吴琦幸先生在《"伤"字新解》中对"伤"的解释作了补充，即唐·杜甫

---

① 刘凯鸣：《副词"伤"源流初探——兼与吴琦幸先生商榷》，《汉语学习》1985 年第6 期。

《曲江》诗之一："且看欲尽花经眼，莫厌伤多酒入唇。"中的"伤"即为"太，过度"义，并又引字书及更多古文献中的用例对这一说法进行印证，此外，他还借助今天闽方言中有着同样用法的"伤"来更进一步证明"伤"的确有"太，过度"的意思，从而也促进了辞书的进一步完善。① 此外，刘凯鸣先生在《副词"伤"源流初探——兼与吴琦幸先生商榷》一文中也提出"伤"有"太，多度"义，并从东汉至清代文献中引例加以说明和探源，但是，我们认为作者关于"伤"的源头以及发展后的分支的讨论还值得商榷，这里暂不讨论。但可以确定的是，"伤"确有"太，过度"义，《汉语大词典》已收录此义项，而辽宁方言中表示"因过度而不能忍受或不能继续"的"伤"就是对"太，过度"义的沿用并有所发展，方言中的用法指因过度而对主体的某种能力或身体状况造成伤害，这指出了"过度"后的结果，并且相对于主体的感受来说的，更具体了，因而使用范围缩小。这一用法在古代就已产生，在今天也仍被广泛使用，如：

　　（13）马伤水：用葱、盐、油相和，槎成团子，内鼻中。以手捉马鼻，令不通气，良久，待眼泪出，即止。（唐·韩鄂《四时纂要·春令》卷之二）

　　（14）幼年战争伤力，衄血于心，每尝作痛。（明·秦淮墨客《杨家府世代忠勇通俗演义》第四卷《孟良入辽求发》）

　　（15）还有人说，吃小米吃伤了，看到小米饭就饱了，进城后大概不会吃小米了吧。（刘金田《红色精神·西柏坡精神·进京赶考》）

　　（16）浑身瘦，面焦黄，伤力咳嗽打空腔。（吴文良、李宗璞《秦皇岛市歌谣卷》）

　　以上用例中，"伤水"指马因饮水不节而导致生病，"伤力"指由于过于劳累使身体受到伤害，"吃伤了"意为连续吃小米，最终使人产生厌烦心理，甚至不想再吃，这些都为过度最终产生的结果。

　　以上，我们对辽宁方言中"伤"用法的来源作了简单分析，从而知

---

① 甘于恩：《"伤"字补义》，《辞书研究》1986年第4期。

道方言中的用法是对"太，过度"义的沿用和发展。并且，如今山西、福建等地的一些方言中仍有用"伤"来表示"太，过度"义的情况，这也就说明了同一个方言词语在不同的方言中其发展是不平衡的，而对这些方言词语进行研究无疑会对汉语史的发展提供更多的借鉴。此外，"伤"的"太，过度"义在今天的《汉语大字典》中仍未被收录，我们认为需要适当进行增补。

死 ［sɿ²¹³］

"死"在辽宁朝阳方言中还可作为程度副词表示"很，非常"等，如：他这个人死懒死懒的。副词"死"在整个东北地区使用都非常普遍，不仅如此，在山西、陕西、江苏、湖南、湖北、浙江等地的使用频率也非常高。我们知道，"死"最初为实词，而现今能作为程度副词来使用实际上是语法化的结果，那么，"死"发展为程度副词的过程也就是其语法化的过程，以下我们就对这一过程进行探析。

"死"最初为动词，指生命结束，《说文·死部》："死，澌也，人所离也。"段玉裁注："死，澌也。水部曰：澌，水索也。《方言》：'澌，索也，尽也。'是澌为凡尽之称，人尽曰死。"《释名·释丧制》："人始气绝曰死。死，澌也，就消澌也。汉以来谓死为物故，言其诸物皆就朽故也。"

（1）王室多故，余惧及焉，其何所可以逃死？　（《国语·郑语》）

（2）凡民自得罪：寇攘奸宄，杀越人于货，暋不畏死，罔弗憝。（《尚书·康诰》）

引申为"拼死，拼命"，需要"拼死，拼命"做成的事一定是主体必须要做的，并且这样的举动多是绝地反击，不计后果的，以致最终付出生命的代价，可见这种做法是非常极端的。如：

（3）将者不可以不义。不义则不严，不严则不威，不威则卒弗死。（《银雀山汉墓竹简·孙膑兵法·将义》）

（4）夜出，穷寇死战。其车骑锐士，或冲我内，或击我外。（战

国·吕望《六韬·虎韬》)

（5）信、耳已入水上军，军皆殊死战，不可败。（东汉·班固《汉书·韩信传》）

"死"指生命结束，到了尽头，因此，"死"又引申出"穷，尽"义，三国魏张揖《尔雅·释诂四》："死，穷也。"《荀子·大略》："流言止焉，恶言死焉。"杨倞注："死，犹尽也。"《大戴礼记·本命》："化尽数穷谓之死。"后又指"止息，消失，灭"等义，也即结束，到了尽头，如：

（6）又如晓江平，风死波不皱。（唐·陆龟蒙《读〈襄阳耆旧传〉因作五百言寄皮袭美》）

（7）孤亭夜深墨，风死雨初霁。（北宋·秦观《东城被盗得世字》）

（8）员外哄的夫人剔灯，一口把灯吹死。（明·兰陵笑笑生《绣像金瓶梅词话》第三十九回）

由以上分析可知，"死"有"生命结束""拼死，拼命""穷尽，止息"的意思，不难发现，这些用法的"死"都有着到了尽头，达到极端的意思。"生命结束"和"穷尽，止息"指某种状态结束了，"拼死，拼命"是一种非常极端的做法，这种尽头、极端义在程度上来讲是非常高的，也正是由于这种尽头、极端义很容易促使"死"演化出程度副词的用法。辽宁方言中就存在很多演化过程与此类似的程度副词，如"恶""邪""贼"等，都是由于其作为实词时所表达的意思在程度上极高，后逐渐引申出了程度副词的用法。

以下用法中的"死"就已经显现出其演化为程度副词的趋势，这也可以看作是"死"演化为副词的过渡阶段，如：

（9）为人性僻耽佳句，语不惊人死不休。（唐·杜甫《江上值水如海势聊短述》）

（10）今奴才死不肯招，若必求其人，他又要信口诬害，反生株连。（明·凌濛初《二刻拍案惊奇》卷十五）

（11）这金橘极孝顺，婆婆着他去躲，死不肯去。（清·不题撰人《隔帘花影》第九回）

以上所举例子中的"死"都表示不肯妥协的态度十分坚决，态度坚决的程度非常高，这种坚决的程度是通过"死"来表达的，可以理解为"到死都不……"这里"死"还保留着其实词的意义，被用来提高程度，但已经有了虚化的趋势。随着使用频率的增加，"死"又用做补语，表示程度达到极限，此时其实词义又得到了进一步的虚化，如：

（12）这添添小哥，今年十三岁，天生的甚是聪明，父亲欢喜死他，却那里知道这就里也。（元·杨文奎《儿女团圆》第三折）

（13）真正的二奶奶的嘴，怕死人。（清·曹雪芹《红楼梦》第三十五回）

（14）赶车的大爷慢死啦，耽误了我好几天的工夫呢。（施定柔《迷侠记》第九章）

这里的"欢喜死""怕死"就指"非常喜欢""非常害怕"，并且在程度上要比"非常喜欢""非常害怕"更高，无限接近于极端，但是此时的"死"还不是程度副词，而是作为程度补语表示达到了极限，"死"最终发展为程度副词的时间比较晚，应该是在现代：

（15）帮着干点活儿，别死懒死懒的。（李泉《憩园秋韵·小升旗手》）

（16）长沙的冬天死冷死冷，冷得彻头彻尾，和长沙的酷暑一样有名。（木子红《万叶千声·不怕冷的二十岁》）

（17）都九月天了，还死热死热的，热得那个邪性哟！（周思源《风华绝代冯太后》第二章）

（18）开始，我也是这么想的，可思来想去，真的没有半点办法，咱这旮旯死穷死穷的，就是找个根本人家还不得受苦受穷一辈子。（孙文彬《老姨》）

但是，"死"作为程度副词还与"很，非常"不同，这种不同表现在两方面，一方面是与"死"搭配的词语在范围上要比"很，非常"窄，即"死"所修饰的词语是有选择性的。"死"所修饰的词语多为那些给人们带来不好的感受或者人们不愿接受的，常用的搭配如："死懒""死穷""死贵""死热""死慢""死沉"等，但是很少有"死勤快""死富有""死便宜""死凉爽"等说法，这与"死"的实词表意有关。沈家煊先生在《"语法化"研究综观》一文中对"语法化"的规律进行了归纳，其中之一就是"保持原则"，即"实词虚化为语法成分以后，多少还保持原来实词的一些特点"①。由上文分析可知，"死"的实词义多与"死亡""消失"等有关，而这些都会给人带来不好的感受，是人们极度排斥和不愿意面对的，因此，"死"具有强烈的贬义色彩，这一感情色彩在"死"虚化为程度副词之后仍旧保留着，并表现在"死"的搭配对象的选择上，因此，其修饰的对象就呈现出了上述特点。而相较之下，"很，非常"修饰的对象则没有过多的限制。另一方面则是，与"死"组成的词语都能重叠为 ABAB 式，并且这也是常用形式。如上文所举的例子在使用时常常是"死懒死懒的""死穷死穷的""死贵死贵的""死热死热的"等，并且，这种重叠形式的使用频率要高于不重叠形式。原因在于非重叠的词语在感情色彩上要比重叠后的更强烈。由于"死"所修饰的词语多为那些给人们带来不好感受的，而"死"作为程度副词本身在程度上就要高出一般，无限接近于极端，因此，当"死"与这些词语进行搭配时往往带有强烈的不满情绪，这种不满情绪不适合人们日常交流的语境，为了使这种不满情绪的程度减轻，人们会选择将其重叠。重叠也是使程度降低的常见手段，"所有的词语重叠都与量的变化有直接或间接的关系。因此可以说，词语重叠是一种表达量变化的语法手段，'调量'是词语重叠的最基本的语法意义"②，而重叠在这里就起到了调节"程度的量"的作用。又朱德熙先生在《现代汉语形容词研究》一文中指出，性质形容词重叠式用作定语和谓语，"不但没有加重、强调的意味，反而表示一种轻微的程度"③，这也是与"死"搭配的词语重叠后所达到的效果。而"很，非常"为一般的程度副词，所表达的意义适合人们日常交流，因此，重叠

---

① 沈家煊：《"语法化"研究综观》，《外语教学与研究》1994 年第 4 期。

② 李宇明：《论词语重叠的意义》，《世界汉语教学》1996 年第 1 期。

③ 朱德熙：《现代汉语形容词研究》，《语言研究》1956 年第 1 期。

式使用频率相对较低，只有在有特殊表达需要的情况下才会使用重叠式。

由上文可知，"死"在发展为程度副词之前曾作为程度补语使用，我们知道，程度副词的"死"出现时间较晚，但是用于程度补语的"死"在出现时间上则存在疑问，《汉语大字典》和《汉语大词典》中均列出了"死"的"形容极甚"这一副词用法，并且在引例上，首例皆为："东汉班固《汉书·霍光传》：'今将军填墓未干，尽外我家；反任许史夺我印绶，令人不省死！'"第二个例子则是出于元代文献，即："元杨文奎《儿女团圆》第三折：'天生的甚是聪明，父亲欢喜死他。'"并且，我们在查阅文献时也未在东汉至元之间的文献中找到例子，这就出现了一个问题，即"死"在上古、中古时期是否就已经有了程度补语的用法？如果没有，那么，两部辞典中的引例就出现了问题；如果有，那么为什么在东汉至元近1000年间的文献中都没有找到用例呢？我们认为是前者，当然，究竟是哪一方面存在问题还需要对其进行更加详尽的探讨，这里不再深究。

以上，我们对辽宁方言中程度副词"死"的来源及发展过程进行了探讨，从而知道，"死"转化为程度副词的过程也就是它的语法化过程。实词"死"的多个义项都有着"尽头，极端"等义，也正是这样的意思促使"死"最终演化出了程度副词的用法，并且引申为程度副词的"死"在感情色彩上还保留了其原有的贬义，这就对"死"的修饰对象造成了限制，即修饰的多为那些人们所极度排斥或不愿接受的。此外，程度副词"死"在使用时常与其搭配对象一起重叠为 ABAB 式，并且这一重叠式使用频率相对较高，这与"很，非常"等不同，文中也对此进行了详细说明。通过以上的分析和梳理，我们发现，语用和认知在语法化过程中扮演着重要的角色，即"死"在最初所表达的意思多与"死亡"有关，而死亡多与尽头、极端等相联系，由于认知的原因，人们也往往容易将此与程度高联系起来，又"死"从古至今都是一个基本词汇，为了便于使用和理解，就会出现用"死"来表示程度高这样的用法。"死"在发展过程中会随着使用情况的变化而不断衍生出新的意义，而不断变化的使用情况必然会伴随着人们对事物认识的不断深化，这既是词语演变的过程，也是人们的认识不断发展的过程。

T

溻［tha²⁴］

"溻"在辽宁方言中有两种用法,分别是:(一)汗水、露水等液体使衣物等变湿,如: "他真能出汗,这么一会儿就把衣服给溻湿了。"(二)(衣服因湿透)黏(在身上),如:"赶紧把湿衣服换了,在身上溻着不难受?"这两种用法在地域上分布较广,不仅存在于东北地区,而且在新疆、山西、北京、山东以及江苏徐州等地也有着较高的使用频率。

"溻"在很早就有"湿"的意思,南朝·顾野王《玉篇·水部》: "溻,湿也。"北宋·司马光《类篇·水部》:"溻,湿也。"如:"唐·贯休《读〈玄宗幸蜀记〉》:'泣溻乾坤色,飘零日月旗。'"这里的"泣溻"就指"哭湿了"。辽宁方言中的第一个用法就同此,即液体使某物变湿,如:

(1)王罗锅儿穿的大褂比夹袍还厚,里头一身裤褂,完全溻透啦,脚底下走着这个烫,一边走,一边往下擦汗哪。(冯不异、刘英男《中国传统相声大全·古董王》)

(2)您想啊,上一场啊它就溻啦,再上一场,哎,溻了半截儿,您瞧多寒碜!(张寿辰《贼说话》)

而方言中的第二个用法则是在"湿"的基础上的引申。衣物等变湿就会黏在身上或者某处,因而,表示"湿"的"溻"就会引申为"黏",并且,这一意义使用比较广泛,如:

(3)爱犬一路跑来,虽没有太多抱怨,但一身略带卷曲的皮毛早已湿漉漉地溻在身上……(宋建《重在参与——罗马马拉松现场内外的镜头》,新华社 2013 年 3 月新闻报道)

(4)老范早已满脸通红,一件和尚衫溻在前胸后背上……(魏润身《顶戴钩沉》第四章)

在搜检文献时我们发现，"溻"在近代汉语中有"敷"的用法，如：明·朱棣等《普济方·诸疮肿门·诸疮肿》："凡溻渍疮肿之法，宜通行表，发散邪气，使疮内消也。"《普济方·上部疮门·口糜·代指》："但得一味冷药汁，溻渍之佳，若热盛服漏芦，及溻渍之即愈。"这里的"溻"是"将饱含药液的纱布或棉絮温湿敷患处"①，这里的"溻"有"敷"义，并且"敷"义由"湿"引申而来，"敷"即指"将物体浸湿，贴于患处"，可见，"溻"可以引申为"敷"，并且这与方言中的"黏"有着相似的引申路径，因此，"溻"引申为"黏"也是可以理解的。

以上我们简要分析了"溻"在辽宁方言中用法的来源，即表示"汗水、露水等液体使衣物等变湿"的"溻"是其古义"湿"在今天的延续，而第二种用法"（衣服因湿透）黏（在身上）"是在其古义"湿"基础上的引申，并且这一意义的"溻"与近代汉语中表"敷"义的"溻"有着相似的引申路径。

胎歪 ［thai⁴⁴ Øuai⁰］［thai³¹ Øuai⁰］

"胎歪"一词在整个辽宁地区都比较常用，但更习见于大连方言中，《大连市志·民俗志》解释为："胎歪：形容歪歪倒倒、像没有筋骨，立也立不住的样子。如：老王才40岁个老爷们，走路却像70岁老妇，老是胎歪着。"②

大连话中还可重叠为"胎胎歪歪"，指站姿歪歪扭扭的。"胎歪"的来源是什么呢？

"胎"指器物的坯。如：

> （1）以乱彩为宫殿台阁，屈竹为胎，张施为桢盖。（唐·张鷟《朝野佥载》卷五）
> （2）用大木于铁柱，于胎上塑立大悲菩萨形象。（宋·惠演《正定府龙兴寺铸像记》）

"胎歪"本来是雕塑术语，指泥塑的菩萨、佛像等泥胎不结实端庄，

---

① 马拴全、蔡国良：《中医外科学》，化学工业出版社2007年版，第6页。
② 大连市史志办公室编：《大连市志·民俗志》，方志出版社2004年版。

有些变形。大连话中"胎歪"是它的引申义，指人好像没有筋骨，东倒西歪，没有端正样。这个词不仅流传于大连话中，在东北其他地区也广泛使用。如：

（3）有一年，据说是渤海郡王打了败仗。渤海王带领三家王子和马步兵丁，退到了三江口。渤海王过江以后，兵马挨饿，没吃的了，闹得前进不得，后退不得，哪儿也走不了了。渤海王夜晚巡营，一看跟下来的兵丁百姓，连冷带饿，都快胎歪啦！再看军中战马，也都横躺竖卧，打不起精神。（《满族民间文学集·大马哈鱼救渤海郡王》）

东北地方戏剧龙江剧《荒唐宝玉》载薛蟠台词：

（4）贾宝玉！你别撑着捧着的，跟戏子结交其罪之一，把恭顺王的娇童撬为己有其罪之二。把我哄好了万事皆休，不然的话，我整胎歪你们！①

这里的"胎歪"有垮掉的意思。《简明东北方言词典》解释"胎歪"为：指人的身体过分衰弱。如：他身体太胎歪了，让他好好养养吧！比较看，大连话中"胎歪"，着重点在"不直"，东北方言强调的是"虚弱"，虽然词义略有差别，但是两者有联系，歪歪斜斜给人的感觉是衰弱、不健壮。龙江剧《荒唐宝玉》中的"胎歪"进一步引申为垮掉、完蛋。如：他被人罚了一万多块，一下子就胎歪了。这里的"胎歪"比喻人陷入绝境，垮掉了。

庹［thau²¹³］

"庹"在辽宁方言中表示"成人两臂左右平伸时两手之间的距离"，如：你去找根绳儿来，一庹来长就够。"庹"的这一用法存在于多种方言中，除辽宁、山东、山西等地，在浙江、湖南、云南等地的方言中使用也非常普遍。

---

① 杨宝林：《荒唐宝玉》，中国戏剧出版社 2001 年版，第 28 页。

　　"庹"出现的时间较晚，据文献记载，它的出现及使用大概在清代时期，其最初表义为"伸直两臂测量长度"，为动词性，清·吴任臣《字汇补·广部》："庹，音托，两腕引长谓之庹。"清道光二五年《胶州志》："肘量物曰庹。"后又引申为量词，表示"成人两臂左右平伸时两手之间的距离"，清·刘廷玑《清代史料笔记丛刊·在园杂志·庹》："庹，音托，丈量物件，两手舒平为一庹。今河工多用之。""庹"在今天的很多方言中都存在着，并且两种用法都在不同的方言中使用，用于动词的"庹"如：1918年《新昌县志》引《吴下方言考》："吴中以手量物曰庹。"用于量词的"庹"如：姜亮夫《昭通方言疏证·释人》："庹，以两手度物曰一庹两庹。"褚半农的《上海西南方言词典》中收录了"一庹"，解释为"两手左右平伸后的总长度。庹，音托。"可见，"庹"的存在是非常普遍的，但从上文也可以看出，有关"庹"的记录多出于方言志之类的文献，并且在查阅过程中也发现，"庹"很少见于文学性或叙述性比较强的作品，由此，我们可以推测"庹"是一个古方言词，并且一直在今天的方言中活跃着，如：

　　（1）说着，让秦始皇瞅着，伸开胳膊庹了一庹。（冯骥才《民间传说·秦始皇赶集》）

　　（2）你站稳了脚跟，听我庹一庹尺寸打一打价来吧！（郭宝昌《宅门逆子——走出宅门的爷》第七章）

　　（3）这种网是一种颇具特色的捕捞用具，一庹长，半庹宽，用四根齐胸的竹竿……（韩明飞《三塔谣·暑天河趣》）

　　（4）她弓着箭步，饱满的小腿肚子绷得鼓起一疙瘩腱子肉，白嫩的双臂将井绳一拽一庹多长……（贾兴安《状元秘史·艳遇》）

　　（5）横梁间一根钢管悬着半墙布帘，才一庹宽，烙着一窗乱影，忽然"嘎吱"一声让人拉过来，以他的肚脐为疆界横在面前。（钟伟民《花渡·主调·4》）

　　以上所举例子中，例1、例2中的"庹"为动词性，例3、例4、例5中的"庹"为量词。但在辽宁方言中，用于量词的"庹"比较常见，鲜见有用于动词的"庹"。

　　在查阅资料过程中，我们发现《汉语大字典》以及《汉语大词典》

中对"庹"的解释只限于量词的"庹",即"成人两臂左右平伸时两手之间的距离",而由上文可知,"庹"还可用作动词表示"伸直两臂测量长度",并且,在两部辞典中,"庹"词条下面的引例都为"《字汇补·广部》:'庹,音托,两腕引长谓之庹。'"仔细推敲引例中的"庹",将其处理为动词更好。

"庹"又写作"托":《大词典》解释为"以成人两臂平伸为度。"宋·庞元英《文昌杂录》卷三:"常以镴碢长绳沉水中,深及三十托以上,舟方可行。"《元典章·工部一·禁治纰薄缎匹》:"缎匹各长五托半之上,依官尺阔一尺六寸。"峻青《海啸》第二章:"'喏,顶大也只有这么两三托。'小于伸出两只胳膊比量着。"(转引自《大词典》)

按:《大词典》所引宋元文献似可商,"三十托""五托半"不是两臂距离,舟可通行,十米深即可,成人两臂在一米七左右,三十托不可思议。怀疑"托"指"拃",食指和大拇指间距离。江苏盐城方言作"抹拃"。

W

剜 [Øuan⁴⁴] [Øuan³¹]

"剜"在辽宁方言中除了表示"刻,挖"等意思外,还指用眼睛"瞪",即我们常说的"白他一眼",只是在人更愤怒、更生气时常用"剜",因而"剜"的程度要比"白"更深,如:也不知道为啥,我又没说她,她为啥总剜我?这一用法的"剜"在东北地区使用非常广泛,除此之外还常见于新疆吐鲁番、乌鲁木齐等地的方言中。

"剜",南朝顾野王《玉篇·刀部》:"剜,削也。"唐玄应《一切经音义》卷二引《字林》:"剜,削也。"《说文·刀部》:"削,挑取也。从刀,肖声。"段玉裁注:"削,挑取也。抉而取之也。挑,抉也。今俗云剜。"可见,"剜"最早表示"刻,挖"等意思,在古代使用广泛,并一直沿用至今,如:

(1)望钓得玉璜,剜曰:"姬受命,吕佐俭。"(《尚书大传》卷二)

（2）欲怨叹之不生，规其宁之惟永，犹断根以续枝，割背以裨腹，刻目以广明，剜耳以开聪也。（东晋·葛洪《抱朴子外篇·博喻》）

（3）二月卖新丝，五月粜新谷。医得眼前疮，剜却心头肉。（唐·孙光宪《北梦琐言》卷二）

（4）臣虽剜目不辞，只怕天下诸侯有不忍臣之剜目之苦也。（明·许仲琳《封神演义》第十八回）

（5）所有的理智回来了，所有的感官回来了，她是心却仿佛被人剜去，只留下一个鲜血淋漓的伤口……（李筝《步轻尘 3·剜心之痛》）

方言中用于"瞪人，白人"的"剜"就来源于其"刻，挖"义。瞪人或白人的动作首先是要用力地、狠狠地闭眼，然后用力睁开，而当人非常生气或气愤的时候，闭眼或睁眼时会非常用力，这时闭眼的动作就被人们比喻成"挖"，因而，方言中表示"瞪，白"的"剜"就出现了。其实，将方言中的词汇与普通话进行比较，方言中的词汇要更具形象性，更生动，这里的"剜"就是更好的例子，既能说出"瞪，白"这个动作，又更生动地将人物气愤的程度甚至表情展现出来，而普通话中"瞪"或"白"的表达效果相对于"剜"就会显得略逊一筹了。表示"瞪，白"的"剜"在今天使用频率非常高，如：

（6）家人也没在意，只是用眼睛剜了他一眼。（江东璞《一里一里的阳光·病因》）

（7）从此，老刘头成了我的最大敌人。每次碰到他，我都狠狠地剜他一眼，倒是他并不怎么在意。（厉剑童《女孩的春天·1977 年的一捆烧柴》）

（8）妻剜我一眼，嘴上却软了："大庭广众的，发啥火。"（叶雨、唐光源《窗外菊正黄·更年期和死脑筋》）

（9）青花狠狠剜他一眼："当然是我嫁你的时候了。"（西岭雪《命犯青花·青花》）

从例子中我们可以发现，并非所有"剜"的原因都是因为愤怒，也有的是因为其他原因，如例 8 中的"剜"则饱含了妻子对丈夫的包容和爱，例 9 则是由于责怪和害羞。

以上，我们对辽宁方言中表示"瞪"的"剜"的来源进行了梳理，从而知道用于"瞪人"的"剜"是在其"刻，挖"的基础上引申而来。并且，方言中用"剜"来表示"瞪人""白人"等动作体现了方言用词的灵活性，这样的用法无疑更具表现力。

靰鞡 ［Øu⁵¹la⁰］

"靰鞡"在辽宁方言中指"棉鞋"，事实上，"棉鞋"的这一称呼在整个东北地区都很常用。鲁迅的《风波》里写了"用十六个铜钉钉合的碗"，现在的年轻人很难理解了，当然也不能理解"没有金刚钻，哪敢揽瓷器活"这样的俗语，因为现在已经见不到补碗的行当。随着现代化的展开，有些传统行业（补碗）注定要消亡，有些俗语、民俗文化也难以理解。比如一个世纪以前，靰鞡鞋是关东百姓生活的必需品。很难想象，如果没有靰鞡鞋和靰鞡草，在苦寒的日子里，人们怎么熬过漫漫的冬夜。由于靰鞡鞋与人们的生活密不可分，所以产生了许多和靰鞡鞋有关的歇后语。比如：穿靰鞡迈门槛——先进褶（先进者），三十晚上穿靰鞡——穷脚（穷搅，意为惹是生非），二百钱一双靰鞡——贱皮子，谜语："有大有小，东北之宝。皮里没肉，肚里有草。脸上有褶，耳朵不少。放下不动，绑上就跑"，谜底就是靰鞡鞋。但是"靰鞡"到底是什么？它的形制如何？为什么说"穿靰鞡迈门槛——先进褶"？许多人已经不太说得清楚了，下面我们从古代文献中找出资料进行证明。

为什么东北民间称棉鞋为"靰鞡"？有一种说法很普遍，那就是靰鞡是"皇封"的鞋。传说有一年，乾隆皇帝东巡来到关东地区，看见这里的百姓脚上穿着一种用一块动物皮裹着，再用皮绳绑上的东西。觉得新鲜，便问："这是什么？"百姓答："鞋。"乾隆是位聪慧又有学识的帝王，他灵机一动，说："此鞋很有特色，边民又如此喜爱，既然没有名字，干脆就叫'乌拉鞋'吧！"这一下，这种鞋可就出了名了，因"乌拉"是地名，而这种鞋又是皮革所制，所以就以"靰鞡"二字代替①。这种传说的流行，是因为在皇权统治下的老百姓，对于给自己带来幸福感的物品不敢

---

① 曹保明编：《长白山下的民俗与旅游》，旅游教育出版社 1996 年版，第 19 页。

独享和专美，所以靰鞡的传说与皇帝扯上了关系。但是，这种观点是经不起历史的推敲的。根据古代文献，张缙彦顺治十八年（1661年）流放到黑龙江宁古塔，后创作了东北地区第一部山水记与地名学专著《宁古塔山水记》，他在"石城"一篇中记载了当地的一些民俗："鞠牛豕皮为履，名曰渥腊。织苇为席，编麻为布。天气严冻，多北风雨雪。"①"渥腊"即"靰鞡"，是用牛皮、猪皮加工后的鞋，这是目前见到的较早的关于"靰鞡"的记载。这则史料证明"靰鞡是皇（乾隆）封的鞋"的传说，仅仅是个传说，因为早在康熙年间就有"渥腊"了。

但这还不是最早的出处，我们查询到最早的关于"靰鞡"的记载来自元朝，元·高安道《哨遍·皮匠说谎》套曲："新靴子投至能够完备，旧兀剌先磨了半截底。"元·无名氏《渔樵记》第二折："直等的蛇叫三声狗拽车，蚊子穿着兀剌靴。"明朝也有记载《西游记》第65回："那妖精……穿一副叩结连环铠，勒一条生丝攒穗绦。脚踏乌喇鞋一对，手执狼牙棒一根。此形似兽不如兽，相貌非人却似人。"我们认为元朝蒙古语"兀剌"和明朝小说中的"乌喇"就是满语中的"靰鞡"。因为满语与蒙古语同属阿尔泰语系，又同为北方民族，地壤交接，自古以来交流频繁，两语族既有血缘关系，又有借贷关系，语法既相似，词汇中相同相似的也很多。可以大致推断，"兀剌"最早是蒙古语 ula 的音译，意思是靴，后来被女真语和满语借取，意思发生了一点变化，由靴变成了鞋，而且是特指"温暖的软底垫草鞋"。如清·西清《黑龙江外记》描述了黑龙江边民的穿着："官兵向皆著布靴，近日官多缎靴。冬日行役，率著乌拉、踏踏玛儿。乌拉，鞋类，踏踏玛儿，靴类，并牛革为之。软底而藉以草，温暖异常。"②

至于"乌拉草"，又写作"乌腊草"，产于我国东北地区，茎与叶晒干后，衬垫在皮靴或鞋内，可以保暖。乌拉长在江边，春绿秋黄，收割后砧椎，垫鞋内，可保暖。清·沈承瑞《咏乌拉草》诗曰："萋萋芳草满江湄，细绿柔黄各一时。篱落人家秋刈获，山村父老夜砧椎。任他冰雪侵鞋冷，到处阳春与脚随。太史豳风图绘否？献芹愿报一人知。"清·魏源《圣武记》卷一："有乌腊草，近水而生，长细温软，荐履行冰雪中，足

---

① 清·张缙彦：《宁古塔山水记》，黑龙江人民出版社1984年版，第270页。

② 清·西清：《黑龙江外记》，《丛书集成初编》，商务印书馆1936年版，第71页。

不知寒。"曲波《林海雪原》十："关东山，三桩宝：人参，貂皮，乌拉草。"从上述文献可以推知，由于此草可以垫在"乌拉"内保暖，达到"到处阳春与脚随"的效果，东北人把这种草称为"乌拉草"。早期的"乌拉"既可以指鞋，又可以指草，人们为了准确区分的必要，特称草为"乌拉草"。后人认为"乌拉"鞋是用皮革制成的，所以又写作"靰鞡"，这符合汉字偏旁类化的演变规律。即人们对一些无理据的汉字，喜欢加上偏旁以赋予其意义。"乌腊""乌拉"本指皮革制成的鞋，因为是皮革加工成的，所以增加偏旁"革"而成"靰鞡"，让它看上去符合汉字望形生义的特点。

　　东北地区冬季气温低，最低可达摄氏零下四五十度，如黑龙江宁古塔常年冰封。王家祯《研堂见闻杂录》称"宁古塔，在辽东极北，去京七、八千里。其地重冰积雪，非复世界，中国人亦无至其地者。"吴兆骞在给其母的信中说："宁古寒苦天下所无，自春初到四月中旬，大风如雷鸣电激，咫尺皆迷，五月至七月阴雨接连，八月中旬即下大雪，九月初河水尽冻。雪才到地即成坚冰，一望千里皆茫茫白雪。"方拱干曾说："人说黄泉路，若到了宁古塔，便有十个黄泉也不怕了！"可见，东北地区的酷寒是常人难以忍受的。一般的棉鞋难以御寒。聪明勤劳的东北人发明了"靰鞡"，将乌拉草茎叶锤打后放入毡靴中，透气防潮，能御寒，昔称"关东三宝"之一。乌拉草在使用之前，还要用木棒捶打，打柔软以后不伤脚。东北地区野生的草，形状类似乌拉草的很多，但唯有乌拉草的保暖性能最好。如清·萨英额《吉林外纪》有对"乌拉草"的记载，他说俗语云："关东有三宝，人参、貂皮、乌拉草。夫草而与人参、貂皮并立为三，则草之珍异可知。吉林山内所产尤为细软。北地严寒，冰雪深厚，凡穿乌拉或穿塔塔马者，必将乌拉草锤熟垫于其内。冬夏温凉得当，即严寒而足不觉冻，此所以居三宝之一也。"[1] 杨宾《柳边纪略》说："护腊，革履也，絮毛子草于中，可御寒，毛子草细若线，三棱，微有刺，生淀子中。拨之，颇触手。以木椎数十下，则软于棉矣。一名护腊草。土人语云：辽东三件宝，貂鼠、人参，护腊草，余谓参、貂富贵者之宝也，护腊草贫贱者之宝也。有护腊草则贫贱者生，无参、貂则富贵者死。"[2]

---

　① 清·萨英额：《吉林外纪》，吉林文史出版社 1986 年版，第 110 页。

　② 清·杨宾：《柳边纪略》，《辽海丛书（一）》，辽海书社 1931 年版，第 12 页。

可见"靰鞡"穿用时需在鞋中絮乌拉草，靰鞡一般比较宽大。靰鞡初为野生兽皮制作，后多用家畜皮（牛、羊皮）缝制。徐宗亮《黑龙江述略》："土人著履，曰乌拉，制与靴同，而底软，连帮而成，或牛皮，或鹿皮，缝纫极密，走荆棘泥淖中，不损不湿，且亦耐冻耐久。市有专肆，力食者，入冬皆依赖之。"[1] 靰鞡形状为前尖后圆，鞋面制作时多留皱纹，四周有四个到六个靴耳，靴口近脚处垫以衬布（俗称靰鞡靿子）。穿用时先充以乌拉草，然后用一细皮带或麻绳联结靴耳，勒紧后系在下腿即可。靰鞡非常结实、轻便和温暖，有极好的保温防寒作用，如果再套上毛袜子或者毡袜子，则保暖性会更好。靰鞡分量极轻，冬季穿上靰鞡进山行猎，在林海雪原上轻捷奔跑追逐野兽十分方便。这种靴子在冰雪上行走轻而无声，便于接近野兽，特别适合于狩猎生活的需要。同时，靰鞡在春秋两季也可穿用。穿靰鞡迈门槛——先进褶（先进者），这个歇后语是什么意思呢？因为"靰鞡"鞋面前端有很多褶子，进门先迈脚，鞋上的褶子先进，所以谐音为"先进者"。

二百钱一双靰鞡——贱皮子，这个歇后语是什么意思呢？据资料介绍，靰鞡的制作很复杂也很讲究，一张牛皮只能出4—5双靰鞡，而一到四五排靰鞡之间最好的是二排靰鞡。头排取皮在尾巴根那儿，称为"糟门"皮；二排取皮在牛屁股和脊骨处，是最好的位置，所以二排靰鞡价格最贵，往往比头排和三四排贵三四倍，鞋也特别耐穿耐磨；三排是腰骨处，皮制打横，制作不出优质靰鞡了。只有二排靰鞡叫"十字花骨"，是优等货[2]。靰鞡如此讲究和昂贵，二百钱一双靰鞡，表面是说皮革贱，实际上是借喻为下贱的人，东北方言常指那些"不让干非要干的人"，多贬义。

汉族的服饰文化虽然对满族产生了影响，但是东北特殊的气候条件决定了"靰鞡"的不可替代性。清朝关东诗群的代表人物沈承瑞，嘉庆年间曾创作了诗歌《咏乌拉草》，他在序言中写道："土人缝皮为鞋，附以皮环，纫以麻绳，最利跋涉，国语（满语）名曰：乌拉。内藉以草，此草不知何名，生而性温，槌之使绵，纳乌拉中，可御寒，故名乌拉草。"这强调了土人即东北少数民族一直保持穿靰鞡的风俗，清朝定都北京后，

---

① 清·徐宗亮：《黑龙江述略》，黑龙江人民出版社1985年版，第82页。

② 孙心雷：《由实用变成文化来自遥远的靰鞡鞋》，《新晚报》2008年4月20日。

大量的汉族民众出关，满族入关，随着汉文化的北传，黑龙江地区的民风民俗也发生了显著变化。甚至是汉人较少的宁古塔地区，现在的黑龙江宁安，到了17世纪末也有一些变化。清·杨宾《宁古塔杂诗》云："三十年前事，儿童见者稀。天寒曳护腊，地冻著麻衣。雪积扒犁出，灯残猎马归。只今风俗变，一一比皇畿。"① 三十年前指康熙初年，皇畿指京城北京，可见，顺治康熙年间，满族贵族阶层的生活习俗发生很大变化，"天寒曳护腊"中"护腊"就是"靰鞡"，早先这些满族贵族无论天寒地冻都得穿上护腊和麻衣，出去狩猎，现在这些达官贵人高官厚禄、养尊处优，骑射活动有点生疏。这也说明由于生活条件变化和汉族风俗影响，满族男子开始穿朝鞋，有棉、毡、昵等，这也是在靰鞡的基础上进行改制而成的。直到现在东北农民穿棉胶鞋，还习惯称为棉靰鞡，胶皮靰鞡。

考释方言词语方法主要是探源和比较。探源是从古籍中寻求词语的源头和书证，考察发掘词语的源流演变。这是纵向的研究；比较是方言词语同普通话或方言间相关词语的比较，通过比较，我们可以知道词义发展的异同。这是横向的研究。此外，还可结合地域文化角度研究词汇发展演变。通过梳理，可知"靰鞡"是个蒙古语外来词，最早写作"兀剌"，借音词字无定形，故有"渥腊""乌腊""兀剌"等不同写法。"兀剌"是由皮革制作而成的，后来又写作"靰鞡"，但是由于这两个字比较生僻，民间又常写作"乌拉"。

X

显摆 ［çian²¹³pai⁰］

"显摆"在辽宁方言中指"显示并夸耀"，如："不就买辆车吗，有什么好显摆的。""显摆"一词存在于多个地区的方言中，既包括黑龙江哈尔滨、辽宁、山西、北京等地，还包括四川成都等一些南方地区，并且表意相同。那么，"显摆"为什么会有这样的意义呢？

对于"显"的本义，学界有不同看法，许慎认为其本义为"头明饰"。《说文·页部》："显，头明饰也。"段玉裁注："显，头明饰也。故

---

① 清·杨宾等撰，杨立新等整理：《吉林纪略》，吉林文史出版社1993年版，第80页。

字从页。饰者，妆也。女部曰妆，饰也是也。头明饰者，冕弁充耳之类。引申为凡明之称。"也有人认为其本义为"在太阳下视丝"，林义光先生在《文源》中指出："显，训头明饰无所考。《说文》：'㬎，从日中视丝，古文以为显字。'日中视丝，正显明之象。……象人面在日下视丝之形。丝本难视，持向日下视之乃明也。"因而，"显"的本义是存在争议的，对它的本义，本文暂不作探讨。但是不论它本义是什么，都会引申出"光明，明显"义，如：《尔雅·释诂下》："显，光也。"邢昺疏："显者，光明也。"又《释诂下》："显，见也。"三国曹魏张揖《广雅·释诂四》："显，明也。"《诗·大雅·抑》："无曰不显，莫予云觏。"郑玄笺："显，明也。"《礼记·中庸》："天之所以为天也，于乎不显。"孔颖达疏："显谓光明。"南朝·刘勰《文心雕龙·檄移》："陆机之移百官，言约而事显，武移之要者也。"后又在此基础上引申为"公开，显露"，如：

（1）寡君勾践使下臣郢，不敢显然布币行礼。（《国语·吴语》）

（2）以其名望素重，不欲显其罪过，逼令自尽于家。（唐·李延寿《北史·独孤信传》）

（3）此把宝刀，付与刘皓。五百年后，方显英豪。（元·刘唐卿《白兔记》第十二出）

（4）我为你改恶为良，异日立功边上，方显尔能。（清·杜纲《北史演义》第十二卷）

"摆"有"排列，放置"的意思，清·翟灏《通俗编·杂字》："摆，《释名》：'两旁引翣曰披。披，摆也。各于一旁引摆之，备欹倾也。'今以排列仪仗曰摆，因此。张衡《西京赋》：'置互摆牲'，马融《广成颂》：'摆牲班禽。'注：'摆谓破栎而悬之。'今谓陈设牲馔曰摆，因此。"如：

（5）进忠先拿了酒进来，接了菜摆在桌上，取杯斟酒，程公连饮了两杯，道："你也吃杯。"（明·不题撰人《梼杌闲评》第八回）

（6）次日，泰于华林园摆设华筵，会集百官，恭迎帝驾临御，

提炉引导，曲尽臣礼。（清·杜纲《北史演义》第三十八卷）

由以上例子可以看出"排列，放置"物品就是将物品摆好，使其有序，这样每一个物品都有机会被显露出来，因而，"摆"又引申为"显，现出"，如：

（7）他的喜怒爱恶，全摆脸上，令人一望而知。（清·李汝珍《镜花缘》第三十九回）

由上文可知，"显"有"公开，显露"义，"摆"有"显，现出"义，可以显露，现出的东西很多，但将自己所拥有的权力、金钱、地位等故意显露给人看就可以被称作"炫耀"，因而，"显"与"摆"连用可以表示"显示并夸耀"，并且二者是同义词连用。二者连用出现的时间不会晚于清代，并一直沿用至今，如：

（8）大妗子，你看呀，张奶奶又显摆她闺女呢。（清·石玉昆《七侠五义》第九十八回）
（9）吴霜瞥了一眼，显然识破了乔群的用意，心里说显摆啥，却只是会心一笑，继续打水。（中凤《上阵父子兵》第一章）
（10）大老板开奔驰车酒楼门口吃方便面，显摆啥？（韦名《家有芳邻·小翠，告诉你一件高兴事》）
（11）杜瘸子一瘸一拐地追上他，警告他别臭显摆了，小心乐极生悲，叫人偷了抢了。（张笑天《天之涯 海之角》第九章）

以上，我们对辽宁方言中"显摆"一词的发展脉络进行大致梳理，从而知道用"显摆"表示"显示并夸耀"是同义词连用的结果，并且这个词出现时间比较晚，大概在清代，后一直沿用至今。

细作 [$\varphi i^{51} tsu \vartheta^0$]

"细作"在辽宁方言中有两种意思：（一）形容（手工）精细，不粗糙。如："看这衣服就知道她这人干活细作。"（二）表示"（花钱等）节俭"。如："一般女同志都细作，会过日子。"

有时候也用"细"表示这样的意思。通过调查发现，"细作"这个词不仅在东北地区使用，就是在江苏东台、盐城等地区使用也非常普遍。但是，"细作"为什么会有这样的意思呢？下面我们对其进行简单分析。

东汉·许慎《说文解字》："细，微也。"段玉裁注："微者，眇也。眇今之妙字。"因此，"细"的本义为"小，细小"，后又表示"精致""细密"，如：

（1）帛必薄细，衣必轻煖。（东汉·蔡邕《衣箴》）
（2）藤筠巧织花纹细。（南宋·高观国《御街行·赋轿》）

至今仍有许多与"细"有关的词语都表示"细致""小巧"，如：细心，细软（便于携带的贵重物品），精雕细琢等。

东汉许慎《说文解字》："作，起也。从人，从乍。"段玉裁注："作，起也。从人，乍声。"后来，"作"又表示"建造""制作"，《尔雅·释言》："作，造，为也。"如：

（3）作车以行陆，作舟以行水。（《周礼·考工记序》）

那么，"细"与"作"合为一个词时就与"精巧""制作"有关，又《汉语大词典》中解释"细作"为"精巧的工艺品"，并且这一意义在南朝就已出现，因此，方言中用来形容"（手工）精细，不粗糙"这一意义是自古流传下来的，也由于词汇是发展变化的，所以"细作"在方言中的用法会有微小改变。

"细作"为什么又会有"节俭"义呢？这与人们的语言习惯有关。"细"表示"小""细密"，因此出现了"细大不捐""细水长流""精打细算"这样的词语，而"细大不捐"表示"大的，小的都不舍弃"，形容生活俭省；"细水长流"表示"节约使用钱财或人力，使经常不缺"；"精打细算"也表示"在使用人力物力上仔细地计算"，这些词语都强调了一个"细"字，都有"节俭"义。随着这些词语使用频率的增加，"细"似乎慢慢就有了"节俭"的意义，因此，用"细作"来形容"节俭"就可以理解了。并且"细"不仅仅在辽宁方言中表示"节省"，在陕西方言中也有这样的用法，如"细发"，用来形容人"节省"，上海的崇明话也使用"点细"表示"小气",这样的例子都表明"细"有"节省"义。而对于"作",由于它多表示"作品""建造"等意义,这与"节俭"没有太大联系,因此我们认为它是构词语素,并没有实际意义。东北方言中以"作"为构词语素的词语还有很多,如表示"舒服"义的"迂作",以及形容人"贪吃,馋"的"下作"等。

综上所述,辽宁方言中"细作"的两个意义,一个是源自古代,另一个则由于人们的使用习惯,使"细"带上了"节俭"的意义,而"作"只是一个构词语素,并没有实际意义。

血 [ɕiɛ²¹³]

"血"多用于大连方言中,表示"很,非常"等义,为副词,如:"你吃过这家的火锅吗?血好吃!""血"的这一用法不仅在大连话中使用,在江苏、山东甚至上海等地的方言中使用频率也非常高,由此可见,这是一个使用非常普遍的方言词语。

"血"常见于口语,如"血受""血好吃""血倒霉"等,也见于各报刊中,如《大连晚报》2012年12月7日第C11版就有一篇题为《冬天的大连海蛎子"血受"》的文章,介绍大连海蛎子的鲜美以及人们对它的喜爱。只是,提到"血"我们多会将其与"血液"联系起来,而对它有着"很,非常"等义表示难以理解,并且,二者之间很难找到实质性的联系,那么,到底是什么原因使二者有了如此密切的关系呢?

对于这个问题,吕汝泉曾在《大连方言中的"血受"》一文中作了探讨,他认为大连方言中有着"很,非常"义的"血"其本字是"邪","很,非常"就来源于"邪"的"不平常""超乎寻常"义,同时,又对"受"的表意作了解释①。对于"血"的本字,我们同意吕汝泉的说法,即"血受""血好吃""血倒霉"等用语中的"血"其本字是"邪",并且,方言中并非所有有这样意义的"邪"都写作"血",也有的写作"邪",如:

(1)有时,他家老大会说:"妈,这肉邪好吃。"(林浩《当年不知愁滋味:一个人与一代人的童年轶事·走泃口》)

———————

① 吕汝泉:《大连方言中的"血受"》,《郑州航空工业管理学院学报》2013年第2期。

（2）她吃着吃着，眼门前突然有股五颜六色的光彩在一闪一闪……像一朵开足的五彩花，邪好看。（张乃清《中国民间故事全书·上海·闵行卷·风俗传说·八月中秋看桂花》）

但吕文对"邪"的解释不够详尽，即"邪"是如何具有了"不平常""超乎寻常"等意思的呢？对于这个问题，单殿元先生曾做了较详细的回答。即"邪"的本义为"不正"，"人邪"就会成为"品行不正之人"，"物邪"或"事邪"就是"不合常规""不正常"，由此，"邪"的"不平常"义产生。① 方言中"邪"的"很，非常"义就是在"不平常"基础上发展而来，因某些事物、现象过于好或不好就可以看作是不正常，而过于好就是很好，非常好，过于坏就是很坏，非常坏，因此，"邪"就有了"很，非常"义。而如今方言中"血"常写作"邪"，我们认为主要有两方面原因，一方面是二者读音相近，特别是当二者与上声字连用时读音是相同的；另一方面，在人们看来，"邪"多与怪异、不正常的事有关，并且这种不正常多指坏的、不好的方面，很少指好的方面，这也体现了词义发展不平衡的特点，因此，人们很难将"邪"与表示好吃、好的词连在一起。而"血"的鲜明特点就是"鲜红"，形容红的程度深时也会用"血红的某某"，只是这里的"血"意为"像血一样"，不同于"很，非常"等副词，但也因为"血"有这样的特点及用法，人们在记录时，自然而然就会想到"血"，因此，今天方言中的"血好吃""血受"就出现了。

以上对大连方言口语中常用的"血好吃""血受"等词中"血"的用字进行了探析，即人们常用的"血"只是借音字，其本字是"邪"，同时，又就其发展过程进行了整理。在此之前，曾有人分别对"血"的用字及"邪"的发展做了探索，本文借鉴了二者的观点，并在此基础上对"血"代替"邪"的原因进行了分析，从而我们也可以知道，诸如此类的现象在方言中屡见不鲜，而对其进行研究并纠正也成为方言研究工作中比较重要的一环。

徐儿（属儿）[ɕyər²¹³]

"徐儿"一词常用于大连地区的方言中，每年正月十五，在大连庄

---

① 单殿元：《说"邪"与"斜"》，《扬州师院学报》1983年第1期。

河，家家户户点"徐儿"的习俗已经流传了上百年。"徐儿"是大连庄河土话，它学名称为属相灯。如《半岛晨报》发表了一篇题为"庄河点'徐儿'闹元宵习俗已有百年"的文章（2012 年 2 月 8 日）。可见，大连人都称属相灯为"徐儿"。从字义看，"徐儿"与属相灯是风马牛不相及，可是大连人为什么称属相灯为"徐儿"？它的本字是什么呢？

首先，从渊源看，明末清初，大量的山东流民"闯关东"，这个习俗极有可能来自山东半岛的北部，至今在山东威海荣城，还有农历正月十五捏生肖的传统，传统的方法使用黄豆细面作为捏生肖的原材料。李群说山东民间称为"捏属儿"①。我们认为山东的"属儿"，就是大连庄河的"徐儿"。

其次，从读音看，虽然"属"与"徐"在普通话中相差很大，但是如果我们了解了庄河的音系后就会发现，这两个字读音间的紧密联系。据迟永长教授《大连方言音系》统计，庄河话中"湿、石、书、暑、树、赊、舌、舍、说"等字的声母现在都读成"x"，② 从音韵学的角度说，这些字的声母中古隶属于"书"母和"禅"母，由此可见，中古"书""禅"母字，在庄河话中部分读为"x"，"属"中古也是禅母，所以读为 $[\text{çyər}^{213}]$。

悬 $[\text{çyan}^{24}]$

"悬"在辽宁方言中有两种用法，分别是：（一）危险，如：在公路上骑车一定要小心，刚刚多悬哪！（二）形容事件离奇，不可信，如：你讲的这件事儿也太悬了吧？是真的吗？两种用法的"悬"也常与词缀"乎"连用，即"悬乎"，而"乎"也是汉语中非常常见的一个词缀，常用在谓词性词语的后面，原有词根带上"乎"后词性不变。这一用法的"悬"在地域上分布非常广泛，除包括辽宁在内的东北地区外，在山西、北京、河南、河北、山东、江苏，甚至四川、湖北等地也在使用，那么，"悬"的这一用法是如何来的呢？

"悬"最早指"吊挂，系挂"，北宋·陈彭年，丘雍《广韵·先韵》："县，《说文》云：'系也。'相承借为州县字。悬，俗，今通用。"明·张自烈《正字通·心部》："悬，挂也。"如：

---

① 李群主编：《传统技艺》，山东友谊出版社 2008 年版，第 28 页。

② 迟永长：《大连方言音系》，辽宁师范大学出版社 2012 年版，第 69 页。

（1）民之悦之，犹解倒悬也。（《孟子·公孙丑上》）

（2）我按兵蓄力以观其弊，彼求斗不得，欲走无路，不过十日，世充之首可悬于麾下。（唐·李延寿《北史·裴仁基传》）

（3）某猿臂神射，将一柳叶悬于百步之外，射之百发百中，军中唤某为穿杨神射养由基。（元·李寿卿《说鱄诸伍员吹箫》第二折）

（4）此物已灵，不可亵渎，悬于卧室上槛，将他二人安在一室之内，除亲身妻母外，不可使阴人冲犯。（清·曹雪芹《红楼梦》第二十五回）

又特指"上吊"，如：《国语·晋语一》："骊姬请使申生主曲沃以速悬。"韦昭注："悬，缢也。"此外，"悬"还指"高挂在空中"，如：

（5）悬明月以自照兮，徂清夜于洞房。（西汉·司马相如《长门赋》）

（6）若夫姬公之籍，孔父之书，与日月俱悬，鬼神争奥。（南朝·萧统《〈文选〉序》）

"悬"又可指"凭空设想，揣测"，如：《韩非子·八经》："事智犹不亲，而况于悬乎？"陈奇猷集释："此文谓人君者智犹不亲事，况于悬揣乎？"再如：

（7）遥想山中店，悬知春酒浓。（北朝·庾信《山斋》）

（8）吾性呆滞，多所未甚谕，安敢悬断是且非耶？（唐·柳宗元《复杜温夫书》）

（9）偏他三指一点，合家爷儿、娘儿、妻儿、女儿，但系至亲，有灾无灾，尽能悬断。（明·冯梦龙《三遂平妖传》第四回）

此外，"悬"还有"悬空，无所依傍"的意思，如：

（10）山谷（黄庭坚）乃悬腕书，深得《兰亭》风韵，然行不及真，真不及草。（南宋·赵希鹄《古翰墨真迹辨》）

（11）抽掣既紧，腕自虚悬，通身之力，奔赴腕指间，笔力自能沉劲，若饥鹰侧攫之势。（康有为《广艺舟双楫·执笔》）

　　"悬"的义项有很多，这里暂取其中五个进行列举，分别是："吊挂，系挂""上吊""高挂在空中""凭空设想，揣测"和"悬空，无所依傍"，其中，"吊挂""上吊"和"高挂在空中"都是使所吊之物悬空，"凭空设想，揣测"出来的结论相当于最终正确的结论来说也是未经证实的，正确性未知的，这种不确定性也可以看作是悬空的，而"悬空，无所依傍"也有"悬空"义，由此可知，以上列举的"悬"都含有"悬空""不确定"等意思，而这也可以看作是"悬"的核心义。而方言中"悬"的两种用法就来源于此。

　　表"危险"的"悬"。对于生物来说，"危险"就是不能确定的安全，就是将生命的安全性放在一个不确定的位置，因此，安全性是悬空的；对于事件来说，不能确定事情能否成功时常用"危险"，这时候成功的可能性是不确定的、悬空的。因此，"悬"不但有"吊挂""上吊""凭空设想，揣测"等意思，还引申出了"危险"义，如：

（12）多悬哪！你差点就没命了。（莫言殇《夜妖娆》第三十六章）

（13）就说为你自个儿想，半夜三更住在外边，够多悬哪！（老舍《龙须沟》第一幕）

（14）太子终于意识到自己的地位有点悬乎，穷酸晋王有可能得宠。（王清淮《新史记·冤臣列传·杨勇·谁说虎毒不食子》）

　　同样，方言中"悬"的第二个意思，即"形容事件离奇，不可信"也是在"悬"的"悬空""不确定"义基础上的引申，因为离奇、不可信的事件本身就具有一种不确定性，而这种不确定性、悬空也正是"悬"的核心义，这种用法的"悬"也多与词缀"乎"连用，如：

（15）如果说毛巾上涂了乙醚之类的麻醉药品使人昏迷倒也罢了，可冯茂林说得太悬，没人相信。（申应东《暗恋的疯狂·丈夫"导演"劫妻奇案》）

（16）你越说越悬乎，新总经理该不是长了三头六臂吧，这么快就让我们骄傲的罗念忘记自己是骄傲的公主了。（陈卓《栀子花开·这便是书本里常说的一见钟情吗》）

（17）"把垃圾山搬走一个角？"大树将信将疑，觉得马利说的事有点悬乎。（常新港《脚丫子的传奇》第十八章）

以上，我们对辽宁方言中有着"危险"和"形容事件离奇，不可信"义的"悬"的来源进行了探索，在这过程中，我们对"悬"的核心义进行了总结，即为"悬空""不确定"，其中"不确定"也可以被看作"悬空"。而方言中"悬"的两种用法就来源于其"悬空""不确定"义。

楦［çyan⁵¹］

"楦"在辽宁方言中有两种用法，分别是：（一）泛指用东西塞紧物体的中空部分，如：我得去找点棉花，好把这个鞋帮给楦上。（二）指吃，有贬义，如：他嘴里楦满了饭也不忘了说话。"楦"的这些用法不仅在辽宁地区比较常用，而且在黑龙江、北京、上海等地也都在使用，那么，它的发展过程是怎样的呢？

"楦"是"楥"的俗字，本义为"做鞋用的模型"，《说文·木部》："楥，履法也。"段玉裁注："楥，履法也。今鞋店之楦也。楥、楦正俗字。"清·朱骏声《说文通训定声·乾部》："楥，字亦作楦，苏俗谓之楦头，削木如履，置履中，使履成如式，平直不皱。"如：

（1）家生动事如桌、凳、凉床、交椅……油杆杖、楬辘、鞋楦、棒槌。（南宋·吴自牧《梦粱录·诸色杂货》）

（2）冉大，又来了，这只靴又不是一件稀奇作怪，眼中少见的东西……加上楦头，喷口水儿，弄得紧棚棚好看的。（明·抱瓮老人《今古奇观》第六十四卷）

（3）齐人献木履于宣王，略无刻斲之迹，王曰："此履岂非出于生乎？"艾子曰："鞋楦是其核也。"（明·冯梦龙《古今谭概·专愚·艾子》）

因"楦"指做鞋用的模型，在鞋做好之前一直被放在未完成的鞋里，将鞋帮撑起来，呈现出成品鞋的样子，因此，"楦"又泛指"填塞物体中空部分的模架或其他实物"，如：

（4）且学方回痴，莫羡董公健，谁合躯七尺，浪作青紫楦。（北宋·孙觌《向伯恭侍郎致政芗林筑一堂名之曰企疏晋陵孙某闻而赋》诗之二）

（5）再不想自己七老八十的个棺材楦子，他那身强火盛的妖精，却是恋你那些好处？（明·西周生《醒世姻缘传》第三十六回）

（6）磐玉之山，有丽人焉，姓宋，小字粟儿……贤声溢于关中，貂縠珠履，日集其门，以儿视之，率麟楦耳。（清·钮琇《觚剩·粟儿》）

以上的"楦"都为名词，都可以用于填满某些东西，因而，在此基础上，"楦"又引申为"用东西塞紧物体的中空部分"，动词性，而方言中的第一种用法就是对此的沿用，并使用广泛，如：

（7）泥婆罗直吐蕃之西乐凌川……俗剪发逮眉，穿耳，楦以筒若角，缓至肩者为姣好。（北宋·欧阳修等《新唐书·西域传上·泥婆罗》）

（8）君门九重远万里，求者争道分荣枯。一身暂寄百骸聚，楦彼朱紫谁头颅。（南宋·叶适《赠讷相》）

（9）都是你大脚将来蛮楦，把靴尖挣阔，难配金莲。（清·李渔《意中缘·毒诋》）

（10）杀死猪，趁它身上还热，用刀尖在后腿靠猪蹄处割一小口，……直把猪吹得鼓胀胀的，好似楦满了草的布袋。（周同宾《乡关回望 中原农耕笔记·骡马、牛驴及其他》）

而方言中表示贬义的"吃"的"楦"则是在"用东西塞紧物体的中空部分"这一意义基础上的引申。"吃"就是把事物放进嘴里，但是由于吃得急等原因把过多的东西塞进嘴里，这时的嘴就会被填满，这样的"吃"就相当于"楦"，也因这样的吃相非常不雅，并且吃的动作多数情况都会比较粗鲁，因此，用于表示"吃"的"楦"就会有贬义，只是，这一用法的"楦"更常见与口语中，而少见于书面语，如：

（11）譬如贼偷和狗咬，凭他楦得大肚饱。 （刘大白《田主来》）

以上，我们对辽宁方言中"楦"的两种用法的来源进行了探索，从而知道表示"用东西塞紧物体的中空部分"这一意义是对其古义的沿用，并且在今天使用广泛，而表示"吃"的"楦"则是在"用东西塞紧物体的中空部分"基础上的引申，也因用"楦"表示"吃"时，吃相等都比较不雅，因而会有贬义，只是这种用法的"楦"更多地用于口语。

Y

夜儿个 ［Øiɛr⁵¹kə⁰］

昨天、今天、明天、后天，在辽宁等地区的方言中分别是"夜儿个""今儿个""明儿个""后儿个"。除了"夜儿个"，其他几个时间词都好理解。方言中为什么称"昨天"为"夜儿个"呢？有什么历史渊源吗？

这和人们对时间的认知有关，我们现在有准确的计时工具和单位，零点是一天的开始。而古人一般认为每天清晨太阳升起，表示一天的开始。从昨天太阳落下后到今天太阳升起前都可以称为"夜"，早在先秦两汉时期，"夜日"就表示前一日。如《吕氏春秋·慎小》："吴起治西河，欲谕其信于民，夜日置表于南门之外。"许维遹《集释》引吴闿生曰："夜日谓前一日，犹次日为旦日也。此盖古语，它书少见。"唐宋时期，"夜来"也表示昨夜，但是由于"夜"概念的模糊性，有时也可理解为"夜间"。如：孟浩然《春晓》诗："春眠不觉晓，处处闻啼鸟，夜来风雨声，花落知多少。"宋·无名氏《张协状元》戏文第二出："卑人夜来俄得一梦。"《水浒传》第五六回："敢是夜来灭了灯时，那贼已躲在家里了。"

如果有上下文语境提示，"夜来"有时确指昨天。如：宋·贺铸《浣溪沙》词："笑捻粉香归洞户，更垂帘幕护窗纱，东风寒似夜来些。"元·无名氏《度柳翠》第二折："夜来八月十五日，你不出来，今日八月十六日，你可出来。"《水浒传》第三四回："总管夜来劳神费力了一日一夜，人也尚自当不得，那疋马如何不喂得他饱了去。"

北方方言，喜欢儿化，"夜"常儿化为"夜儿"，或加词缀"个"成为"夜儿个"。如贺敬之《惯匪周子山》第二场："夜儿个二老周和张海旺到黑龙寨来。"张寿臣《小神仙》："夜儿后晌啊，也不知道是有贼呀，也不知道是溜了缰啦，到天亮要磨豆子啦，驴没啦，找也没找着。"

鱼亮子 ［Øy²⁴liaŋ⁵¹tsə⁰］［Øy²⁴liaŋ⁵¹Øə⁰］

东北地区吉林、黑龙江两省、山脉众多、重峦叠嶂、水网密布、河道纵横，蕴藏着丰富的动植物资源，当地的居民世代以捕鱼和射猎为主要生产活动。如鄂伦春、鄂温克、赫哲等民族，长期处于渔猎生产状态，渔猎活动创造了许多具有特色的方言词汇，有些词汇至今还在使用，如"鱼亮子"，阿成《闲话》："傍晚，我们去下套子，钓夜鱼。望着眼前杯晚霞染成彩色的鱼亮子。"①《青龙河水流不断》："几个眼快的小伙子看见柯新走来，欢快地喊道：'老柯快来，上来大马哈了。'原来是鱼亮子挡住了一条大马哈。"②

"鱼亮子"是什么，从文意可以推断出是一种捕鱼的工具，但是为什么称为"亮子"，仅仅从字形很难说清楚，下面我们从文化语言的角度作个初步探究：

"鱼亮子"，是东北地区广泛使用的一种捕鱼的用具。东北人或称之为"亮子"，把"亮子"放置在河水中捕鱼叫作"别鱼亮子""挡鱼亮子"或"扎鱼亮子"等。据乌丙安《中国民俗学》记载，东北地区捕鱼方法众多："捕捞方法用网具的有拦江网、绣网、抬网、旋网旋用鱼叉的有于夜间照明叉鱼的习俗的钓鱼的在这里多用假饵，如用老鼠皮、獾子毛、麻线做的假飞蛾等做饵垂钓；有'下坞子'的用编织的筐篮放置水中，鱼闯入则不得出；有'别鱼亮子'的用秫秸编排围拦鱼群；冬季破冰垂钓，或用'搅络子'在冰下网鱼的，都各具特色。"③

乌丙安说"鱼亮子"使用"秫秸"编排的，可是刘小南、姜文振

---

①　阿成：《闲话》，长江文艺出版社 2001 年版，第 282 页。

②　延吉市文化局编：《青龙河水流不断》，吉林人民出版社 1979 年版，第 12 页。

③　乌丙安：《中国民俗学》，辽宁大学出版社 1985 年版，第 64 页。

《黑龙江方言词典》解释"鱼亮子"为憋坝截鱼的工具①。许皓光、张大鸣《简明东北方言词典》解释为："用石头等物筑成的坝，以拦截鱼群。"马思周、姜光辉《东北方言词典》解释为："设在河边的捕鱼据点儿（一般有屋、船及固定的下网点）。"尹世超《哈尔滨方言词典》解释为："筑坝拦鱼的捕鱼的地方。也作鱼澋子、渔澋子。"他们的说法大同小异，所说都是流行于东北各地区的"鱼亮子"捕鱼法，即用栅栏、坝等拦住鱼而捕捞。具体的操作方法不同地区也不尽相同，在比较浅小的河流中，可以直接用"鱼亮子"捕鱼，比较宽的河流中，可以先用石头等筑个坝，中间空缺部分再安上栅栏等。"鱼亮子"的材料不仅仅是"秫秸"，树木竹条荆条皆可。

东北地区，许多地名都与"亮子"有关，杨兴江《方正人民革命斗争史》记载了哈尔滨方正县陈家亮子的来源："陈家亮子军部陈家亮子位于大罗勒密东南12公里，小罗勒密河中游西岸，是去老平坨南部丛林的要隘。早年有一陈姓人家居住于此，沿河挡鱼亮子捕鱼，故得名陈家亮子。"② 黑龙江林口县有个"亮子河"，关于她的来源还有个争论，《林口县志》记载："'亮子河'原名勒勒河，为满语音译。'亮子'是满语，汉译'黏泥'之意，即黏泥河。另一说亮子河原名'达尔瑚毕拉'，为满语名称。'达尔瑚'汉译'截鱼的亮子'，'毕拉'汉译'河'之意，即河上有用细木杆做成的截鱼亮子，汉语译称亮子河。"③ 我们赞成后者，"亮子河"就是装有鱼亮子的河流。至今在黑龙江宁安市马莲河注入牡丹江汇流处还留有一个鱼亮子，江面上有曲曲弯弯的积石坝址横截江面。坝上有3个用石块堆成的漏斗形的捕鱼"亮子"，此即远近闻名的"三道亮子"遗迹，是清朝渔民捕鱼的遗址。在此上游还有"头道亮子"和"二道亮子"的遗迹可寻。

"鱼亮子"捕鱼法，在东北历史悠久，源远流长。现在能见到最早的记载是三百多年前的《宁古塔山水记》，这是黑龙江第一部山水专志，其中就有关于"鱼亮子"捕鱼的详细记载。清·张缙彦在《宁古塔山水记·杂记》写道："捕鱼，以石横截水中，留水口，以柳条织如斗样，下

---

① 刘小南、姜文振：《黑龙江方言词典》，黑龙江教育出版社1991年版，第235页。

② 杨兴江：《方正人民革命斗争史》，方正县老区建设促进会2005年版，第20页。

③ 林口县志编纂委员会编：《林口县志》，黑龙江人民出版社1999年版，第1443页。

急湍中，名曰亮子。鱼来流入其中，不能回转，尽取之。若捕大鱼，则在水坑中，用网数面四围，尽绝其流，满载而归。若网止一面，则用牛骨系绳上，二人牵之，远远而来，至网则举网。鱼畏白骨，尽窜入网矣。"[①]它的意思是在河道中用石头筑坝，中间留个缺口，放上如斗样的鱼荃，鱼游进水坑进入柳条围子很难钻出去，人们便可轻易捕获了。

　　民国时期的秦岱源《东陲纪闻》也记载了东北地区"鱼亮子"使用方法："有所谓鱼亮子者，每年五、六月间，江水泛滥，鱼多随水于分岔之小河。捕法乘江水泛滥时，以柳条密编成笆，横插河口，下流既无出路，上流又被阻塞。至秋后水落，用网打捞，大小无遗。"[②]它的意思是说：在河岔的地方用柳条编成堤坝状，使水沿着鱼亮子的开口处流动，开口的上方安置一个柳条编制的鱼荃。由于鱼群春天逆水而游，秋天顺水而下的原理，鱼群穿过鱼亮子以后即自投罗网，纷纷陷入鱼荃之中，而鱼荃的开口处装有倒须式盖，鱼能入不能出。不过，秋天使用挡亮子，鱼荃要放在亮子下边，鱼顺水而下，纷纷入荃。

　　上述记载的是汉族居住区的"鱼亮子"捕鱼法，与东北地区少数民族的方法不尽相同。我们知道，东北地区少数民族众多，大多以渔猎为生。下面我们从一些书籍中可以窥测出他们是如何捕鱼的。如赫哲族是唯一一个以捕鱼为主要生计的民族。《中国少数民族民俗大观》详细记载了赫哲族的挡亮子捕鱼法：

　　最初是在水深1米多的小河口或水泡中，用杨、柳树枝插在水里，将鱼堵拦在一定范围内，故称挡小亮子。随着时间的推移，赫哲人逐渐兴起挡大亮子。挡大亮子用直径3厘米粗的柳条做成一片一片的帘子，用柳条皮纤维纺成1.5厘米粗细的径绳，每隔约3.5厘米长勒一道径绳。亮子的箔长8米，箔最高13道径绳，约5米多高。用直径20多厘米的柳树或柞树做箔桩，每隔3米竖一根，再用直径20多厘米的柳树做压梁子。竖箔时箔要靠在压梁子上，不能倒下。水小时，每隔一个箔桩支一个撑杆；水大时，又是大梁子，每个箔桩各支一个撑杆。如果是石头江底，打不下桩子，要做成三角形的木马戗上。在箔脚下，也是第三道径的地方，横压上拉水条子，其上绑牢筏子，使箔下沉江底。……亮子有不同的类型：伏水

<hr/>

① （清）张缙彦：《宁古塔山水记》，黑龙江人民出版社1984年版，第287页。

② 秦岱源：《东陲纪闻》，吉林文史出版社1990年版，第295页。

亮子、草芽水亮子和土亮子。伏水亮子捕的鱼最多。挡伏水亮子，一般在冬季取鱼。草芽水亮子是随挡随取鱼。土亮子是用土将小河口堵好，将大小鱼一同挡住①。

张璇等著《北方民族渔猎经济文化研究》，在"达斡尔族篇"记载了达斡尔人的捕猎方法。他说："挡亮子"，是一种大规模的捕鱼方法，多在深秋或涨大水后进行。达斡尔人称鱼亮子为"霍若哈迪"。届时，先在河中横插若干根本桩，然后，把事先编好的柳条帘子固定在木桩上，把亮子根用石头压住。亮子的长短，要根据河的宽度而定。在下游开口处方上用麻线或棉线编织的网袋。顺水游动的鱼因受亮子阻挡而寻觅出口，必然游进网袋，最多时一夜可得鱼上千斤。这种捕鱼方法不仅捕获量大，而且可以捕到名贵的大马哈鱼②。《中国少数民族社会历史调查资料丛刊》《鄂伦春族社会调查》第一集调查了"鄂伦春族"的捕鱼组织和"鱼亮子"活动，其报告是：生产资料的占有：鱼叉、鱼钩都是各家所有。它和猎枪一样，每个猎手都有。"鱼亮子"是"乌力楞"集体所有的。"挡亮子"一般是全"乌力楞"的男人都要参加。由老年人当"塔坦达"，进行组织领导。参加的人要进行分工。有的砍柳条，有的编笆，有的叠坝。"挡亮子"以后，每天派一两个人去看。绍宝说，他一生只参加过五六次"挡亮子"。第一次是在毕拉尔河时，那年他是十岁左右，他们"乌力楞"共有六家，都参加了。……第二次是在扎黄河，他那年二十七岁，他们"乌力楞"共有九户，都参加了……利梅说，她一生只遇到过两回"挡亮子"，都是在秋天。第一次是在讷门河，那年她二十三岁，她们"乌力楞"四户都参加了。……第二次也是在讷门河，那年她二十七岁，她们"乌力楞"共有三家都参加了。③

通过以上记载，我们可以发现，在东北少数民族民俗文化中，"挡鱼亮子"是个复杂的工程，必须众人协力才行，事先有分工，有的砍柳条，有的编笆和鱼筌，有的修堤坝。修好以后，要派人看守，所得之鱼实行平均分配。因为工程较大，所以"鄂伦春族"的老人回顾一生，只有五六次。而汉族的"挡鱼亮子"则比较简单，小河小沟皆宜。"鱼亮子"流行

---

① 索文清等主编：《中国少数民族民俗大观》，福建人民出版社1998年版，第742页。

② 张璇等：《北方民族渔猎经济文化研究》，吉林人民出版社2005年版，第302页。

③ 《中国少数民族社会历史调查资料丛刊·鄂伦春族社会调查》，中央民族大学出版社2005年版，第98页。

于东北地区，是满族的词汇，还是从汉族传来的呢？我们认为这是个汉族词汇。据史书记载，从乾隆年间开始，由于汉族大量进入黑龙江落户，人口骤增。乾隆三十六年时黑龙江总人口只有 687000 余人，到清末增加了近 90 倍，达到 536 万人。汉族对黑龙江的开发做出了贡献，把关内中原地区的先进的生产技术传播进来。在渔业生产上也开始由简单的渔具发展到大规模的"亮子"渔业。到清末，鄂伦春、赫哲人也广泛采用各种方法。"筑坝捕鱼法"的历史非常久远，早在 2000 多年前的《诗经》中就有记载，《诗·邶风·谷风》"毋逝我梁，毋发我笱。"汉·毛亨《传》："梁，鱼梁；笱，所以捕鱼也。"孔颖达《疏》引郑司农曰："梁，水堰。堰水而为关空，以笱承其空。"《周礼·天官·龣人》龣（同"渔"）人掌以时龣为梁。郑司农云：梁，水堰。堰水为关，以笱承其空。古书中的"堰"就是水坝。可见，上古汉语中"梁"最初指断水捕鱼的堰，中间留缺口放置鱼笼捕鱼。《晋书·列女传·陶侃母湛氏》："侃少为寻阳县吏，尝监鱼梁，以一坩鲊遗母。"古代的"龣人""鱼梁吏"说明汉族截水捕鱼法的重要性和悠久历史。据笔记记载，远在清朝"鱼梁"在山东地区方言中已经读成了"梁子"，（清）桂馥《札朴》"鱼梁，尝过峄嶰县见水中石堰，空中为关，水出关，折而斜下，对关设坎，鱼顺急流夺关，必陷于坎，人呼为'梁子'"①。考虑到"闯关东"的多为山东人，可以确认东北方言的"亮子"就是山东的"梁子"，只不过在东北方言中声调发生了变化，由二声变成了四声。"亮子"在唐宋时期还称为"鱼沪""鱼箔""鱼簖"，都是指插在水里捕鱼用的栅栏，用竹或苇编成。唐代戴叔伦《留别道州李使君圻》诗："渔沪拥寒溜，畬田落远烧。"宋代陆游《小舟晚归》诗之二："潮生鱼箔短，木落雉媒閒。"《太平广记》卷 323 "富阳人"（出《述异记》）："宋元嘉初，富阳人姓王，于穷渎中作蟹簖。"闻名中外的西湖"断桥"，按理也是放置鱼簖的桥，我们在解释"断桥"时不能拘泥于字形，当因声求义，这和"亮子"的探源方式是一致的。

哕［ $\emptyset y\varepsilon^{213}$ ］

"哕"在辽宁方言中读为（yuě），有两种意思，分别是：（一）吐，

---

① （清）桂馥：《札朴》，商务印书馆 1958 年版，第 304 页。

呕吐，多指干呕，常与"干"连用为"干哕"，这时"哕"多读轻声，指要呕吐又吐不出，如："不知道吃啥吃坏了，总干哕。"（二）乱说，瞎说，在使用时常与"败"组成"哕败"，如："管住你的嘴，别成天到处哕败人。"有时"哕"还重叠为"哕哕"，也表示"瞎说，乱说"等义，如："你知道啥啊，一天天到处瞎哕哕。"二者比较，"哕败"为及物动词，而"哕哕"多做不及物动词，并且，"哕败"的目的性较强，指通过说坏话来破坏他人的名声，而"哕哕"就指乱说。对于说的内容并不一定都是假的，对"哕败"来说，说的即使是真话，因为对对方的名声造成了影响，这在劝阻自己的人眼中也是不应该说的，因而也是乱说，而"哕哕"有时候说的也会是事实，但是这些事实如果在别人看来不应被提及或揭穿，那么也会被认为是胡说。"哕"的两种用法使用都比较广泛，但在地域分布上有差异，除辽宁地区外，第一种用法还存在于东北的其他地区，以及山西、河北、山东甚至广东等地，而第二种用法的"哕"还存在于江苏等地，由此可见，"哕"是个使用比较普遍的方言词语，那么"哕"为什么会有这样的用法呢？

"哕"，《说文·口部》："哕，气牾也，从口岁声。于月切。"段玉裁注："哕，气牾也。牾，逆也。《通俗文》曰：'气逆曰哕。'从口岁声。于月切。"又北宋·陈彭年，丘雍《广韵·月韵》："哕，于月切。逆气。"可见，"哕"的本义为"打嗝"，如：

（1）人之哕者，何气使然？（东周《黄帝内经·灵枢·口问》）

（2）进退周旋慎齐，升降出入揖游，不敢哕噫、嚏咳、欠伸、跛倚、睇视。（《礼记·内则》）

（3）主治脾疸，常欲眠，心烦，哕出音声，治耳聋……（南朝·陶弘景《名医别录·中品·通草》）

（4）胸满则气逆，气逆则哕。（唐·王焘《外台秘要方·天行呕逆方》）

后又在"打嗝"的基础上引申为"吐，呕吐"，但这里的"吐"与其他表示呕吐的词有差异，清·吴谦《医宗金鉴·杂病心法要诀·呕吐哕总括》："有物有声谓之呕，有物无声吐之徵，无物有声哕干呕。"根据这一说法，"哕"表示"呕吐"时"无物有声"，即为干呕，如：

（5）有似嚼饭与人，非徒失味，乃令呕哕也。（南朝·释僧祐《出三藏记集·鸠摩罗什传》）

（7）爬起来，坐在被窝中，垂着头，只管打干哕。（明·冯梦龙《醒世恒言》第三卷）

（8）那一宗恶味难闻，呛得众青衣干哕恶心，实在难受。（清·佚名《刘墉传奇》第三十四回）

当然，"哕"并不专指干呕，在后来词语的发展过程中也用于"有物"的呕吐，后来还指"唾唾沫"等，这里不再举例，上文所引的《医宗金鉴·杂病心法要诀·呕吐哕总括》中的说法，虽然不全面，但对表示"干呕"的"哕"与正常的呕吐作了明确的区分，也是值得借鉴的。

通过以上分析可以知道，方言中表示"吐，呕吐"的"哕"就是延续了其在古代的用法，并且在今天使用频率非常高，如：

（9）许倩也闻着一股奇臭，干哕了两声，扔下茶杯摔在地上，转身跑了。（老鬼《龙种大酒店》第四章）

（10）靳红玢颤巍巍地擎着酒杯，刚要说话，忽然脸色大变，干哕了几声，就跑进洗手间，翻肠倒肚地呕吐起来。（王立纯《欠债还钱·搁浅》）

（11）她觉得干哕，恶心，头晕。（汪曾祺《寂寞和温暖》）

从以上用例中可以看出，"哕"有的是因为生病等身体不适造成的，而有的则是看到或闻到东西或气味才出现的反应，而这些东西多是丑陋不堪的，气味也多是难闻的令人作呕的，也正因为丑陋的东西令人作呕，因此，在人们极度厌烦某些东西或者人时就会做出干呕的动作以示厌恶，从而"哕"就有了"唾骂，唾弃"等意思，如：

（12）何意轻肆口哕，诋目朝士，造席立言，必以贬裁为口实。（南朝·萧子显《南齐书·刘祥列传》）

（13）〔仆〕闲饮食于富贵之家，腥膏满案，且哕之而投筯矣。（明·唐顺之《与王尧衢编修书》）

（14）乔以赃败，秦人皆哕其名。（清·钱谦益《明故陕西按察

使徐公墓志铭》)

　　而方言中表示"乱说，瞎说"的"哕"就是在此基础上的引申。"唾骂，唾弃"是对自己所厌恶的人或物所做出的反应，而方言中的"哕败"指通过说他人的坏话来破坏其名声，这也是表达对某些人不满的一种方式，只是相对于"唾骂，唾弃"来说，方言中的用法是间接的，并且其所表达的不满的程度要轻于"唾骂，唾弃"。方言中的"哕"除用于"哕败"外，还会重叠为"哕哕"，这里的"哕哕"就指胡说，而且说的内容有时也是为了表达不满，但是目的性不强，因此，由"唾骂，唾弃"引申为方言的"乱说，瞎说"是可以理解的，只是这样的用法多存在于方言口语中，并且在人们的日常交流中有着非常高的使用频率。

　　以上，我们对辽宁方言中"哕"用法的来源进行了探索，即方言中表示"呕，呕吐"的"哕"是在其古义"打嗝"基础上的引申，而表示"乱说，瞎说"的"哕"则是"唾骂，唾弃"在方言中的引申，相对于"唾骂，唾弃"义，方言中的"哕"所表达的厌恶程度有所减轻，甚至只是单纯、毫无目的的乱说，这也是词义发展的表现。

仰歪扎撒 ［ɕiaŋ²¹³ɕuai⁰tʂa⁴⁴ʂa⁴⁴］［ɕiaŋ²¹³ɕuai⁰tʂa²⁴ʂa³¹］

　　在辽宁方言中，"仰歪扎撒"是指仰面倒在地上，四肢叉开的样子。《白清桂民间歌谣集·拣棉花》："光顾笑来不顾走，一个树根绊了他仰歪扎撒。前头打了二十五个大海碗，后尾水盘碎了三十八。"

　　在辽宁方言中有"仰歪"连用表示倒下或仰卧，如：

　　（1）他们偷着往酒里卞了蒙汗药，把山寨来的娄罗们一个个灌得都仰歪了。(《中国民间文学集成·辽宁卷·薛礼夜探"二牙"》)

　　（2）过了正月十五，可了不得啦！满沟筒子的人都病仰歪了，弟弟也躺炕起不来了。(《中国民间故事集成·辽宁卷》)

　　（3）这两人就把菱衣打开了，只见黄澄的一块大金子，再看看那个打底镐勺，闭着眼睛仰歪着，他俩一递眼神抡起棒子就叮底镐的砸巴死了。(《中国民间故事集成·辽宁卷》)

　　而"扎撒"连用表示张开貌，又写作"扎煞""扎挲""挓挲""揸撒""扎挲"等如：

　　（4）巧龙、巧虎二人扎撒两臂挡阻午门说："你是贬家为民之人，未有圣旨宣召，谁敢放你进去。冲了圣驾谁敢担其咎？"（清·落魄道人《八贤传·因参奸忠臣遭绑 为保本大闹午门》）

　　（5）唬得他往后一仰，两手扎煞，两腿一登，牙关紧闭，双眼直翻，冒走了魂魄，昏迷了心性。（清·吴璇《飞龙全传·高行周刎颈报国　赵匡胤克敌班师》）

　　（6）不料按院审到珍哥跟前，二目暴睁，双眉直竖，把几根黄须扎煞起来，用惊堂木在案上拍了两下。（清·西周生《醒世姻缘·程犯人釜鱼漏网　施囚妇狡兔投罗》）

　　（7）苞米开花胡子扎撒，小姐爱我我也爱她，她爱我勤劳朴实，我爱她善良心肠像菩萨。（《庄河资料本歌谣集·小姐爱我我爱她》）

　　（8）王爱英凑到跟前一看，女婴的小手挓挲着，耳朵和嘴都烂了，哭的声音十分微弱。（《天地大美》）

　　（9）奶奶揸撒着两手，不知所措，在家里哭着、喊着："这可咋办呢！"（臧世嗣《圈里圈外·绝食》）

　　由上可看出，"仰歪""扎撒"同义，连用表示（摔倒时）仰面朝上，四肢张开的样子，将摔倒时的狼狈生动形象地表现出来。《白清桂民间歌谣集·瞧情郎》："天上下雨地下滑，哧溜滑造个仰歪扎撒，摔疼了小奴家。"

　　"仰歪扎撒"这一语义在元代官话中写作"仰剌叉""仰剌擦""仰不剌叉"，皆指仰面跌倒。如：

　　（10）我则道十分紧闭着，原来是不插拴牢。靠着时呀的门开了，滴留扑仰剌叉吃一交。（元·杨家骆《全元杂剧·张孔目智勘魔合罗》）

　　（11）一只手将嗓子揩，一只手将脚腕来拿，滴溜扑摔个仰剌叉，将匕首拔，觑着你软肋上扎。（元·王季思《全元戏曲·忠义士豫让吞炭》）

（12）呀，呀，呀！仰剌擦推了我一交。（元·王季思《全元戏曲·刘行首》）

（13）前日在校场里射垛子，使的力气大了些，垛子也射不中，把我仰不剌又跌下马来。（元·郑光祖《伊尹耕莘》第二折）

以上，我们对辽宁方言中"仰歪扎撒"的发展过程进行了整理，从而知道，"扎撒"又写作"扎煞""扎挲""挓挲""揸撒""扎挲"，表示张开貌。"仰歪""扎撒"同义连用，表示（摔倒时）仰面朝上，四肢张开的样子。

Z

揸［tsɑ²¹³］

"揸"在辽宁方言中多儿化为"揸儿"，是量词，指"张开的拇指与中指两指尖之间的最大距离"，这个距离叫"一揸"。如：你拿手量量，看这块布有几揸。"揸"的使用也比较广泛，除了辽宁地区，还存在于黑龙江、山东、江苏等地。

"揸"，同"攎"，西汉·杨雄《方言》第十："挻，攎，取也。南楚之间凡取物沟泥中，谓之挻，或谓之攎。"东汉·刘熙《释名·释姿容》："攎，叉也，五指俱往叉取也。"可见，"揸"表示"以指取物，抓"，如：

（1）我也曾揸鼓夺旗，抓将挟人。（元·杨梓《功臣宴敬德不伏老》第一折）

（2）把手在他心肝上一揸，朱子真大叫一声："痛杀我也！"（明·许仲琳《封神演义》第九十二回）

（3）伸手揸拾觉得沉重，抖开内有金银十余锭，约有二百余两。（清·无名氏《后宋慈云走国全传》第二十三回）

后又指"把手指伸张开"，如：

（4）这孩儿差讹了一个字千般儿见责，揸著五个指十分便揾，打的孩儿连耳通红了半壁腮。（元·郑廷玉《看钱奴买冤家债主》第二折）

（5）说声未毕，揸开五指，将钱青和巾和发扯做一把，乱踢乱打。（明·抱翁老人《今古奇观》第四十一卷）

（6）早被李宗汤大刀逼紧，卖进一步，左手揸开五指，揪住燕顺甲上的狮蛮带，尽力拖来，掷于地上。（清·俞万春《荡寇志》第一百二十六回）

而一旦把手指张开用于度量物体时，"揸"指"度量"了，如：

（7）手拿着汗巾每日想，那画上人儿一班捞着同床，俺可把俊脸细细端相，也揸揸那腰儿多细，脚儿多长；今夜晚一笔勾却那相思帐。（清·蒲松龄《聊斋俚曲集·禳妒咒》）

丈量时某两个指尖之间的最大距离一般是人们定长的首选，这就是拇指和中指，但也有特殊情况，由于人们的习惯不同，有的人也会伸开食指和中指进行度量，无论哪两个手指，两个指尖一次量出来的长度都被称为"一揸"，由此，"揸"就有了量词的用法，这在清代时期就已经出现了，并一直在方言中沿用至今，如：

（8）虽然火里没烧死，胡子短了一揸零。（清·蒲松龄《聊斋俚曲集·快曲》）

（9）想他那腰儿一捏，脚儿半揸。（清·蒲松龄《聊斋俚曲集·禳妒咒》）

（10）春天，苜蓿刚刚长出新芽，才一揸长的时候，拔下几把，洗净切碎……（邢庆杰《玉米的馨香·苜蓿地的守望者》）

（11）翻着翻着，一条或几条蚯蚓就翻出来了，一揸来长，黑红黑红的，油亮油亮，趴在那儿……（郇中建《五味青春 一个知青的自述·劳作》）

但是，"揸"在明清时期的文献中还有多种写法，如"楂"

"蹅"等：

　　　　（12）他达合俺一堆站，俺达矮了一楂，叫他达教人不支架。（清·蒲松龄《聊斋俚曲集·墙头记》）
　　　　（13）上穿一身红衲袄，绿罗裙上石榴花，红绣鞋窄半蹅大。（清·蒲松龄《聊斋俚曲集·增补幸云曲》）

　　出现这种情况的原因在于，明清时期是白话小说发展的高峰期，大量口语和方言俗语进入文学作品中，但是由于作者在使用时疏于对词语本字的考察，取而代之的是用读音相近的字来代替，因此就出现了这样的情况，而这样的现象在明清小说中是普遍存在的。

　　"揸"又写作"拃"：阮章竞《漳河水·盼喜报》："那天给你剪鞋帮，多大多小我不用想，一拃拃长来再加三指，不肥不瘦合脚样。"郭澄清《大刀记》第二卷第六章。"他将大拇指顶在自己的头皮上，又伸直中指顶在大爷的手心里，然后说：'还差一拃呀！'"（转引自《汉语大字典》）

　　"揸"又写作"柞"，元·康进之《李逵负荆》第四折："似这般好器械，一柞来铜钱恰便似砍麻秸。"音释："柞，音诈。"

　　江苏盐城方言作"抹拃"。这根木头不丑，就是短了一抹拃。（《汉语方言大词典》，第 3195 页）

　　"揸"又写作"折"，《宣和遗事》前集下："凤鞋半折小弓弓，莺语一声娇滴滴。"《醒世恒言》第 16 卷："张荩双手承受，看时，是一双合色鞋儿；将指头量摸，刚刚一折。"

　　"揸"又写作"搩"，以手度物。《集韵·入陌》："搩，陟格切，手度物。"明·袁宏道《舟中夜话赠马元龙》诗："等闲搩手量青天，枉把虚空记寻尺。"

　　"揸"又作"磔"，一磔手，唐·慧琳《一切经音义》卷二四："一磔手者，取大指中指所极为量也。"唐·玄应《一切经音义》卷十六《四分戒本》："磔手，古文庹。同。知格反。《广雅》磔，张也。磔，开也。《通俗文》张申曰磔。是也。"

　　以上，我们对辽宁方言中用于量词的"揸"的发展过程进行了整理，从而知道，"揸"同"摣"，是一个古方言词，最初表示抓、取等意思，而量词"挓"则是在伸开手指度量义的基础上引申而来，引申理据是抓取事物，先要把手指分开，再合并才能抓取。从文献例证看，唐代慧琳音义是最早的用例。"磔"有分开义，《晋书·桓温传》："温眼如紫石棱，须作猬毛磔。"用手丈量，首先要把大拇指和二拇指分开，所以"磔手"有量度单位义。

挓 [tʂa⁵¹]

"挓"在辽宁方言中有两种意思，分别是：（一）张开，竖起，常说成"挓煞"，如：（1）挓煞着胳膊干啥呢你？（2）刚才可吓坏我啦！感觉头发都挓煞起来了！这里的"煞"又写成"沙"或"撒"，没有实际意义，只是一个构词语素。（二）下部大，常说成"下挓"，如："这个衣服下挓，不好看！"但在使用过程中，第一种用法的"挓"使用频率较高。

"挓"最早有"开，张开"的意思，如：战国·庄周《庄子·知北游》："神农隐几阖户昼瞑，婀荷甘日中挓户而入，曰：'老龙死矣！'。"陆德明《经典释文》引司马彪云："挓，开也。"北宋·陈彭年，丘雍《广韵》："挓，张也，开也。"后来"挓"常说成"挓煞""扎煞"，并且使用广泛，而这里的"扎"只是"挓"的借音字，如：

（1）挓户劝之起，怀宝善自珍。（宋·范成大《秋日杂兴》之一）

（2）他只顾上头扎煞着两只手拦众人，不防下面不知被那个一靴子脚踹在他小脚儿上……（清·文康《儿女英雄传》第二十八回）

（3）有的人出了师就挓起翅膀飞了。（张贤亮《吉尔布拉克》）

"挓"在如今的很多方言中都有"张开"的意思，如：湖北红安有"挓口"表示"张嘴"，安徽芜湖也有"挓嘴"表示"张嘴"。而这里的"张开"有伸展开的意思，因而在这一意义的基础上，"挓"又可以表示"竖起"，也常说成"挓沙（煞）"，也有的写作"扎（乍）煞"，如：

（4）挓沙起黄髭髯，（张飞云）兀那村夫，你相我可是如何？（元·无名氏《诸葛亮博望烧屯》第一折）

(5) 压油墩子李四、小银枪刘虎，这些晚秧子扬风奓刺，身上未必有猫大的气力。(清·佚名《施公案》第一百〇二回)

(6) 石禄的头发根不由一扎煞，遂说："大何，你别吓唬我呀……"(清·佚名《大八义》第三十七回)

(7) 丁四闻听，走至跟前观看，父亲躺在尘埃，两眼双合，胡子乍煞，身躯直挺。(清·佚名《于公案》第一百三十七回)

现在也有这样的歇后语"大公鸡奓毛——抖什么威风"①。

除了"张开"义，"奓"还表示"下部大"，南朝·顾野王《玉篇·大部》："奓，下大也。"这一意义一直沿用至今，如：

(8) 其国使者，皆拳头奓鼻，衣云霞之布，如今霞布也。(晋·王嘉《拾遗记·然丘》)

(9) 决明有二种：一种马蹄决明，茎高三四尺，叶大于苜蓿，而本小末奓，昼开夜合，两两相帖。(明·李时珍《本草纲目·草部》第十六卷)

(10) 万州土官黄惠，于多辉溪中得一铜鼓，长三尺，面阔五尺，凸二寸许，沿边皆科斗，各衔线缕抵脐，束腰奓尾。(清·屈大均《广东新语·器语》)

并且，在中国很多地方存在一种凳子，被称为"八奓凳"，这种凳子因为凳子腿都向外倾斜，底部较大，因而会比较稳固，应用也很广泛。②

通过以上梳理，我们可以知道，辽宁方言中"奓"的两种用法均沿用了其在古代的意思，但是如今的"奓"大多数只存在于不同方言中，而很少在普通话中使用了。

扎煞 [tʂa^{44} ʂa^{0}] [tʂa^{31} ʂa^{0}]

"扎煞"在辽宁方言中表示"（手、毛发、树枝等）张开，伸开"，如：刚才吓死我了！浑身的毛都扎煞起来了！有着这一用法的"扎煞"

① 欧阳若修：《中国歇后语大辞典》，广西人民出版社1990年版，第116页。

② 刘奉光：《农家工副业指南农村木工》，农业出版社1983年版，第147—158页。

不仅在辽宁地区使用，而且在北京、山东等地使用频率也比较高。

　　其实，表示"（手、毛发、树枝等）张开，伸开"的"扎煞"在清代时期就已经出现了，如：

　　（1）素姐扎煞两只烂手，挠着个筐大的头，骑着左邻陈实的门大骂。（清·西周生《醒世姻缘传》第八十九回）

　　（2）石禄的头发根不由一扎煞，遂说："大何，你别吓唬我呀！我们大夥给你报仇来啦……"（清·佚名《大八义》第三十七回）

　　（3）说着，扎煞着两只胳膊，直挺挺的就请了一个单腿儿安。（清·文康《儿女英雄传》第十五回）

　　（4）那只猛虎一瞧有人奔来，把尾巴一甩，浑身毛儿一扎煞，前爪一按，冲定韩登禄扑来。（清·贪梦道人《康熙侠义传》第一百五十三回）

　　（5）又往脸上一看，却是形容瘦弱，尖嘴缩腮，一对眯缝眼，两个扎煞耳朵。（清·石玉坤《七侠五义》第二十八回）

　　（6）褚大娘子先忙着看了看孩子，……做衣服，以至上路的行李什物，忙的他把两只小脚儿都累扎煞了。（清·文康《儿女英雄传》第二十一回）

　　"扎煞"在清代文献中出现的频率比较高，这里不再详细列举，但是从以上例子中可以发现，"扎煞"的使用对象可以是毛发，可以是手，也可以是脚、耳朵等，这些东西都有一个共同的特点，那就是彼此之间都是独立的，可以张开或者其本身的特质就是向外伸展的，而这也可以看作是"扎煞"的适用对象的一个共同特点，即有着这样特点的东西都可以用"扎煞"。今天方言中"扎煞"的用法就与此相同，如：

　　（7）秋后算账时，少东家扎煞着两只细手说，看看，今年地里歉收，你说咋办？（刘怀远《工钱》）

　　（8）那感觉很奇怪，就像一位绿鬓如云的美人，一夜之间被鬼剃了头，扎煞着双手站在那里，说不出的丑陋与凄惶。（李欣《一丝柳一寸情》）

　　（9）我一开门，就看见一个黑影幽灵般地站在我家的门口，吓

得我的头发立时扎煞起来了。(孙伯昌《苦艾》)

支应 [tʂʅ^{44}øiŋ^0] [tʂʅ^{31}øiŋ^0]

"支应"在辽宁朝阳方言中有"接待,应酬"的意思,如:马上就到日子了,支应客的人找到了吗?在辽宁铁岭方言中有"应答、回答"的意思,如:我叫你,你怎么不支应一声?"支应"的这些用法不仅在辽宁等东北地区使用,而且还习见于山东、河南、河北、山西等地的方言中,那么,"支应"一词的发展过程是怎样的呢?

"支应"在宋代组合成词,表示"供应、供给"义:

(1)自置分司,亭户一到,请本需常例钱者,窠局闻二十有二,细民无一敢向,惟上户名统催者领之,支应需索之余,所存无几,往往又以欠额抑令八十贯折纳盐一斛,请钱亭户往往徒手而归。(宋黄震《提举司主带本钱申乞省罢华亭分司状》)

这段话讲述了盐业生产者——亭户的悲苦。早在宋神宗熙宁年间卢秉对两浙盐法加以变革,即预先付给亭户一部分钱,谓之盐本钱,这是封建国家收购价格的一部分,预先付给生产者,以利于生产,并成为定制。可是,这项做法并未兑现,盐本钱不是移作他用,就是被官吏贪污中饱,盐户们所得无几。更加严重的是,亭户不仅得不到盐本钱,反倒受盐本钱之害。官吏们同上层亭户勾结,盐本钱"惟上户名统催者领之"。一般贫下亭户虽得到十五贯,却无缘无故地"折纳八十贯"。"支应需索之余"指所剩的供应给上层亭户求取的盐本钱。

(2)夫天下无不弊之法,支应之用既简,奸猾之骗必微。譬如吾用十两,彼冒破其一;用至百两,彼冒破者十矣。(明·海瑞《驿传议》)

(3)不意受事之后,京运寥寥,支应无策,每一启门而索月饷者,索马干者,索盐菜者,蜂拥而入。(明·毕自肃《辽东疏稿》卷四《边饷久绝敌信告急疏》)

(4)愚昧之见,是否有当,伏候圣裁。所有筹设粮台,分别支

应，各缘由谨缮折，由驿五百里驰陈，伏乞皇太后、皇上圣鉴。（李鸿章《筹设粮台分别支应折》）

上述"支应"都是供应义，主语是政府等官方机构，当主语是家庭等私人处所时，"支应"引申出"应酬；接待"义：

（5）这几日城南桃花盛开，游人不绝，费人支应，好不耐烦。（明·叶宪祖《夭桃纨扇》第一折）

（6）好两个佛口蛇心，你且去殿上伺候，怕有客来，好生支应。（明·梅鼎祚《玉合记·焚修》）

（7）此时日子更近了，陆续有人送礼来，一切都是伯明代他支应。（清·吴趼人《二十年目睹之怪现状》第七九回）

（8）做父亲的，不会说普通话，不愿意应付我这样的客人，而他的儿子，在支应客人时疯狂地打游戏。（丁燕《东莞定居记》）

"支应"之"应酬；接待"义，指主人接待客人，涉及主宾双方，接待客人是个宽泛的概念，既指招待吃喝，也包括言语交流。如：《案中冤案·保甲局审讯之经过》："当下胡得胜得了消息，便信步走到差遣室中去坐。只有一位武弁在那里支应着，两人便对坐攀起话来。"先言"支应"后云"攀起话来"，说明"招待"与"回答"是紧密联系的，所以，"支应"又引申"回答"义。

（9）这金县是个小去处，知县又是个老贡生，不晓事体。不要说牛羊酒面的犒赏，连兵粮也还备不完。众兵一到，吓得知县在堂上"魁星踢斗"起来。退回私衙，坚闭不出。前队王参将的兵，见县里不支应，大声发话，上堂去叫喊如雷，也不见一个人回答一句话。（清《樵史演义·李自成报效新总　梅巡抚镇定乱兵》）

这个例证中"支应"是接待还是回答？从上下文语境看，介于两者之间。可以理解为"参将的兵没有人招待"，也可理解为"县里没人说话"。

（10）这个家伙说话蛮占理，把我说得没话支应。（柳青《创业史》第一部第二九章）

以上，我们对辽宁方言中表示"应付，应酬"的"支应"的来源进行了大致分析，"支应"在宋代有"供应"义，引申出"招待"义，再引申出"回答"义。

知不道 [tʂɿ²⁴puˀtau⁵¹]

"知不道"在辽宁朝阳方言中意思和用法与"不知道"相同，如：也知不道他一天天都在忙啥呢，就是不着家。"知不道"在地域分布上比较广泛，除在辽宁的一些地区使用外，在山西、河北、河南、山东、安徽等地也有用例。

"知不道"一词最早见于清代文献中，多用于口语，如：

（1）若这么着，他二人的脾气，神仙也知不道了。（清·花月痴人《红楼幻梦》第四回）

（2）你还知不道他呢。他叫俏皮李四。他要闹起俏皮来，只怕你是二姑娘玩老雕，你更架不住。（清·石玉坤《七侠五义》第一百十二回）

（3）你承头的不公道，开口就讲甚么偏，我虽是女人家，亦知不道甚么，一像这个偏字是个不好的字儿。（清·西周生《醒世姻缘传》第二十二回）

"知不道"在今天的方言中使用也比较普遍，如：

（4）唉，大嘴皮笑肉不笑地问："俺知不道干了啥事，请您指点指点。"（金燕平《不是我不明白·馅饼》）

（5）知不道是不是叫册页，反正折了好几折，得翻着看。（泊如四海《不冤不乐》第三章）

（6）俺说你就是不知哪头逢集，你知不道，俺知道，这酒可是上天我给你钱买的吧？（许卫国《老二的故事·老二去了南京》）

　　并且，唐山方言中也有"猪八戒吃饺子——知不道啥馅儿""脸盆里扎猛子——知不道深浅"等歇后语，比喻"不知道其中缘由"和"不知道个中厉害"①。

　　对于"知不道"和"不知道"，二者之间并非我们所认为的等同关系，它们是有着各自的来源及发展轨道的，学界也曾有过针对二者的来源及发展过程进行的研究，也出现了不同的观点。如：沈怀兴在《"知不道"和"不知道"》一文中指出，虽然在今天"知不到"与"不知道"在表意上并无太大区别，但是二者的本义、结构完全不同，即"知不道（到）"为动补结构，表示"认识不到"，这是在原本为主谓结构的"智不到"基础上的引申，而"不知道"是"不懂得规律或正道、不明白道理或事理"，其结构如果按以左统右原则分析是偏正结构。并且，"知不道"与"知不到"是异体词，其来源是"智不到"，而"到"多写作"道"是在南宋时期。② 刘忠华也认为"知不道"与"不知道"没有必然关系，但在二者的来源上有着与沈怀兴不同的观点。刘忠华认为"知不道"应该写作"知不到"，并且这一用法"是由汉语中表示可能和结果的动补结构类推而来的"。刘忠华在行文过程中分别从陕西方言中"知道"与"知不到"中"道、到"的读音以及语法、语用等方面对"知不到"的合理记写方式和来源进行了论证。③ 而对比两种观点，我们认为刘忠华的观点更具合理性，但如今方言中"知不道"的来源为何仍旧没有更具说服力的说法，这需要学者们的不断努力。

中 [tʂuŋ⁴⁴]

　　"中"是一个使用非常普遍的基本词汇，但在辽宁方言中除了与普通话中的意思一致外还表示"行，可以，好"，如："岁数这么小就不想上学了，这哪中啊。""中"的这一用法在地域上分布比较广，除东北地区外还存在于宁夏、山东、安徽、江苏等地，并且使用频率都很高，那么，"中"的这一用法是如何来的呢？

---

　　① 庄洪江：《唐山方言俗语》，河北大学出版社 2013 年版。
　　② 沈怀兴：《"知不道"和"不知道"》，《语言研究》2005 年第 3 期。
　　③ 刘忠华：《陕西方言中的"知道"与"知不到"》，《汉中师范学院学报》2003 年第 4 期。

"中"本义为"内，里面"，东汉·许慎《说文解字·丨部》："中，内也，从口，从丨，上下通。"段注："中，内也。俗本和也，非是。当作内也。宋麻沙本作肉也，一本作而也，正皆内之讹。"后引申为"方位在中央"，如：

（1）击其中，则首尾俱应。（春秋·孙武《孙子·九地》）

（2）五月五日埋蜻蜓头于西向户下，埋至三日不蚀，则化成青真珠。又云，埋于正中门。（西晋·张华《博物志·戏术》）

（3）饶州乐平县中有某人者，元执役于马相府。后以病死，入冥见中坐者乃马相公也，其人举首叩头以求救。（南宋·周密《癸辛杂识续集·马相漂棺》）

后又在此基础上引申为"正，不偏不倚"，如：《周礼·地官·大司徒》："以五礼防万民之伪，而教之中。"贾公彦疏："使得中正也。"战国·晏婴《晏子春秋·内篇问上十六》："衣冠不中，不敢以入朝……"张纯一注："中，正也。""正，不偏不倚"就是"合适，恰当"，而使某些东西合适、恰当就是使它们适于，合于某些东西，如例子中的"教之中"就是通过教化使民"中正"，从而宜于教化，而"衣冠不中"也可以理解为衣冠的样式或整齐程度如果不合于上朝这样正式的活动，那么就不敢入朝。因此，"中"又可以表示"宜于，适于"等义，如：

（4）天无错舛之灾，地有震动之异，天子所诛绝，所败师，虽不中道，而春秋者不敢阙，谨之也……（西汉·董仲舒《春秋繁露·奉本》）

（5）武帝择宫人不中用者斥出之，子夫得见，涕泣请出。（东汉·班固《汉书·外戚传》）

（6）其药如青紫螺子，拣取黑末不中用者，分药一半，以青竹筒贮……（北宋·张君房《云笈七签·方药部·修金碧丹砂变金粟子方》）

（7）秋鸿道："我还有句话要对娘说，若不中听，娘不要恼。"（明·不题撰人《梼杌闲评》第三十回）

并且，"不中用""不中听"等词语在如今的普通话或方言中使用都非常普遍，而这里的"不中用""不中听"就是不适合用、不适合听，反之，"中用""中听"就是适合用、适合听，也就是可以用、可以听，在这一意义基础上，中又引申为"可以"，表示肯定，这就与方言中的用法一致了，并且这种用法在古代使用非常普遍，如：

（8）此为坏并，桂枝不中与也。（东汉·张仲景《伤寒论·太阳病上》）

（9）何物中长食，胡麻慢火熬。（唐·王建《隐者居》）

（10）如小娘子得胜，就拿了小子的黄金去；若小子胜了，赢小娘子做个妻房。可中也不中？（明·凌濛初《二刻拍案惊奇》卷二）

（11）因道："老哥哥的牙口竟还好？"他道："不中了，右边儿的槽牙活动了一个了。"（清·文康《儿女英雄传》第十六回）

在方言中"行"与"好"也可表肯定，由此可见，"中"在方言中是一个表示肯定的词语，并且这一用法在方言中使用频率非常高，如：

（12）万留福马上做出一副笑脸说，"只要把我儿子给放了，我保证，过去的事……我再也不提了，再不上访了，认了，中不中？"（李乃庆《无路之路》第二十七章）

（13）老大，你再寻思寻思，不走不中吗？你不知道，在家千日好，出门一时难啊！（徐鲁《旷野上的星星·寻梦·告别故乡》）

转磨/转磨磨　[tʂuan⁵¹məⁿ]　[tʂuan⁵³mɣ⁵¹məⁿ]

"转磨"和"转磨磨"在辽宁方言中表意相同，都指转圈，打转转，但前者常常儿化。如：别老转磨磨，一会儿晕了。有时强调因着急或想不出办法来，在地上来回转圈，如：急得他在地上直转磨磨，可就是想不出办法来。"转磨磨"一词不仅在辽宁方言中使用，而且在整个东北地区，乃至北京、山东、湖北等地使用也比较广泛。

其实，"转磨"或"转磨磨"在方言中的用法在清代时期就已出现：

（1）每日为早晚两餐，急得满屋转磨。（清·冷佛《春阿氏谋夫案》第十一回）

（2）三蝶儿坐在屋里仍自发楞，急得德氏、常禄，来回转磨。（清·冷佛《春阿氏谋夫案》第十三回）

（3）张炳之这一时里，八十的老头转磨磨，几乎晕煞了！（清·蒲松龄《聊斋俚曲集·慈悲曲》第六段）

（4）你说这一喜，若是不会善的，可不就是八十的老翁转磨磨，——就晕杀了？（清·蒲松龄《聊斋俚曲集·富贵神仙》第十三回）

（5）自己又不敢离开这屋子，只急得他转磨儿的一般在屋里乱转。（清·文康《儿女英雄传》第四回）

（6）宝玉是性急的，在院中紫薇树下来往转磨，似热锅蚂蚁似的，只盼不到天黑。（清·郭则《红楼真梦》第四十一回）

（7）我见人上轿，都是脸朝外，倒退着进去；我没见有回头朝里钻进去，转磨磨的。（清·西周生《醒世姻缘传》第八十三回）

例子中，例3、例4、例7中的"转磨"和"转磨磨"都表示"转圈，打转转"，例1、例2、例5、例6中的"转磨"和"转磨磨"就强调"因着急或想不出办法来，在地上来回转圈"，这与辽宁方言中的两种用法相同，可见，辽宁方言中"转磨"和"转磨磨"的用法就来源于此。

参考文献

（按作者姓名音序排列）

专著文献

曹保明编：《长白山下的民俗与旅游》，旅游教育出版社 1996 年版。

曹伯植：《陕北说书传统曲目选编》，陕西人民出版社 2010 年版。

朝阳市史志办公室：《朝阳市志》，辽宁大学出版社 1996 年版。

陈永正：《市井风情——三言二拍的世界》，中华书局香港分局 1988 年版。

迟永长：《大连方言音系》，辽宁师范大学出版社 2012 年版。

辞海编辑委员会编：《辞海（1979 年版）缩印本》，上海辞书出版社 1989 年版。

窦世强绘，李明著：《画说青岛老建筑》，青岛出版社 2010 年版。

段玉裁：《说文解字注》，上海古籍出版社 1981 年版。

冯春田：《近代汉语语法研究》，山东教育出版社 2000 年版。

古丈县志编纂委员会编：《古丈县志》，巴蜀书社 1989 年版。

广西壮族自治区编辑组、《中国少数民族社会历史调查资料丛刊》修订编辑委员会编：《广西瑶族社会历史调查（九）》，民族出版社 2009 年版。

（清）桂馥：《札朴》，商务印书馆 1958 年版。

洪丕谟：《洪丕谟说文房四宝》，安徽美术出版社 2010 年版。

胡培俊：《常用字字源字典——常用字源流探析》，崇文书局 2012 年版。

黄伯荣、廖序东：《现代汉语》，高等教育出版社 2007 年版。

江蓝生：《近代汉语探源》，商务印书馆 2000 年版。

蒋绍愚：《近代汉语研究概要》，北京大学出版社 2005 年版。

蒋绍愚、曹广顺：《近代汉语语法史研究综述》，商务印书馆 2005 年版。

蒋宗许：《汉语词缀研究》，巴蜀书社 2009 年版。

李群主编：《传统技艺》，山东友谊出版社 2008 年版。

李跃龙主编，湖南省地方志编纂委员会编：《湖南省志》，五洲传播出版社 2005 年版。

林口县志编纂委员会编：《林口县志》，黑龙江人民出版社 1999 年版。

刘宏、赵祎缺：《河南方言词语考释》，河南人民出版社 2012 年版。

刘坚：《二十世纪的中国语言学》，北京大学出版社 1998 年版。

刘坚、江蓝生、白维国、曹广顺：《近代汉语虚词研究》，语文出版社 1992 年版。

刘小南、姜文振：《黑龙江方言词典》，黑龙江教育出版社 1991 年版。

陆宗达、王宁：《训诂与训诂学》，山西教育出版社 1994 年版。

罗竹风主编：《汉语大词典》，汉语大词典出版社 1986 年版。

马思周：《俗言俗谈》，商务印书馆 2011 年版。

马思周、姜光辉：《东北方言词典》，吉林文史出版社 2005 年版。

聂志平：《黑龙江方言词汇研究》，吉林人民出版社 2005 年版。

欧阳若修：《中国歇后语大辞典》，广西人民出版社 1990 年版。

潘允中：《汉语语法史概要》，中州书画社 1982 年版。

钱曾怡：《汉语官话方言研究》，齐鲁书社 2010 年版。

秦岱源：《东陲纪闻》，载李健才、衣保中编著：《东疆史略》，吉林文史出版社 1990 年版。

任学良：《汉语造词法》，中国社会科学出版社 1981 年版。

（清）萨英额：《吉林外纪》，吉林文史出版社 1986 年版。

孙常叙：《汉语词汇》，吉林人民出版社 1957 年版。

孙锡信：《汉语历史语法要略》，复旦大学出版社 1992 年版。

孙雍长：《训诂原理》，语文出版社 1997 年版。

索文清等主编：《中国少数民族民俗大观》，福建人民出版社 1998

年版。

　　太田辰夫：《中国语历史文法》，北京大学出版社 2003 年版。

　　王继如：《训诂问学丛稿》，江苏古籍出版社 2001 年版。

　　王力：《汉语史稿》，中华书局 1980 年版。

　　王万涛主编，大连市史志办公室编：《大连市志·民俗志》，方志出版社 2004 年版。

　　王锳：《唐宋笔记语辞汇释》，中华书局 2002 年版。

　　王云路：《中古汉语词汇史》，商务印书馆 2010 年版。

　　王云路、方一新：《中古汉语研究》，商务印书馆 2000 年版。

　　王志艳：《错失的文明：走进港澳台文明》，黑龙江人民出版社 2006 年版。

　　乌丙安：《中国民俗学》，辽宁大学出版社 1985 年版。

　　（清）西清：《黑龙江外记》，《丛书集成初编》，商务印书馆 1936 年版。

　　香坂顺一：《白话语汇研究》，中华书局 1997 年版。

　　向熹：《简明汉语史》，高等教育出版社 1993 年版。

　　（清）徐宗亮：《黑龙江述略》，黑龙江人民出版社 1985 年版。

　　徐世荣：《北京土语词典》，北京出版社 1990 年版。

　　许宝华、宫田一郎：《汉语方言大词典》，中华书局 1999 年版。

　　许皓光、张大鸣：《简明东北方言词典》，辽宁人民出版社 1988 年版。

　　延吉市文化局编：《青龙河水流不断》，吉林人民出版社 1979 年版。

　　（清）杨宾：《柳边纪略》，《辽海丛书（一）》，辽海书社 1931 年版。

　　（清）杨宾等撰，杨立新等整理：《吉林纪略》，吉林文史出版社 1993 年版。

　　杨兴江：《方正人民革命斗争史》，方正县老区建设促进会 2005 年版。

　　尹世超：《哈尔滨方言词典》，江苏教育出版社 1997 年版。

　　于丽艳编：《白清桂民间歌谣集》，庄河市文化体育广播影视局 2001 年版。

　　俞光中、植田均：《近代汉语语法研究》，学林出版社 1999 年版。

袁宾：《近代汉语概论》，上海教育出版社 1992 年版。

袁宾、徐时仪、史佩信、陈年高：《二十世纪的近代汉语研究》，书海出版社 2001 年版。

袁家骅等：《汉语方言概要》，语文出版社 2001 年版。

张惠英：《音韵史话》，中国大百科全书出版社 2000 年版。

张永言：《词汇学简论》，华中工学院出版社 1982 年版。

志村良治：《中国中世语法史研究》，中华书局 1995 年版。

中共泉州市委宣传部：《闽南文化研究》，中央文献出版社 2003 年版。

中国社会科学院语言研究所词典编辑室：《现代汉语词典》，商务印书馆 2013 年版。

周振鹤、游汝杰：《方言与中国文化》，人民出版社 1997 年版。

期刊论文

陈元胜：《也释"妗"》，《辞书研究》1983 年第 4 期。

单殿元：《说"邪"与"斜"》，《扬州师院学报》1983 年第 1 期。

董绍克、赵春阳：《避讳语初探》，《山东师范大学学报》2007 年第 1 期。

甘于恩：《"伤"字补义》，《辞书研究》1986 年第 4 期。

江蓝生：《说"蹀躞"与"嗻瑟"》，《方言》2011 年第 1 期。

刘丹青：《"有"字领有句的语义倾向和信息结构》，《中国语文》2011 年第 2 期。

刘凯鸣：《副词"伤"源流初探——兼与吴琦幸先生商榷》，《汉语学习》1985 年第 6 期。

刘晓萍：《明代鬏髻的类造与美趣》，《史论空间》2013 年第 7 期。

陆忠发：《释"箸"》，《古汉语研究》2000 年第 2 期。

吕汝泉：《大连方言中的"血受"》，《郑州航空工业管理学院学报》2013 年第 2 期。

马彪：《古代汉语状态词缀的变化发展》，《语言科学》2008 年第 5 期。

王虎：《大连方言词语考释》，《辽东学院学报》2013 年第 6 期。

王虎、李媛媛：《朝阳方言词语考释》，《辽宁师范大学学报》2015

年第 3 期。

　　王虎、孙文颖：《庄河方言词语例释》，《辽东学院学报》2018 年第
6 期。

　　王琪：《从 "箸" 演变到 "筷子" 的再探讨》，《古汉语研究》2008
年第 1 期。

　　张明辉、王虎：《辽宁铁岭方言语法二题》，《广州广播电视大学学
报》2009 年第 4 期。

后　记

我得庆幸我现在的工作、生活都在辽宁，身边大多数的同事和学生也都是地地道道的辽宁人，这样的环境让我更加亲密地接触到了辽宁方言并产生了浓厚的兴趣。由于教学和科研项目的需要，接触的文献资料，时间跨度从先秦两汉直到明清，时不时会读到一些有趣的内容，也会发现几条原本觉得很土的方言材料，经查检，则大有来历，于是随手记在辞典的天头地脚，久而久之，居然也积累了不少材料。2012 年我主持参与国家社科基金项目"东北官话历史演变研究"和辽宁省社科规划基金项目"当代东北方言研究"，作历时的考察研究也正是我所涉及的文献资料范围内，直到 2015 年结题，后又打磨修改补充，成果就是现在奉献给读者的这部书了。

感谢项目评审专家和结项专家的鼓励和批评，没有你们的支持，这部著作可能还不能面世。耗时多年而成书，应该无大的遗憾，但事实并非如此。原因是在研读期间还有其他琐事牵累，有些问题没能仔细琢磨，结论也未必完全可靠。后来我又指导了辽宁籍的研究生，如李媛媛、孙文颖等同学，她们选择了家乡方言作为研究对象，感谢她们搜集资料，在我的指导下撰写部分词条。

感谢文学院迟永长教授、王卫平教授、张庆利教授等，你们对年轻人无私的爱护和帮助，让我在工作中顺利成长。

回首走过的点点岁月，我由衷地感谢父母家人对我学业上的支持！

感谢诸位关心我、鼓励我的朋友和同人！

二〇一八年十二月